현대 무용이론의 지형

현대 무용이론의 지형

노영재 지음

펴낸날 2025년 3월 27일 초판1쇄
펴낸이 김남호 | 펴낸곳 현북스
출판등록일 2010년 11월 11일 | 제313-2010-333호
주소 07207 서울시 영등포구 양평로 157, 투웨니퍼스트밸리 801호
전화 02) 3141-7277 | 팩스 02) 3141-7278
홈페이지 http://www.hyunbooks.co.kr | 인스타그램 hyunbooks
ISBN 979-11-5741-437-6 93600

편집장 전은남 | 편집 강지예 | 디자인 김영미 | 마케팅 송유근 함지숙

ⓒ 노영재 2025
이 책은 저작권법에 의하여 보호를 받는 저작물이므로 무단 전재 및 복제를 금지하며,
이 책 내용의 전부 또는 일부를 이용하려면 반드시 저작권자와 현북스의 허락을 받아야 합니다.

현대 무용이론의 지형
:영미 무용학을 중심으로

노영재

서문

1970년대 포스트모던댄스의 등장이 발레와 모던댄스로 양분되어 온 서구 예술춤(Concert dance)의 이분법을 깨뜨리고 춤 현장에 양적·질적 성장을 가져왔다면, 1990년대 초 비판적 무용학(Critical dance studies)의 발전은 대학 내 무용이론의 지형을 재편하고 학문으로서의 무용이 눈에 띄게 성장하는 발판이 되었다. 1993년 캘리포니아대학교 리버사이드 캠퍼스에 개설된 무용학 박사과정은 미국 최초로 Dance History and Theory(현, Critical Dance Studies)로 특화되어 설립된 연구 중심 학위 프로그램이다. 이 프로그램이 특별한 것은 바로 무용학에서 '학제 간 연구(interdisciplinary research)'를 촉발시키고 신선한 시각으로 무용학 연구를 심화하는 구심점이 되었다는 점이다. 학제 간 연구의 활성화는 예술 형식으로만 바라보던 춤을 넘어 문화적·정치적·사회적 담론의 장으로 끌어들였고, 장르 혹은 춤 테크닉에 중점을 두어 온 춤 연구 방식을 재정의하는 원동력이 되었다. 이는 전통적으로 역사나 비평에서 고수해 온 서양 중심적이고 기술 중심적인 접근 방식에서 나아가 체화된 문화로서의 춤, 사유하는 인문학으로서 춤 연구의 위상을 정립하게 된다.

동·서양 다양한 문화적 배경을 가진 무용학자들의 학문적 열정과 인문학자들과의 협업으로 지평을 넓힌 무용학 연구는 이제 더 이상 미국 혹은 서구만의 경향이 아니며, 한국 무용학에도 포용성과 다양성 그리고 무엇보다 춤 문화에 대한 비판적 성찰이 담긴 연구를 번성하게 했다. 이처럼 21세기 무용학은 역사, 철학, 미학, 비평 등 전통적인 인문학 분과에서 파생된 단일 범주 안에 머무는 것이 아닌, 서로의 경계를 허물고 다양한 논의와 접근이 교차하며 발전하고 있다. 게다가 기술혁명이 주목받는 현시점에서 새로운 환경에 놓인 무용을 논의하는 무용학의 관점과 주제 또한 다양해지고 있다.

이 책《현대 무용이론의 지형: 영미 무용학을 중심으로》는 영미권을 구심점으로 확장된 인문·사회학 분야 무용이론의 발전과 현재 진행 중인 도전을 담았다. 책의 목차 구성은 국내 대학 교과과정에 익숙한 주제별로 나누었지만, 전체적으로는 각 분과 학문이 학제 간 연구 흐름 속에서 소통하고 있는 경향을 파악할 수 있도록 과거부터 현재까지의 모습을 담고 있다.

1장 '미학·철학과 춤'은 무용이론에서 춤의 철학적 사유를 촉발시킨 플라톤과 아리스토텔레스를 중심으로 한 고전 철학부터 근현대 춤 미학의 양상을 들여다본다. 그리고 신체철학의 기반이 되는 주요 현대 철학 사조, 나아가 21세기 탈경계의 춤 작업이 새롭게 구축하는 미학의 의미까지 춤의 본질을 사유하는 철학적 접근의 다양성을 다룬다.

2장 '비평과 춤'은 공연의 기술과 분석에 초점을 둔 무용비평의 역사와 유형을 구체적으로 살펴봄으로써 춤(신체)의 분석과 기술에 관한 다양한 접근법을 소개한다. 그리고 동시대 새로운 글쓰기 형식으로 등장하는 무용비평의 쟁점과 학문적 가능성도 함께 들여다본다.

3장 '인류학과 춤'은 우선 민속학에서 파생된 분과 학문인 인류학에서 무용인류학으로의 성장 과정을 들여다보고, 주요 무용인류학자들의 문화 기술과 견해가 담긴 풍부한 연구 사례를 통해 무용인류학의 지향점과 무용학적 의미를 상세히 조명한다.

4장, '문화연구와 춤'은 먼저 무용학의 지평을 넓혀 준 문화연구의 기본 개념과 이론, 그리고 무용학에서의 문화연구 수용 배경을 들여다본다. 그런 다음 무용문화연구의 발전과 주요 이론을 통해 전통과 현대, 학문 분과의 경계를 넘는 학제 간 연구의 중요성을 짚어 본다.

5장, '소매틱과 춤'은 신체-정신의 통합이라는 철학적 논제를 교육과 치유라는 일상의 실천으로 옮기는 데 기여한 소매틱의 발전을 고찰한다. 특히 다양한 소매틱의 이론과 메소드 소개를 통해 소매틱이 추구하는 전인적인 관점의 본질을 논하고, 소매틱이 춤 현장에서 어떻게 치유적·예술적·교육적 역할을 부여하며 성장해 왔는지 들여다봄으로써 학문적 가치와 효용성을 밝힌다.

6장, '포스트휴머니즘과 춤'은 가장 최근에 관심이 집중되고 있는 무용학의 이슈를 다룬다. 포스트휴머니즘은 하나의 분과 학문은 아니지만 지금까지의 무용이론이 인간 중심의 사유를 바탕으로 했다면 이 시의성 있는 주제는 인간과 비인간의 경계를 재고함으로써 춤, 공연, 교육의 패러다임을 바꾸고 있다. 이에 패러다임의 전환을 맞이한 동시대 무용이론의 감각과 관심 주제를 소개함으로써 미래지향적인 이론 탐구의 아이디어를 제시한다.

7장은 마지막으로 무용학 형성에 지대한 영향을 미친 영미권 주요 무용학자들의 연구 주제와 업적 등을 인물별로 상세히 다룬다. 이 부분은 앞의 장에서 다룬 학문 분과들의 발전을 선도한 무용학자들의 연구를 구체적으로 소개함으로써 오늘날 무용학의 주요 관심사와 흐름을 파악하고, 한편으로 이러한 연구들이 국내 무용이론에 지대한 영향을 미쳤음을 확인하게 한다. 그리고 매우 소수이지만 이론 연구의 열정이 담긴 훌륭한 번역으로 국내에 소개된 핵심 이론 번역서와 비판적 무용학의 접근이 돋보이는 최근 국내 주요 이론서를 함께 소개한다.

본 저서의 목적은 한국 무용이론 형성에 근간이 되고, 현재까지도 끊임없이 깊은 영향을 미치고 있는 영미 무용학의 지형을 거시적 관점에서 소개하는 데 있다. 따라서 각 장에는 그 근원과 발전을 다루고 최신 경향까지 연계하는 데 중점을 둔다. 그럼에도 모든 분과 학문의 내용을 다루기엔 한계가 있으며, 그중 역사와 교육 분야는 저자의 다른 연구를 통해 진행되고 있다. 하지만 본 저서 대부분 주제들이 오늘날 학제 간 연구를 바탕으로 하기에 역사, 교육과의 연계점도 쉽게 찾을 수 있으리라 본다. 또 하나 덧붙이자면, 가독성을 위해 한국 무용학 분과별 이론 속에서 보편적으로 통용되는 용어를 따르다 보니 기술에 있어 '무용'과 '춤'이 혼용되어 있으나 의미 전달에는 큰 무리가 없을 것이라 판단된다. 그리고 가끔 장별로 유사한 사례가 등장하는데, 이는 단순한 중복이라기보다는 유사한 사례를 대상으로 다양한 학문적 관점이 투영되고 있는 것이 21세기 무용학이라는 점을 드러내고자 한 의도를 담고 있다. 전통은 전통의 시간과 공간에만 머무르지 않고 현대는 늘 혁신적이고 진보적인 것만은 아니라는 것, 이에 새로운 눈으로 다시 사유하고 쓰이는 것이 곧 살아 있는 무용학이라는 소신을 담고 싶었다.

마지막으로 본 저서는 하나의 이론에 치중하기보단 무용이론의 전체적 지형과 흐름에 초점을 둠으로써 무용학에서 이론이 어떻게 생성되고 발전되어 왔는지 용이하게 파악하는 데 그 의미를 둔다. 무용학 전공 학부생들이 방대하고 막막한 '무용이론' 분야에서 반짝이는 자신의 관심을 발견하는 데 도움이 되길 바란다. 그리고 대학원생들에게는 동시대 무용학의 국제적 연구 흐름을 인식하고, 이 책 속 검증된 자료들을 활용해 자신의 연구 방향과 주제를 심화하는 유용한 안내서가 되기를 바라 본다.

2025년 3월

노영재

차례

서문 4

I. 미학·철학과 춤

1. 무용미학의 역사와 개념 17
    - 고전 철학 속 춤의 미학 17
    - 18~19세기 발레와 낭만주의 미학 21
    - 20세기 현대무용과 아방가르드 미학 26
2. 현대의 무용철학 34
    - 현상학과 무용 34
    - 기호학적 접근 43
    - 정동 이론 50
3. 동시대 탈경계의 미학 58
    - 신체와 미디어 58
    - 탈경계적 춤 63

II. 비평과 춤

1. 비평, 예술비평, 무용비평 73
2. 무용비평의 역사 77
3. 무용비평의 유형과 접근법 83
    - 주요 유형 84
    - 주요 접근법 86
4. 21세기 무용비평의 미래 99
    - 온라인 플랫폼과 비평 99
    - 인공지능과 자동화된 비평의 등장 104

III. 인류학과 춤

1. 인류학과 무용인류학 115
2. 서구 무용인류학의 역사와 흐름 118
   - 민족지 속 춤 118
   - 학문으로서의 무용인류학 120
   - 디지털 민족지의 수용 124
3. 주요 무용인류학자와 연구 사례 126
4. 무용학 속 무용인류학의 의미 138

IV. 문화연구와 춤

1. 문화연구의 역사와 동향 145
   - 문화연구의 개념과 전개 145
   - 문화연구의 주요 이론 148
   - 무용학과 문화연구의 만남 150
2. 무용문화연구의 흐름과 주요 이론 152
   - 퍼포먼스 이론과 춤 152
   - 몸과 정체성 연구 154
   - 글로벌 문화 속의 춤 155
3. 21세기 무용 문화의 변화 157
   - 디지털 기술과 춤 문화 157
   - 공간적 다양성과 춤 159

V. 소매틱과 춤

1. 소매틱의 역사와 주요 이론　165
    - 소매틱의 기원과 발전　165
    - 소매틱의 주요 이론과 실천가　171
2. 몸의 인식과 움직임 탐구　187
    - 감각과 움직임의 상관관계　187
    - 소매틱 기반의 현대무용 훈련　190
    - 신체-정신 연결의 철학적 의미　195
3. 치유와 춤　200
    - 소매틱과 심리치료　200
    - 장애와 춤　205
    - 노년기와 춤　209

VI. 포스트휴머니즘과 춤

1. 포스트휴머니즘의 개념과 무용학적 의미　217
    - 포스트휴머니즘의 정의와 철학적 흐름　217
    - 춤의 포스트휴먼적 논의　220
2. 포스트휴머니즘 시대의 춤 실천 사례　223
    - 인공지능(AI)과 알고리즘을 활용한 춤　223
    - 로봇과 퍼포먼스　225
    - 가상현실(VR), 증강현실(AR), 아바타, 인터랙티브 퍼포먼스　229

3. 생태환경과 춤 234
　- Blue Humanities와 춤의 유동 235
　- 에코페미니즘과 춤의 정치 238
　- 비인간 존재와 춤의 재해석 250

VII. 영미권 주요 무용학자와 비평가

1. 무용학 형성에 기여한 주요 학자 261
2. 주요 한국어 무용 이론서 및 번역본 리스트 310

참고문헌 312
찾아보기 327

I
미학·철학과 춤

1. 무용미학의 역사와 개념

1) 고전 철학 속 춤의 미학

고대 그리스 철학에서 춤은 예술과 교육의 중요한 요소로 간주되었다. 특히 플라톤은 음악과 신체 단련(gymnastics)을 포함하는 교육체계에서 춤의 가치를 강조했는데, 춤과 음악이 단순한 오락이나 신체적 활동을 넘어 인간의 정서와 도덕성 형성에 깊이 영향을 미친다고 보았다. 따라서 춤은 개인의 미적 감각을 기르는 동시에 국가의 도덕적 질서를 유지하는 중요한 도구가 될 수 있었다. 그의 후기 저작인 《법률》에서 플라톤은 춤과 음악이 시민들에게 올바른 정서적 반응을 길러 주는 데 필수적이며, 이는 곧 도덕 교육의 기초가 된다고 역설했다. 즉, 선한 행위를 묘사한 춤과 음악을 통해 즐거움을 느끼면 덕성이 함양되고, 반대로 악한 행동을 표현하는 공연을 즐기면 악덕이 길러진다고 보았기에 이상적인 국가에서는 입법자가 허용할 춤과 음악의 유형을 엄격히 규제해야 한다고 강조했다. 플라톤은 예술이 단순히 개인적 취향이나 감각적 즐거움을 위한 것이 아니라 사회 전체의 윤리적 기반을 강화하는 역할을 해야 한다고 여겼으며, 특히 춤과 음악이 인간의 감정을 직접적으로 자극하는 만큼 그 영향력을 더욱 신중하게 다루어야 한다고 주장했다.

이러한 입장은 그의 또 다른 저작인 《국가》에서도 일관되게 나타난다. 《국가》에서 플라톤은 국가의 도덕적 형성에 있어 춤과 음악이 중요한 역할을 한다고 언급하면서, 특히 시인과 예술가가 현실을 모방하는 과정에서 허구적이거나 비윤리적인 내용을 담아낼 위험성을 문제 삼았다. 그는 예술이 감정적 선동을 일으키기보다는 이상적인 질서를 반영하고 조화와 균형을 유지하는 방식으로 기능해야 한다고 보았다. 따라서 국가가 예술을 방치해서는 안 되며, 특정한 가치와 미덕을 함양하는 방향으로 적극적으로 통제할 필요가 있다고 주장했다. 실제 《법률》에서 플라톤은 이러한 통제의 구체적인 방안을 제시한다. 그는 시민들이 신과 영웅의 덕성을 본받도록 유도하기 위해 올바른 음악과 춤을 통해 선한 감정을 내면화해야 한다고 강조하고, 특히 젊은 세대가 도덕적으로 올바른 감정을 형성하도록 하기 위해서는 교육과정에서 조화롭고 균형 잡힌 춤과 음악이 필수적이라고 보았다. 플라톤은 이를 위해 국가가 춤과 음악을 체계적으로 규제하고, 올바른 가치관을 반영하는 예술만이 사회적으로 허용되어야 함을 역설했다. 이러한 견해는 고대 그리스 사회에서 춤과 음악이 단순한 오락거리가 아니라 사회적 질서를 유지하는 중요한 도구로 활용되었음을 시사한다. 즉, 플라톤에게 춤은 단순한 신체적 움직임이 아니라 인간의 감정을 조율하고 국가의 이상적인 도덕과 질서를 구현하는 핵심적인 역할을 담당하는 것이었다고 할 수 있다. 예술이 무분별하게 감정적 쾌락을 자극할 경우 국가의 질서가 혼란에 빠질 수 있으므로, 올바른 예술을 통해 개인과 공동체의 조화를 이루는 것이 철학적으로도, 정치적으로도 중요한 과제였던 것이다.

반면 아리스토텔레스는 스승 플라톤과 달리 예술의 '모방적 속성'에 보다 긍정적이었다. 그의 저작 《시학》에서 아리스토텔레스는 춤을 음악, 시와 함께 '모방 예술'로 분류하며, 춤이 "리듬 있는 동작으로 성격(character)과 감정(emotion), 행동(action)을 모방한다"라고 밝힌다. 즉, 무용수의 신체 동작이 인간 삶의 행위와 감정을 표현하고 재현할 수 있다는 것이다. 이러한 인식은 특히 그리스 비극의 '합창 무용(Choral dance)'을 통해 드러난다. 비극에서는 합창단이 노래와 춤으로 극 중 사건과 정서를 해설하거나 분위기를 고조시키는데, 아리스토텔레스는 이처럼 춤이 서사 전개의 일부가 되고 관객의 정화(catharsis)에 기여할 수 있다고 보았다. 아리스토텔레스는 예술이 인간의 감정을 정화하는 기능에 주목하여, 춤이 단순한 신체 움직임을 넘어 감정을 전달하고 공유하는 수단이 될 수 있음을 시사한다. 그의 이론에 따르면, 춤은 인간의 감정을 모방함으로써 관객에게 공감을 불러일으키고 감정적 해소를 제공할 수 있다. 이는 오늘날 춤과 공연예술의 감정적 효과를 설명하는 기초적인 이론으로 작용할 수 있으며, 춤이 연극과 함께 예술적 서사의 한 요소로 기능할 수 있음을 보여 준다.

또한 아리스토텔레스는 자신의 저서 《정치학》 8권을 통해 청소년의 교육과 관련된 춤과 음악의 역할을 논의했다. 그는 춤이 단순한 신체적 운동이 아니라 도덕적 습관을 형성하는 데에도 중요한 역할을 한다고 보았다. 특히 음악과 춤은 각기 다른 감정을 표현하며, 올바르게 사용될 경우 개인의 성품을 향상시키는 데 기여한다고 판단했다. 이는 플라톤이 강조한 윤리적 차원과 유사하지만, 아리스토텔레스는 춤을 보다 자연스럽고 본능적인 감정 표현의 방식으로 인정한다는 점에서 차이를 드러낸다. 다시 말해서 특정한 리듬과 선율이 인간의 정서에 미치는 영향을 통찰하며, 춤이 단순한 오락을 넘어 관객과 공연자 모두에게 심미적·정서적 영향을 미칠 수 있음을 강조한 것이다.

플라톤과 아리스토텔레스 모두 춤을 교육적이고 미학적인 담론 속에 위치시켰지만, 관점에는 차이가 있었다. 플라톤이 사회윤리적인 이상에 비추어 '어떤 춤이 바람직한가'를 논했다면, 아리스토텔레스는 춤의 '표현성과 재현성' 자체에 주목하여 예술 이론의 일부로 통합했다. 이 둘의 논의는 서구 미학사에서 춤에 대한 철학적 성찰의 출발점이 되었으며, 무용미학의 초기 개념 틀을 형성했다(Sparshott, 1995). 특히 플라톤의 관점은 예술이 시민의 도덕에 영향을 준다는 윤리적 미학의 논점을, 아리스토텔레스의 관점은 예술을 자연 모방으로 보는 미메시스(mimesis) 이론의 맥락에서 춤을 이해하는 토대를 제공했다. 이러한 논의는 오늘날에도 유효한 시사점을 제공한다. 현대의 춤과 공연예술은 감정과 사상을 표현하는 방식으로 발전했으며, 플라톤적 관점에서 보면 사회적 메시지를 담아 도덕적 함의를 전달할 수도 있고, 아리스토텔레스적 관점에서 보면 예술적 표현을 통해 감정적·심리적 경험을 관객과 공유하는 방식으로 기능할 수도 있다. 따라서 고대 철학자들의 미학적 논의는 단순한 역사적 기록이 아니라, 춤과 예술의 본질을 탐구하는 데 지속적으로 참조될 수 있는 중요한 철학적 토대라고 할 수 있다.

2) 18~19세기 발레와 낭만주의 미학

18세기 후반에서 19세기에 걸쳐 유럽 예술계에는 낭만주의(Romanticism) 흐름이 대두되었고, 무용예술 특히 발레에도 큰 변혁을 가져왔다. 18세기에는 계몽주의 영향 아래 무용의 극적 표현력을 높이려는 시도가 있었는데, 그 대표가 프랑스의 안무가 장 조르주 노베르(Jean-Georges Noverre)였다. 노베르는 1760년 혁신적인 저서《무용과 발레에 관한 서한(Lettres sur la danse et sur les ballets)》에서 발레가 단순한 궁정 오락이 아닌 극적 동기(drama)와 표현을 갖춘 종합예술이 되어야 한다고 역설했다. 그는 춤 동작과 제스처가 등장인물의 성격과 감정을 묘사하고 줄거리를 전개하는 데 봉사해야 한다고 믿었으며, 테크닉의 과시보다 서사적 표현을 중시하는 발레를 '발레 닥시옹(ballet d'action)'이라고 불렀다. 이러한 노베르의 개혁은 당시 오페라에 부속되어 있던 발레를 독립적인 극 예술로 해방시켜 비극적 주제까지도 춤으로 표현할 길을 열어 주었다(Opera-Comique, 2012). 실제로 노베르의 발레들은 배신과 복수 같은 비극적 이야기를 무용수의 전신 표현으로 담아내며 이후 낭만주의 발레의 개화를 예고했다. 영국의 극작가 데이비드 개릭이 노베르를 "무용계의 셰익스피어"라 칭하며 극찬했듯이, 그의 발레 닥시옹은 '스토리 발레'의 서막을 열고 19세기 낭만 발레 미학의 밑거름이 되었다.

낭만주의 시대(대략 19세기 초중반)의 발레는 당대 문학과 미술의 낭만적 경향을 무대로 옮겨 온 것이었다. 고전주의 시대를 지나 스토리텔링과 역동적 기교가 결합된 장르로 발레가 발전했으며, 신화나 역사보다는 환상적이며 초자연적인 소재와 강렬한 감정이 전면에 부각되었다. 선과 악의 대립, 인간과 자연 또는 사회와 초자연의 갈등 같은 주제가 자주 다루어졌고, 춤은 논리보다는 감성의 표현을 중시하게 되었다. 발레 무대에는 정령(sylph), 영혼, 빌리(wilis)와 같은 초현실적 존재들이 등장하여 관객의 상상력을 자극했으며 무용수들의 동작과 표정은 인간의 열정, 절망, 그리움 등을 드라마틱하게 전달했다. 이러한 낭만 발레는 문학적 스토리와 무용 동작을 통합함으로써, 춤이 이야기를 전달하고 감정을 환기하는 예술로서 자리매김하는 데 기여했다.

낭만주의 발레의 미학적 특징 중 하나는 여성 무용수, 즉 발레리나의 부상이다. 19세기 이전까지 발레 무대는 남성 무용가들이 주도하거나 남녀가 대등했으나, 낭만주의 시대에는 여성이 주역으로 부상하면서 발레 미학의 상징적 존재가 되었다. 1832년 파리에서 초연된 〈라 실피드(La Sylphide)〉는 이러한 변화를 알린 기념비적인 작품이다. 이 작품에서 주역을 맡은 마리 탈리오니(Marie Taglioni)는 발끝으로 서는 포앙트 기법(pointe work)을 선보여 마치 공중에 떠 있는 듯한 '에테르적(ethereal) 이미지'를 구현해 냈다. 〈라 실피드〉는 스코틀랜드를 배경으로 요정과 인간 남성의 비극적 사랑을 그린 초자연적 이야기였는데, 이 환상적 줄거리와 탈리오니의 신비로운 춤이 결합하여 낭만 발레의 전형을 세웠다. 이어서 1841년 초연된 〈지젤(Giselle)〉은 시인이자 비평가인 테오필 고티에(Théophile Gautier)가 낭만주의 문학의 영향을 받아 안무가들과 협업해 만든 발레로, 사랑에 속아 죽은 처녀의 영혼(빌리)이 복수 대신 사랑을 택한다는 줄거리를 담았다. 고티에는 〈라 실피드〉의 감흥과 빅토르 위고의 시 '망령들(Fantômes)'에서 영감을 얻어 〈지젤〉의 대본을 집필했고, 안무가 쥘 페로(Jules Perrot)와 장 코라이(Jean Coralli)가 함께 작품을 완성했다(Gautier, 1841). 〈지젤〉과 〈라 실피드〉는 한편으로는 인간 남녀의 사랑과 배신, 또 다른 한편은 인간과 초자연의 만남을 다루면서 사랑과 상실, 영혼의 구원 등 낭만주의의 정서를 극적으로 표현했고, 무대 미술과 조명(예컨대 무대에 등장한 하얀 튤 드레스와 가스 조명)은 무용수들을 '유령처럼 창백하고 가벼운 존재'로 부각시켜 관객을 환상적인 세계로 이끌었다.

낭만주의 발레에서는 이처럼 기술적 혁신과 미학적 이상이 결합되었다. 여성 무용수들은 부드럽고 우아해 보이는 동작 속에 점점 더 높은 기술적 완성도를 추구했고, 긴 튤 스커트로 된 로맨틱 튀튀(Romantic tutu) 의상은 발목까지 내려오는 디자인으로 관객이 무용수의 섬세한 발놀림을 볼 수 있게 함과 동시에 그녀들을 '가볍고 무중력한 존재'처럼 보이도록 했다. 이는 무대 위의 무용수가 현실을 초월한 이상적 존재, 이를테면 요정이나 님프로 형상화되는 효과를 낳았다. 또한 조명 기술의 발전(무대 조명으로 가스등 사용 등)은 달빛처럼 몽환적인 분위기를 연출하여 낭만적 서정성을 강화했다. 이 시기 주요 발레 작품들은 〈라 실피드〉, 〈지젤〉 외에도 〈파키타〉, 〈에스메랄다〉, 〈코펠리아〉 등이 있었으며, 모험담이나 역사, 민속설화를 바탕으로 한 작품들도 유럽 각지에서 만들어졌다. 비록 19세기 후반에 들어 관심이 서서히 감소했지만, 낭만주의 발레의 미학은 발레 기법의 발전(예: 포앙트 슈즈 개발, 남성 무용수의 파트너링 기법 등)과 예술관의 변화(춤을 통해 감정을 전달하는 예술관) 측면에서 이후 발레사의 중요한 기반이 되었다.

낭만주의 발레의 성과 뒤에는 이를 이론적으로 뒷받침하거나 기록한 당대의 비평가와 이론가들의 공헌도 존재한다. 앞서 언급한 노베르는 비록 낭만주의 시대보다 앞선 인물이지만 그의 사상이 19세기 발레에 지대한 영향을 주었고, 낭만 시대에도 무용계 인사들은 노베르의 저작을 재조명하며 발레의 예술적 위상을 정당화했다. 또한 프랑스의 낭만주의 문인들은 발레에 깊은 관심을 보였는데, 특히 테오필 고티에는 〈지젤〉의 창작에 직접 참여했을 뿐 아니라 발레 비평을 통해 낭만 발레 미학을 옹호했다. 그는 탈리오니를 비롯한 발레리나들을 신격화하여 묘사함으로써 무용수가 단순한 연기자가 아니라 '시대 정신의 화신'임을 강조했고, 발레를 현실 도피적 환상으로 깎아내리는 당대 일부의 시각에 맞서 발레가 '인간 감성의 진실'을 표현하는 예술임을 역설했다. 이탈리아의 무용 이론가 카를로 블라시스(Carlo Blasis)도 1820년대에 《무용신의 코드(The Code of Terpsichore)》를 출판하여 발레 기교와 원리를 체계화했는데, 이는 낭만주의 발레의 기술적 토대를 정립한 작업이었다. 블라시스는 발레 동작을 과학적으로 분석하면서도 무용수가 예술적 품위와 감정을 겸비해야 한다고 강조하여, '기교와 예술성의 균형'이라는 미학적 지향을 제시했다.

요약하면, 18~19세기 낭만주의 시대의 무용미학은 '감성, 상상력, 서사성'을 핵심으로 한다. 발레는 순전한 미적 쾌감만을 주는 궁정 오락에서 벗어나 이야기와 정서 전달의 예술로 변모했다. 관객은 발레를 통해 현실을 넘어선 환상 세계와 교감하거나 강렬한 인간 감정을 대리 체험하게 되었고, 이는 낭만주의 예술이 추구한 정신적 해방과 개인 내면의 표출이라는 목표와 궤를 같이한다. 이 시기의 미학적 담론은 무용이 문학, 음악, 연극 등 인접 예술과 어깨를 나란히 하는 '종합예술(total work of art)'로서의 가능성을 인정받는 데 기여했고, 훗날 모더니즘과 포스트모더니즘 시기의 무용 담론으로 이어지는 중요한 교량이 되었다.

3) 20세기 현대무용과 아방가르드 미학

20세기에 들어서면서 무용예술은 발레 중심의 전통에서 크게 탈피하여 현대무용(Modern dance)과 다양한 아방가르드(Avant-garde) 무용 사조들이 등장했다. 이 시기의 무용미학은 이전 시대의 관습을 혁신적으로 재해석하거나 때로는 해체하면서, 춤의 범위와 개념을 확장시켰다. 특히 유럽과 북미를 중심으로 전개된 현대무용은 '개인적 자유, 신체의 해방, 새로운 미적 가치의 탐색'을 화두로 삼았다. 무용예술이 더 이상 궁중이나 극장의 전유물이 아닌 '자기표현의 수단'이자 '철학적 탐구의 장'으로 간주되면서, 무용가들은 전례 없는 움직임의 어휘와 공연 형식을 개척해 나갔다. 이러한 변화에는 현대의 철학, 사회 변화, 인접 예술(미술 아방가르드, 연극 개혁, 영화 매체의 등장 등)의 영향이 복합적으로 작용했다. 다음에서는 20세기 초반의 현대무용과 중반 이후 아방가르드/포스트모던 무용의 미학적 특성을 나누어 살펴본다.

20세기 초반 현대무용의 미학적 혁신

현대무용은 1900년대 초반 서구에서 발레의 형식주의에 대한 반발로 시작되었다. 미국과 유럽의 선구자들은 발레의 엄격한 규칙과 인위적인 동작 어휘를 거부하고, 보다 자연스럽고 개성적인 움직임을 추구했다. 현대무용의 창시자 중 한 명인 미국의 이사도라 덩컨(Isadora Duncan)은 발레의 코르셋과 토슈즈를 벗어 던지고 맨발에 그리스식 튜닉 차림으로 무대에 올라 큰 충격을 주었다. 덩컨은 춤이 인간의 '내면 영혼의 자연스러운 표현'이어야 한다고 믿었으며, "무용수의 신체는 영혼의 빛나는 현현"이라는 그녀의 말처럼 신체를 통한 정신의 표현을 지향했다. 그녀는 고전발레의 틀 대신 고대 그리스 예술과 자연의 율동에서 영감을 얻어 유연한 곡선의 동작, '파도처럼 흐르는 운동' 등을 개발했고, 즉흥성에 가까울 만큼 자유로운 춤을 선보였다. 덩컨의 이러한 미학은 당대에 많은 논란을 불러일으켰지만, 춤을 개인의 '정신적 해방'과 '예술적 자율성'의 상징으로 격상시키며 현대무용의 문을 열었다. 그녀의 공연에 감명받은 러시아의 예술가들과 무용수들은 발레 개혁 논쟁을 촉발시켰고, 이는 훗날 미하일 포킨 등의 발레 혁신과도 연결되었다.

미국에서 덩컨과 더불어 현대무용의 또 다른 주축이 된 인물은 루스 세인트 데니스(Ruth St. Denis)와 테드 숀(Ted Shawn) 부부였다. 그들은 데니숀(Denishawn) 스쿨을 세워 동양 및 이국적 문화에서 소재를 딴 무용, 민족무용의 요소를 활용한 새로운 공연을 시도하며 춤의 표현 주제를 넓혔다. 그들의 제자들 가운데 마사 그레이엄(Martha Graham)은 현대무용을 본격적인 예술 장르로 확립한 20세기 최고의 안무가 중 한 명이다. 마사 그레이엄은 1920년대부터 독자적인 기법(그레이엄 테크닉)을 개발했는데, 이는 호흡을 기반으로 한 '수축과 이완(contraction & release)'의 원리를 통해 인간 내면의 긴장과 갈등을 동작으로 형상화하는 것이었다. 그녀의 작품들은 고대 그리스 신화, 성서, 미국 개척사 등 다양한 소재에서 '인간 정신의 보편적 드라마'를 끌어와, 인물의 내적 갈등과 정서를 춤으로 표현했다. 예를 들어 〈황무지(Frontier)〉(1935)에선 개척 시대 여성의 고독과 결의를, ⟨밤의 여행(Night Journey)⟩(1947)에선 그리스 비극 오이디푸스 이야기의 이오카스테 심리를 다루는 식이다. 그레이엄의 무대 언어는 발레의 우아함과는 다른 각진 동작, 날카로운 제스처, 격정적인 신체 흐름으로 특징 지어졌고, 이를 통해 이전에는 춤으로 표현하기 어려웠던 고통, 분노, 억압된 욕망 등의 감정을 무대에 실현했다. 그레이엄의 미학은 춤이 표면의 미(美)를 넘어 인간 존재의 깊은 정서를 탐구할 수 있음을 보여 주었고, 그녀 스스로 "무용은 인간 감정의 심연을 탐색하는 진지한 예술 형식이 될 수 있다"라고 입증해 보였다(Kennedy Center Education). 현대무용을 통해 무용수는 안무가의 동작을 재현하는 도구가 아니라 '예술적 주체'로 인정받게 되었으며, 안무가 역시 음악과 문학에 의존하지 않고 '신체 움직임 자체로 사상과 이야기를 전하는 창작자'로 부상했다.

　유럽 대륙에서도 현대무용의 동향이 활발했다. 독일에서는 표현주의 무용(Expressionist dance)이 발달하여, 마리 비그만(Mary Wigman)과 쿠르트 요스(Kurt Jooss) 등이 인간의 원초적 정서와 사회적 주제를 강렬한 동작으로 표현했다. 비그만은 ⟨마녀의 춤(Hexentanz)⟩(1914)과 같은 작품에서 원시적 리듬과 주술적 동작으로 관객을 압도했고, 요스는 ⟨녹색 테이블(Der Grüne Tisch)⟩(1932)에서 전쟁과 죽음의 정치적 우화를 무용극으로 묘사했다. 이들은 무용의 주제를 확장하여 사회 비판과 철학적 메시지를 담아내며, 춤이 단순히 미적 쾌락이나 서정적 표현만이 아닌 '사유의 예술'이 될 수 있음을 보여 주었다. 한편, 러시아에서는 세르게이 디아길레프가 이끈 발레 뤼스(Ballets Russes) 공연단이 1909

년부터 1929년에 서유럽을 순회하며 전통 발레를 현대적으로 재창조한 작품들을 선보였다. 발레 뤼스는 이고르 스트라빈스키의 음악과 파블로 피카소 등의 미술, 그리고 바슬라프 니진스키와 조지 발란신 같은 안무가들의 혁신이 결합되어 '모던 발레(modern ballet)'라는 독자적 미학을 확립했다. 이들은 고전발레의 어법을 기반으로 하면서도 파격적인 동작(니진스키의 〈봄의 제전〉에서의 원시적 춤 등)과 현대적인 주제 의식으로 관객에게 신선한 충격을 주었다. 근대발레와 현대무용의 상호작용은 20세기 중반 이후 무용예술의 다양성을 낳는 토대가 되었다.

중반 이후 아방가르드 무용과 포스트모던 미학의 전개

1950년대 이후 무용계에는 '아방가르드' 혹은 '포스트모던'이라 불리는 새로운 흐름이 나타났다. 이는 20세기 초 현대무용이 정립한 표현 방식마저도 다시 도전하고 해체함으로써, 춤의 개념을 더욱 급진적으로 확장한 움직임이었다. 특히 미국 뉴욕을 중심으로 한 포스트모던댄스는 "무엇이든 춤이 될 수 있다"라는 관점 아래, 기존의 미학적 기준들을 거부하거나 재구성했다.

머스 커닝햄(Merce Cunningham)은 이러한 전환의 선봉에 선 안무가로, 그의 작업은 전통적인 서사와 음악적 서정성으로부터 춤을 해방시켰다. 커닝햄은 존 케이지(John Cage) 등의 전위 음악가와 협업하면서 '우연성(chance) 기법'을 안무에 도입했다. 예컨대 주사위나 동전을 던져 나온 무작위 결정에 따라 동작의 순서를 정하거나, 공연 당일에야 음악을 선택하여 춤과 음악을 의도적으로 분리시키는 시도를 했다. 그는 춤이 음악이나 미리 짜인 줄거리 없이도 '그 자체로 독립된 미학'을 지닐 수 있다고 보았다. 그 결과 커닝햄의 작품은 관객으로 하여금 일정한 극적 서사를 따라가기보다는, 순간순간의 움직임 그 자체의 형식미와 우연한 조합이 빚는 새로운 질서를 경험하도록 만들었다. 이러한 접근은 당시로서는 혁명적이어서, 많은 이들이 이해할 수 없다는 반응을 보였지만, 한편으로 현대 예술에서 무작위성과 탈(脫) 형식의 가치를 보여 주는 사례가 되었다. 커닝햄은 자신의 춤 철학을 통해 전통 미학 개념—조화, 일관성, 표현성 등—을 상대화하고, 무용수의 움직임을 비인칭적이고 비서사적인 미적 대상으로 재구성했다. 그는 "춤과 음악은 독립적으로 존재하면서 우연히 같은 시간과 공간을 공유할 뿐"이라고 언급하며, 시간과 공간 속 움직임 그 자체의 아름다움을 탐구했다. 이처럼 커닝햄의 아방가르드 무용은 전통 발레의 극적 서사는 물론이고 현대무용의 표현주의적 감정 서사까지도 해체함으로써, 순수한 움직임의 미학 또는 '포스트모던 무용'의 서막을 열었다.

    1960년대 중후반에는 저드슨 댄스 시어터(Judson Dance Theater)를 주축으로 더욱 급진적인 실험이 전개되었다. 이 모임에 참여한 안무가들—이본느 레이너(Yvonne Rainer), 트리샤 브라운(Trisha Brown), 스티브 팩스톤(Steve Paxton) 등—은 춤의 형식과 내용을 둘 다 재검토했다. 특히 이본느 레이너는 1965년 '노 매니페스토(No Manifesto)'를 선언하며, "공연 스펙터클에 반대. 기교에 반대. 환상과 꾸밈에 반대. 스타 이미지의 숭고함에 반대…"라고 외쳤다(Rainer, 1965). 그녀의 지향은 '일상적 움직임(everyday movement)'과 '탈 극적 구조'를 통해 무용을 새롭게 정의하는 것이었다. 실제로 레이너의 대표작 〈Trio A〉는 음악 없이 진행되고 일상적인 몸짓(걷기, 앉기 등)들이 어떠한 반복이나 극적 클라이맥스 없이 나열되는 작품이었다. 이러한 미니멀리즘적 춤은 기존 무대예술의 문법—예컨대 기승전결의 드라마, 테크닉의 과시, 관객의 감정이입—을 의도적으로 배제함으로써, '춤 그 자체의 물질성'과 '동작의 존재론'을 부각시켰다(Rainer, 2016). 레이너를 비롯한 1960~70년대 포스트모던 안무가들은 '게임, 과제(task), 우연적 절차' 등을 도입하여 춤을 구성했고, 춤과 퍼포먼스 아트의 경계를 허물기도 했다. 관객과 상호작용하거나 극장 밖 공공장소에서 춤추는 식으로 춤의 공간 개념을 재고하고, 즉흥성과 참여를 중시하는 퍼포먼스적 실험을 펼쳤던 것이다. 이러한 작업들은 춤을 미학적 대상으로만 보지 않고 행위(퍼포먼스) 그 자체로 파악한 공연학적 관점과도 맞닿아 있었다. 실제로 공연학(Performance Studies)에서는 이 시기 춤을 '신체를 통한 담론'이나 '문화적 수행'으로 해석하며, 춤의 미학을 사회·정치적 맥락 속에서 분석하기 시작했다. 이는 무용미학 담론에 새로운 차원을 열어, 춤을 '텍스트와 동등한 의미 생산의 장'으로 보는 포스트모던 이해로 이어졌다.

한편, 유럽에서는 탄츠테아터(Tanztheater)로 불리는 형식이 발전하여, 춤과 연극의 요소를 결합한 새로운 미학을 보여 주었다. 그 중심에는 독일의 안무가 피나 바우쉬(Pina Bausch)가 있었다. 바우쉬의 작품들은 일상생활의 행동, 대화, 감정을 무용수의 움직임과 결합하여 '인간 실존의 진솔한 모습'을 무대에 담아냈다. 예를 들어 〈카페 뮐러

〈Café Müller〉(1978)에서 무용수들은 폐쇄된 카페 공간에서 방황하고 충돌하며 인간관계의 소통과 단절을 표현하고, 〈봄의 제전(The Rite of Spring)〉(1975)에서는 무용수들이 흙이 깔린 무대 위에서 원시적 에너지로 몰아치는 군무를 선보인다. 바우쉬의 탄츠테아터는 전통적인 아름다움이나 완벽한 기술보다는 진솔한 감정의 표출과 신체의 리얼리티를 중시했고, 이를 통해 관객에게 강한 정서적 카타르시스를 불러일으켰다. 그녀의 미학은 포스트모던댄스의 흐름 속에서도 독자성을 지니는데, 이는 춤을 통해 인간 경험의 서사를 재구성하면서도 그것을 파편화하고 반복하거나 일상의 몸짓으로 치환하여 새로운 무대 언어를 만들어 냈다는 점에 있다. 이처럼 20세기 후반의 아방가르드/포스트모던 무용은 각기 다른 방향이었지만 공통적으로 '전통 미학 개념의 해체와 재구성'을 추구했다. 아름다움의 기준, 작품의 통일성, 무용수의 역할 등에서 과감한 실험이 이루어졌고, 그 결과 춤의 표현 영역은 극장 무대에서 거리와 자연, 필름과 디지털 매체로까지 확장되었다.

지금까지 내용은 주로 영미권 무용학(Dance studies)의 시각에 근거하여 미학의 역사적 흐름들을 고찰했다. 무용학은 춤을 '공연예술로서뿐 아니라 문화, 젠더, 미디어 등의 맥락에서 총체적으로 연구'하는 학제적 분야이며 전통 미학, 공연학, 영화 연구, 연극학 등의 인접 학문과 긴밀한 대화를 나누고 있다. 이러한 다각적 접근은 춤의 미학을 단순히 '무대 위 아름다운 움직임'의 문제가 아니라, '신체성의 체화(embodiment)', '퍼포먼스', '맥락적 의미' 등의 문제까지로 확대시킨다.

예컨대, 퍼포먼스 이론은 춤을 수행(performing) 행위로 보고 관객과의 상호작용, 현장성, 수행성을 논하며, 영화 연구는 춤(혹은 몸)이 스크린 매체에서 어떻게 해석되고 재현되는지 탐구한다. 연극학은 무용과 연극의 경계를 넘나드는 작품들을 분석하여 안무와 드라마투르기의 관계를 조명한다. 이러한 관점들 속에서 무용미학은 더 이상 고정된 미의 기준이 아니라, '역사적으로 변화하는 담론'이며 '문화적으로 구성된 개념'임이 드러난다.

무용미학의 역사는 고대의 철학적 성찰에서 시작해 낭만주의의 예술 혁명, 그리고 현대의 끝없는 경계 확장에 이르기까지 변화와 다양성의 연속이었다. 플라톤과 아리스토텔레스 시대에 춤은 윤리와 모방의 관점에서 논의되었고, 낭만주의에 들어서 춤은 감수성과 상상력의 예술로 비상했다. 20세기에 와서는 춤이 자유와 혁신의 매체로 거듭나 전통 미학을 해체하고 재구성하기에 이르렀다. 이 여정 속에서 무용은 단순한 육체 활동을 넘어 '인간 경험의 총체'를 담아내는 예술 형식으로 자리 매김했으며, 그 미학적 개념 역시 시대적 맥락에 따라 꾸준히 재해석되어 왔다. 오늘날 무용미학 연구는 철학, 문화이론, 공연현장 분석 등을 아우르며 춤의 의미를 다층적으로 탐구하고 있다. 이는 춤이 지닌 예술적, 철학적 기능—심미적 즐거움, 감정 표현, 사회적 메시지, 존재론적 탐색 등—을 온전히 이해하기 위해 필수적이다. 무용미학에 대한 학술적 연구는 이러한 통합적 관점에서 춤을 바라봄으로써, 과거와 현재의 춤이 우리에게 전달하는 의미와 가치를 심도 있게 조명할 수 있을 것이다.

2. 현대의 무용철학: 움직임과 의미

1) 현상학과 무용

현상학은 인간 경험의 본질을 탐구하는 철학으로서, 신체의 지각 경험에 주목한다. 무용에서 현상학적 관점은 무용가와 관객이 어떻게 '살아 있는 몸'으로 세계를 경험하는지를 해명하는 데 유용하다. 이 글에서는 프랑스 철학자 모리스 메를로-퐁티(Maurice Merleau-Ponty)의 신체현상학과, 무용철학자 맥신 쉬츠-존스톤(Maxine Sheets-Johnstone)의 현상학적 춤 개념, 그리고 현상학과 연계하는 인지과학의 신체화된 인지(embodied cognition) 관점이 무용 경험을 어떻게 설명하는지 살펴본다.

메를로-퐁티의 신체 경험과 무용

　메를로-퐁티는 현상학적 철학의 맥락에서 '신체화된 주체(embodied subject)'의 개념을 통해 인간의 인식이 단순한 이성적 사고나 언어적 개념화 이전에 신체적 경험에 의해 형성된다고 주장했다. 그의 철학적 입장은 데카르트적 이원론을 넘어, 인간이 신체를 단순한 물질적 대상이 아니라 세계와 관계 맺는 본질적 매개로 이해해야 한다는 점을 강조한다. 즉, 인간은 자신의 신체를 외부에서 객체화(objectify)하여 바라보는 것이 아니라, 신체를 통해 경험하고 움직임을 수행하는 과정에서 비로소 자신의 몸을 인식하게 된다는 것이다. 이러한 개념은 무용과 같은 신체적 예술 행위를 이해하는 데 중요한 철학적 토대를 제공한다. 메를로-퐁티는 우리가 움직임을 단순한 물리적 운동으로 인식하는 것이 아니라, 신체적 경험을 통해 의미를 창출하고 세계와 소통하는 방식으로 바라보아야 한다고 설명한다. 따라서 무용은 단순한 신체 기술의 수행이 아닌 인간이 자신의 몸을 통해 세계와 존재론적 관계를 맺고 의미를 형성하는 예술적 행위로 이해될 수 있다. 무용수의 움직임은 단순한 기계적 동작이 아닌 신체화된 경험의 연속으로 볼 수 있으며, 이는 메를로-퐁티의 현상학에서 중요한 개념인 '살아 있는 신체(lived body)'와 밀접하게 연결된다. 그는 우리가 신체를 단순한 물리적 객체로 취급하는 것이 아니라, 신체적 감각과 지각을 통해 직접 세계를 경험한다고 주장한다(Merleau-Ponty, 1962). 이러한 관점에서 무용수의 춤추는 신체는 단순한 움직임의 집합이 아닌 신체적 경험이 지각적 세계와 결합하는 과정이며, 그 속에서 새로운 의미가 창출된다.

　메를로-퐁티는 움직임과 주체성의 관계를 강조하며, 신체가 단순한 도구가 아니라 인간의 의식과 세계를 연결하는 핵심적인 존재 방식이라고 보았다. 이는 무용수의 신체가 단순한 수행적 요소를 넘어, 춤추는 행위를 통해 존재를 드러내고, 신체와 세계 간의 역동적 관계를 형성한다는 점에서 중요한 의미를 가진다. 무용에서 몸의 움직임은 단순한 근육의 작용이 아니라, 세계를 감각하고 표현하는 방식이다. 무용수는 훈련을 통해 자신의 몸을 세밀하게 조절하고 감각을 확장시키며, 움직임을 통해 내면의 감정과 사고를 전달한다. 이는 메를로-퐁티가 언급한 '신체적 주체(embodied subject)' 개념과 연결되며, 신체적 경험이 곧 주체성을 구성한다는 그의 철학적 입장과 일맥상통한다. 그는 우리가 춤을 볼 때 단순히 시각적으로 움직임을 분석하는 것이 아니라, 감각적으로 그 춤을 '느끼는' 방식으로 지각한다고 보았다. 무용수의 움직임은 단순히 안무된 동작의 나열이 아니라, 신체의 흐름과 공간의 관계를 통해 형성되는 의미의 과정이다. 메를로-퐁티는 이를 자신의 저서 《지각의 현상학(Phenomenology of Perception)》(1945)에서 설명하며, 신체가 세계를 감각하고 반응하는 과정에서 주체성이 형성된다고 주장한다.

　무용수의 몸은 오랜 시간 훈련을 통해 움직임의 패턴을 내재화하고, 이를 즉각적으로 실행하는 능력을 갖춘다. 이는 메를로-퐁티가 언급한 '신체 기억(body memory)' 개념과 관련이 깊다. 그는 우리가 신체적으로 익힌 기술을 의식적으로 생각하지 않아도 자연스럽게 수행할 수 있는 능력을 갖는다고 설명했다. 예를 들어, 무용수는 무대 위에서 하나의 동작을 수행하기 위해 매 순간 논리적으로 사고하는 것이 아니라, 신체적 감각을 통해 자동적으로 움직임을 실행한다. 이러한 개념은 메를로-퐁티가 강조한 '전반성적 지각(pre-reflective perception)'과도 연결된다. 그는 인간이 특정한 사물을 인식할 때 먼저 이성적 사고를 거치는 것이 아니라, 직관적이고 즉각적인 감각을 통해 먼저 반응한다고 보았다. 무용에서도 마찬가지로 무용수는 음악과 공간의 분위기를 먼저 신체적으로 느끼고, 이에 반응하며 움직임을 형성한다. 이러한 관점에서 볼 때 무용은 인간의 신체가 환경과 즉각적으로 교류하고 소통하는 방식으로 이해될 수 있다. 무용수의 신체는 단순히 외부적 명령을 수행하는 도구가 아니라, 세계와 끊임없이 상호작용하며 움직임을 통해 존재를 드러내는 주체로 자리한다.

메를로-퐁티 철학에서 신체는 단순한 객체가 아니라 '세계 속 존재(being-in-the-world)'로 정의된다. 이는 춤에서 무용수의 신체가 단순한 기교의 수행을 넘어, 춤을 통해 세계와 관계를 맺고 의미를 창조하는 주체로 이해된다는 점에서 중요한 개념이다. 그의 철학을 적용하면, 춤은 단순한 움직임의 반복이 아니라 신체가 공간 속에서 의미를 형성하고 자신을 표현하는 과정으로 볼 수 있다. 무용수는 자신의 몸을 통해 세계와 소통하며, 감각적 경험을 기반으로 새로운 움직임을 창조한다. 이러한 맥락에서 무용수의 몸은 단순한 육체적 존재가 아니라 세계 속에서 의미를 창조하는 하나의 주체로 자리한다. 결국, 메를로-퐁티의 신체 철학은 무용의 본질을 이해하는 데 중요한 이론적 틀을 제공한다. 그는 신체를 단순한 물리적 객체로 보는 전통적 사고를 넘어, 신체가 세계를 경험하고 의미를 창출하는 중심적 매개체라고 보았다. 무용에서 신체는 단순한 움직임의 수행이 아니라 주체성과 세계의 관계를 드러내는 실존적 행위이며, 이를 통해 무용수는 자신의 존재를 새롭게 형성하고 확장해 나간다. 이처럼 메를로-퐁티의 철학은 무용의 신체성을 이해하는 데 있어 단순한 기술적 측면이 아니라 신체 경험과 지각, 주체성과 세계의 관계를 포괄적으로 조망하게 한다. 춤은 단순한 기교가 아닌 신체와 세계가 만나고 의미를 창출하는 철학적 장(場)이며, 이를 통해 우리는 신체적 존재로서의 인간을 더욱 깊이 이해할 수 있다.

맥신 쉬츠-존스톤의 현상학적 춤 개념

맥신 쉬츠-존스톤은 무용을 현상학적으로 탐구한 선구적인 철학자로, '움직임의 근원성(primacy of movement)'을 강조하며 인간 경험의 본질적 요소로서 움직임을 조명했다. 그녀는 신체적 움직임이 단순한 생리적 활동이 아니라, 인간의 인식과 사고를 형성하는 근본적인 방식이라고 주장한다. 이러한 관점에서 무용은 단순한 예술적 표현이 아닌 세계와의 관계를 맺고 자신을 이해하는 하나의 인식적 경험이 된다. 쉬츠-존스톤은 《무용의 현상학(The Phenomenology of Dance)》 (1966)에서 춤을 하나의 인식 양식으로 간주하며, '움직임으로 사고하기(thinking in movement)'라는 개념을 제시했다. 그녀에 따르면, 인간은 태어나면서부터 움직임을 통해 세상과 관계를 맺고 의미를 형성하는데, 이는 단순한 물리적 동작이 아니라 가장 원초적인 언어로 작용한다. 실제로 그녀는 "우리는 세상에 움직이면서 태어나며, 움직임은 우리의 모국어다"라고 말하며, 신체적 움직임이 언어적 사고 이전의 인간 이해의 토대임을 강조한다. 이러한 개념은 단순한 신체 활동을 넘어, 인간의 존재 방식과 인식 구조를 재고하게 만든다. 무용은 단순한 기술적 수행이 아니라, 인간이 신체를 통해 자신의 존재를 드러내고 세계와 소통하는 방식이 된다. 쉬츠-존스톤은 이를 통해 신체 경험의 철학적 의미를 강조하며, 무용이 지닌 지각적·인지적 중요성을 새롭게 조명한다.

쉬츠-존스톤의 중요한 개념 중 하나인 '움직임으로 사고하기'는 인간이 단순히 머리로 추상적인 개념을 생각하는 것이 아니라 움직이는 과정에서 직접적으로 사고한다는 의미이다. 즉, 사고와 움직임이 분리되지 않으며, 움직임 그 자체가 하나의 역동적 지성(kinetic intelligence)으로 기능한다. 그녀는 즉흥무용의 사례를 들어 이 개념을 설명한다. 즉흥적으로 춤출 때, 무용수는 사전에 계획된 개념적 사고를 통해 움직이는 것이 아니라, 몸이 그 순간의 리듬과 흐름에 따라 즉각적으로 반응한다. 이러한 움직임 속에서의 즉각적이고 현현적인(현전적인) 신체 사고는, 단순한 반사적 움직임이 아닌 신체적 감각과 인지가 결합된 하나의 인식 과정이다. 예를 들어 즉흥적인 움직임을 수행하는 무용수는 자신의 움직임을 개념적으로 분해하거나 논리적으로 분석하는 대신 공간과 시간, 음악의 흐름에 반응하며 자연스럽게 움직인다. 이 과정에서 몸은 일종의 신체적 지성을 발휘하며, 무용수는 언어적 사고 없이도 자신을 표현하고 의미를 창출한다. 이는 전통적인 인식론에서 사고와 신체를 분리하여 사고를 이성적 과정으로 한정하는 관점과 대조된다. 쉬츠-존스톤은 움직임이 곧 사고이며, 무용은 단순한 감각적 경험이 아니라 하나의 인식적 행위임을 강조한다. 이러한 관점은 무용학뿐만 아니라 철학, 신경과학, 심리학 등 다양한 분야에서 인간의 신체성과 인식의 관계를 탐구하는 데 중요한 이론적 기반을 제공한다.

쉬츠-존스톤의 현상학적 춤 개념은 앞서 메를로-퐁티의 신체 현상학과도 연결된다. 메를로-퐁티는 인간이 세계를 인식하는 방식이 신체적 경험에 뿌리를 두고 있으며, 신체가 곧 세계를 경험하는 주체임을 강조했다. 쉬츠-존스톤 역시 이러한 입장을 발전시켜, 신체 움직임이 단순한 기계적 운동이 아니라 의미를 창출하는 과정이라는 점을 부각시킨다. 그녀는 '생생한 즉시성(immediacy)'이라는 개념을 통해, 무용이 갖는 순간적인 경험의 강도를 강조한다(Sheets-Johnstone, 1966). 무용은 사유와 표현이 분리되지 않으며, 움직임 자체가 실시간으로 의미를 형성하는 과정이라는 것이다. 따라서 무용은 단순한 기호적 전달 방식이 아니라, 신체가 직접 세계와 관계 맺고 반응하는 방식으로 이해될 수 있다. 예를 들어, 무용 공연에서 무용수는 관객과 일방적으로 소통하는 것이 아닌 공간과 음악, 그리고 자신의 신체적 감각과의 역동적인 상호작용을 통해 의미를 생성한다. 이 과정에서 무용수의 신체는 단순한 물리적 객체에 머물지 않고 끊임없이 변화하는 존재로서 새로운 의미를 창출하는 주체가 된다. 이러한 개념은 단순히 무용수의 경험에 국한되지 않으며, 관객의 지각 방식에도 영향을 미친다. 쉬츠-존스톤은 관객이 무용을 감상할 때, 단순히 시각적 정보만을 처리하지 않고 자신의 신체적 감각과 경험을 통해 춤을 '느끼고' 이해한다고 설명한다. 이는 메를로-퐁티의 '지각의 현상학'과 연결되며, 무용이 신체와 감각을 통해 형성되는 경험이라는 점을 강조한다.

쉬츠-존스톤의 입장은 단순히 철학적 논의에 국한되지 않고 진화론적·발달심리학적 연구와도 연결된다. 그녀는 인간이 태내(胎內) 시절부터 움직임을 통해 세계를 인식하고 반응한다는 점을 강조하며, 신체적 움직임이 인지 발달의 기초임을 시사한다(Sheets-Johnstone, 2012). 신경과학과 발달심리학의 연구들은 인간의 움직임이 단순한 근육 작용이 아니라, 감각-운동적 인지를 형성하는 중요한 요소임을 보여 준다. 영아는 태어나면서부터 신체를 통해 세상을 탐색하며, 이러한 신체적 경험이 언어와 개념적 사고의 발달에 선행한다. 이러한 관점에서 무용은 단순한 예술 활동이 아닌 가장 원초적인 인간의 소통 방식이며, 인간 존재의 근본적 요소로 자리 잡는다. 쉬츠-존스톤은 춤이 단순한 형태적 움직임이 아니라 신체적 감각과 사고가 결합된 살아 있는 지식(living knowledge)이라는 점을 강조하며, 이를 통해 무용의 철학적·인지과학적 의미를 확장한다. 쉬츠-존스톤의 현상학적 춤 개념은 무용을 단순한 예술적 형식이 아니라 신체적 경험을 통한 인식 과정으로 격상시킨다. 그녀의 연구는 무용이 신체화된 경험을 매개로 세계를 이해하는 방식이라는 점을 강조하며, 이는 무용학뿐만 아니라 철학, 인지과학, 심리학 등 다양한 학문적 영역에서 중요한 통찰을 제공한다. 결과적으로, 쉬츠-존스톤의 사유를 통해 무용은 단순한 퍼포먼스가 아니라 신체적 사고와 감각적 인지를 기반으로 한 철학적·인지적 탐구의 장으로 확장될 수 있다. 그녀의 이론은 무용수뿐만 아니라 관객의 경험을 분석하는 중요한 틀이 되며, 무용을 인간 존재의 근본적 방식으로 이해하는 데 기여한다.

신체화된 인지와 춤의 체험적 의미

현상학의 통찰은 현대 인지과학의 신체화된 인지(embodied cognition) 이론과도 상응한다. 신체화된 인지란 마음과 인지가 뇌 속에서만 형성되는 것이 아니라 신체와 환경의 상호작용 속에서 구성된다는 관점이다. 이러한 인식론에 따르면, 무용과 같은 신체 경험은 우리의 인지와 의미 형성에 직접적인 영향을 준다. 예를 들어 조지 레이코프(George Lakoff)와 마크 존슨(Mark Johnson)은 인간의 개념 체계가 신체적 은유와 경험에 기반한다고 논했는데, 춤을 통한 공간·무게·리듬 감각 등이 사유와 감정의 형성에 개입할 수 있다는 것이다. 실제로 존슨(2007)은 《몸의 의미(The Meaning of the Body)》에서 예술적 움직임이 어떻게 인간 이해의 심층에 자리한 감각-운동 경험과 연결되는지 설명한다.

인지과학과 무용의 접목은 경험적 연구로도 뒷받침된다. 뇌신경과학 연구에 따르면, 춤 동작을 관찰할 때 관객의 뇌에서 거울뉴런(Mirror neurons)이 활성화되어 마치 직접 움직이는 것과 유사한 신체적 반응이 일어난다고 한다. 이러한 운동 감각적 공감(kinesthetic empathy) 능력은 관객이 무용수를 볼 때 그 움직임을 자기 몸으로 느끼는 현상을 가리키는데, 민족지학자 데이드르 스클라(Deidre Sklar)는 이를 "타인의 움직임 또는 그 움직임에 대한 감각적 경험에 참여하는 능력"으로 정의했다(Sklar, 1994). 무용학자 수잔 리 포스터(Susan Leigh Foster) 또한 이러한 공감이 관객과 무용수 사이에 일시적으로 "함께 춤추는 것과 같은" 지각을 만들어 낸다고 지적한다(Foster, 2011). 이는 지각과 신체의 밀접한 관계를 잘 보여 주는데, 우리가 춤을 이해하는 데에는 논리적 해석뿐 아니라 신체로 느끼는 직관적 이해가 중요함을 시사한다.

종합하면, 현상학과 신체화된 인지 관점에서 무용의 체험적 의미는 신체가 세계와 상호작용하는 방식을 통해 형성된다. 무용수의 몸짓 하나하나는 추상 기호가 아니라 살아 있는 경험의 흐름이며, 관객은 이를 자기 신체로 공명(resonate)함으로써 의미를 얻는다. 이러한 철학적 시각은 무용을 지식의 한 형태로 보게 한다. 실제로 일부 연구자들은 무용을 통해 얻어지는 지식을 '체화된 지식(embodied knowledge)' 또는 '묵시적 지식(tacit knowledge)'으로 개념화하며, 무용수의 몸에 체화된 움직임의 숙련과 미묘한 지각 능력이 언어로 완전하게 설명될 수 없는 독특한 인식임을 강조한다. 이렇듯 현상학과 인지과학을 아우르는 통섭적 관점은 무용 경험의 깊이를 이해하고 그 존재론적 의의—즉 춤추는 존재로서 인간의 본질—를 사유하게 한다.

2) 기호학적 접근: 움직임의 언어성과 해석

기호학(Semiotics) 관점에선 무용을 해석하는 것으로 춤의 움직임을 기호(sign)와 언어(language)로 간주하고 의미 생성과 소통의 메커니즘을 분석한다. 이는 춤을 말과 글의 언어처럼 구조화된 의미 체계로 볼 수 있는지에 대한 논의와 맞물려 있다. 본 절에서는 "춤은 언어인가?"라는 오래된 질문을 검토하면서, 다양한 춤 장르(발레, 현대무용, 포스트모던 무용)에 적용된 기호학적 분석 사례를 살펴본다.

춤의 언어적 특성에 대한 논쟁

춤을 언어로 볼 것인가에 대해서는 학자들 사이에 견해 차이가 있다. 어떤 이들은 춤이 언어와 유사한 구조를 지니며 문화적 코드를 통해 의미를 전달한다고 주장한다. 예컨대 헨리에타 배너먼(Henrietta Bannerman)은 "춤은 언어와 유사한 방식으로 구조화된다"고 하여, 일상 언어의 요소들—어휘(vocabulary), 구문(syntax), 발화(utterance), 화행(speech act)—에 해당하는 요소들이 춤에도 존재한다고 말한다(Bannerman, 2014). 그녀는 발레, 모던댄스, 포스트모던댄스 등 서구 공연무용의 여러 예를 들어, 각각의 안무 어휘와 구성 원리가 있으며, 춤 동작의 배열이 일종의 '발화'로 간주될 수 있음을 보였다. 이러한 입장은 언어학적 기호학에 기대어, 춤을 의미 전달 체계로 파악하려는 시도라 할 수 있다.

반면, 다른 이들은 춤과 언어의 한계와 차이를 지적한다. 언어는 명확한 문법과 명제적 의미를 통해 구체적 정보를 전달할 수 있지만, 춤은 추상적 정서와 신체 감각을 전달하는 데 강점이 있는 반면 구체적인 명제적 내용을 전달하는 데는 한계가 있다는 주장이다. 안무가 로이드 뉴슨(Lloyd Newson)은 "움직임만으로는 모든 것을 말할 수 없고, 마찬가지로 언어만으로도 모든 것을 말할 수 없다"고 하며, 예를 들어 "이 사람이 내 누이입니다"라는 문장을 춤으로는 전달하기 어렵다고 언급한 바 있다. 무용비평가 주디스 맥렐(Judith Mackrell) 또한 "춤은 어떤 서사나 구체적 사실을 전달할 때는 일반화된 상징이나 전형적 서사에 머물기 쉽고, 분석하거나 논증하거나 맥락화하는 능력은 부족하다"고 평했다(Bannerman, 2014). 이러한 관점은 춤이 지닌 비언어적이고 정서적인 힘은 인정하면서도, 이를 전통적 언어처럼 다루는 데에는 한계가 있음을 강조한다.

요컨대, 춤의 언어성에 대한 논쟁은 형식 대 내용, 신체 대 이성의 이분법과 관련되어 있다. 춤이 언어처럼 형식적 구조와 의미 부호를 가진다고 볼지라도, 그것이 텍스트처럼 명시적 의미를 전달하는지는 별개의 문제인 것이다. 현대 무용철학에서는 이 문제를 양극단이 아니라 연속선상의 스펙트럼으로 이해한다. 즉, 춤은 완전히 자의적인 기호체계(arbitrary sign system)는 아니지만, 공연 맥락과 관객의 문화적 해석에 따라 유동적인 의미를 만들어 낸다. 이러한 특성은 다음 절에서 다룰 의미 생성과 해석 과정에서 더욱 구체화된다.

움직임을 통한 의미 생성과 해석

기호학적 접근에서 핵심은 춤이 어떻게 의미를 생성하고 해석되느냐이다. 언어학에서 기호는 '기표(signifier)'와 '기의(signified)'로 구성되는데, 춤에서도 눈에 보이는 움직임과 그것이 불러일으키는 의미나 느낌 사이의 관계를 분석할 수 있다. 다만 이 관계는 언어의 어휘처럼 고정된 대응이 아니라, 맥락적이고 연쇄적이라는 점에서 차이가 있다.

구조기호학적 관점에서는 춤 동작을 작은 단위로 분해하여 의미의 구성 요소를 찾으려 했다. 예를 들어 19세기 무용 이론가 프랑수아 델사르트(François Delsarte)는 몸의 각 부분을 지적, 정서적, 육체적 세 영역으로 구분하고, 신체의 각 부위와 동작에 특정 상징적 의미를 부여하려는 시도를 했다. 델사르트는 머리와 목의 움직임은 정신을, 가슴의 움직임은 감정을, 하반신의 움직임은 육체적 행동을 표현한다고 보았는데, 이러한 신체 의미 지도는 이후 무용 기호학 연구의 기반 중 하나가 되었다. 현대 기호학자 알지르다스 그레마스(A. J. Greimas) 등은 델사르트의 아이디어를 확장하여, 춤추는 몸을 의미론적 단위들의 집합으로 분석하기도 했다. 그레마스는 신체를 팔, 다리, 머리 등 부분으로 형태론적으로 분절(disarticulation)하여, 각각을 환유적 의미작용을 갖는 단위로 파악함으로써 춤의 서사 구조를 해석하려 했다(Popa Blanariu, 2018).

한편, 기호해독적(hermeneutic) 관점에서는 춤의 의미가 고정된 코드보다는 맥락과 관객의 해석 행위에서 생성된다고 본다. 춤 동작 하나하나는 그것만으로 완결된 의미를 갖기보다, 안무의 흐름, 음악, 무대 미술, 문화적 참고 자료와 어우러져 의미의 그물망을 짠다. 예를 들어 같은 제스처라도 발레 맥락에서 왕을 상징할 수도 있고, 현대무용 맥락에서 전혀 다른 추상적 개념을 전달할 수도 있다. 따라서 무용의 기호학은 단순히 사전식 코드북을 찾는 것이 아니라, 의미 생성의 과정을 살펴보는 쪽으로 발전해 왔다. 이는 언어 기호학이 담화 분석과 의미 작용(pragmatics)에 주목하는 것과 유사하게, 무용도 공연의 총체적 맥락 속에서 어떻게 의미작용(semiosis)이 일어나는지 연구하는 것이다.

구체적으로, 발레에서는 전통적으로 마임 동작 등을 통해 줄거리를 전달하는 뚜렷한 기호들이 형성되어 왔다. 고전발레에서 두 팔을 머리 위로 동그랗게 모으면 '왕관'을 뜻해 왕이나 여왕을 나타내고, 손바닥을 위아래로 흔들면 '아름다움'을 상징하며, 가슴에 손을 얹으면 '사랑'을 나타내는 식의 관습적 코드가 존재한다. 이러한 발레 사전은 무용수와 관객 간 약속된 기호체계로서 기능하여 서사를 비교적 명료하게 전달한다. 현대무용의 경우, 마사 그레이엄(Martha Graham) 등이 추구한 표현주의 춤에서는 내적 정서와 원형적 이미지를 동작으로 표현하려 했고, 그 동작 어휘(예: contraction & release) 자체가 인간 감정의 상징으로 간주되기도 했다. 그러나 현대무용은 개인적 창작 안무에 따라 의미가 유동적이며, 관객이 각자의 삶의 경험을 투영해 자유롭게 해석하도록 열어 둔다. 포스트모던댄스에 이르면, 머스 커닝햄(Merce Cunningham)이나 이본느 레이너(Yvonne Rainer)처럼 의도적으로 의미의 단일성을 붕괴시키고 일상의 움직임까지 춤의 범주에 포함시킴으로써, 해석의 열린 장(場)을 만들었다. 포스트모던 안무는 종종 무작위성과 우연성을 도입하여 관객으로 하여금 의미를 적극 구성하도록 요구하며, 어떤 경우에는 "춤 자체에는 의미가 없으며 의미는 관객이 부여한다"는 메시지를 전하기도 한다.

결국, 춤의 기호학적 해석에서는 움직임의 언어성을 인정하되 그것이 일반 언어와는 다른 방식으로 기능함을 이해하는 것이 중요하다. 춤은 언어처럼 문법적이라기보다, 음악처럼 맥락적이고 감각적인 의미 전달 매체로 볼 수 있다. 기호학자 롤랑 바르트(Roland Barthes)는 예술적 몸짓이 "자연적인 것을 문화화(culturalize the natural)"함으로써 생명과 감정에 의미의 형태를 부여한다고 했는데, 춤에서 자연적 움직임은 예술적 맥락 속에서 문화적 의미를 띠게 된다. 동시에 앞서 메를로-퐁티의 지적처럼, 몸은 표상이나 기호로 환원되지 않는 직접적 의미 부여 능력을 지니기도 한다. 그는 '운동 의미(motor signification)'라는 개념으로, 몸의 동작이 개념적 표상 없이도 직접적으로 의미를 만들어 낼 수 있음을 설명했는데, 이는 춤의 해석에서 신체 경험 그 자체의 의미를 존중해야 함을 시사한다(Popa Blanariu, 2018). 따라서 무용기호학은 구조와 해석, 신체와 문화라는 두 축을 모두 고려하며, 춤이 만들어 내는 다층적인 의미 세계를 밝히는 작업이라 할 수 있다.

무용기호학의 사례: 발레, 현대무용, 포스트모던댄스

앞서 언급한 원리들을 실제 무용 장르에 적용한 연구 사례를 간략히 살펴보면 다음과 같다. 발레에 대한 기호학적 분석은 주로 극적 발레의 동작 코드를 해독하는 데 집중해 왔다. 예를 들어 고전발레 백조의 호수에서 백조 무리가 추는 '4마리 백조의 춤'은 대칭적 동작과 기하학적 대형을 통해 순수함과 조화의 상징으로 해석되곤 한다. 또한 발레 공연에서 무용수가 무대 위에서 한쪽 팔을 들어 올리는 단순한 동작도, 그것이 극 중 맥락(예: 누군가를 부르는 동작)과 합쳐질 때 서사적 기능을 갖는다. 이런 분석은 발레 마임 사전이나 안무 분석 형태로 정리되어 발레의 소통 체계를 이해하는 데 기여해 왔다.

현대무용에서는 안무가마다 고유한 움직임 어휘를 개발했고, 이에 대한 기호학적 해석도 각각 이루어졌다. 마사 그레이엄의 작품 〈애팔래치아의 봄(Appalachian Spring)〉을 예로 들면, 그레이엄 기법의 독특한 척추 굴곡과 이완(contraction & release) 동작이 극 중 신부의 내적 갈등과 해방을 나타낸다는 해석이 가능하다. 여기서 동작의 질감(texture)과 리듬이 정서적 의미와 연결되는 방식을 분석함으로써, 움직임과 감정 사이의 상징적 연결고리를 밝힐 수 있다. 반면, 예를 들어 머스 커닝햄의 안무는 우연성 기법(chance method)으로 만들어져 명시적 서사나 감정 표현을 배제하기 때문에, 그의 작품에서는 동작들 사이의 관계나 음악과의 상호작용 자체가 의미 분석의 대상이 된다. 연구자들은 커닝햄 작품에서 반복과 변주의 패턴을 찾아내거나, 관객이 비내러티브(non-narrative) 춤을 어떻게 개별적으로 의미화하는지 관찰하기도 한다.

포스트모던댄스 이후의 컨템퍼러리 댄스에서는 멀티미디어, 퍼포먼스 아트 등과의 결합 속에서 기호학적 논의가 더욱 복잡해졌다. 예컨대 독일 무용가 피나 바우쉬(Pina Bausch)의 탄츠테아터(Tanztheater) 작업은 몸짓, 말, 무대 영상 등을 복합적으로 사용하는데, 한 연구에서는 바우쉬 작품의 특정 장면에서 물이 흐르는 무대 위를 무용수가 걷는 이미지를 정화와 재탄생의 은유로 해석하면서, 이러한 해석이 서구 신화적 상징과 관객의 원형적 정서 반응에 기반함을 분석했다. 이처럼 동시대 무용 작품들은 다양한 기호 양식(modality)을 포함하므로, 움직임 그 자체뿐 아니라 소품, 조명, 대사 등 모든 요소를 아우르는 기호학적 '읽기'가 필요하다. 중요한 것은, 어떤 움직임이 어떤 의미를 지닌다고 단언하기보다는, 어떤 조건에서 어떤 의미작용을 일으키는가를 규명하는 것이다. 이로써 무용기호학은 춤과 관객 사이에 형성되는 의미의 상호작용을 포착하고, 무용을 문화적 소통 행위로 이해하는 데 기여한다.

3) 정동 이론: 무용과 감응, 지각의 문제

세 번째 주제는 춤의 정서적 측면과 지각의 문제이다. 춤은 본질적으로 감정을 표현하고 불러일으키는 예술이며, 관객의 지각 과정 또한 중요하게 다루어져 왔다. 여기서는 현대 인문학 연구에서 대두된 '정동 이론(Affect Theory)'을 통해 춤의 정서적 효과를 살펴보고, 지각심리 및 현상학 관점에서 지각과 신체의 관계를 논의한다. 나아가 춤을 통한 감각적 경험과 의미 구성을 통합적으로 고찰한다.

정동 이론과 춤의 정서적 표현

정동 이론(Affect Theory)은 최근 인문사회 분야에서 정동(affect)

의 역할을 재조명하는 이론적 조류로, 전통적인 심리학의 개별 정서(emotion)와 구별되는 '원초적이고 미분화된 정서적 강도(intensity)'를 강조한다. 정동 이론의 핵심 아이디어는 감정이 언어화되기 이전의 신체적이고 자동적인 반응으로서 사회적·미학적 현상을 이해하는 데 중요하다는 것이다. 이러한 관점을 춤에 적용하면, 춤이 내포한 정서적 힘을 새로운 시각에서 해석할 수 있다. 브라이언 마수미(Brian Massumi)는 몸의 움직임과 감각이 만들어 내는 강렬함(intensity)을 이론화하며, 언어로 명시되기 전 단계의 감각적 경험을 '정동(affect)'이라고 불렀다. 마수미에 따르면, 정동은 선형적인 시간을 잠시 정지시키는 일종의 긴장과 흥분의 상태로서, 이 순간에 신체의 모든 감각이 깨어나 있고 인지가 개입하기 전의 '비선형적 중지'가 발생한다(Benthaus, 2015). 예를 들어 무용 공연에서 관객이 숨을 멈출 듯한 전율을 느끼는 찰나가 있다면, 이는 명시적으로 "이래서 감동적이다"라고 분석되기 전에 신체적 감응이 폭발한 상황이라 볼 수 있다. 정동 이론은 이러한 말 이전의 느낌에 주목하며, 춤에서 무용수의 몸짓 하나하나가 지닌 정서적 파장을 설명하는 데 사용된다. 정동은 여기서 구체적으로 이름 붙일 수 있는 감정(슬픔, 기쁨 등)이라기보다, 관객과 무용수 사이를 흐르는 정서적 에너지나 분위기(atmosphere)와 유사한 개념이다.

실제로 공연예술 연구자들은 춤의 감정 전달을 분석하면서, 그것이 단순히 스토리나 얼굴 표정을 통한 감정 연기(emotion)가 아니라 몸의 에너지와 움직임의 리듬을 통한 감정 감염(affective contagion)이라고 설명한다. 예를 들어, 한 무용수가 격렬하게 몸을 떨며 절규하는 듯한 동작을 보일 때, 관객들은 그의 감정을 인지하기 전에 자신의 신체가 움찔하거나 심장이 고동치는 반응을 느낄 수 있다. 이러한 반응은 인지적 해석 이전에 발생하는 정동의 전달로 볼 수 있다. 다시 말해 춤은 감정을 '표현'하기보다는, 감정 그 자체(혹은 정서적 강도)를 '전염'시키는 면이 있다는 것이다. 이는 20세기 초 표현주의 무용이 강조했던 내면 감정의 표현 개념을 확장하여, 감정의 물질성(materiality)과 공유성에 주목하는 현대적 해석이라 할 수 있다.

물론 춤에서 특정 감정을 표현하는 일도 여전히 중요하다. 정동 이론은 이러한 전통적 정서 표현(emotional expression)과 대립하기보다, 그 이면을 보완한다. 예컨대 무용수의 표정이나 제스처가 분노를 연기한다면, 관객은 분노라는 정서를 인지한다. 동시에 분노의 감정적 강도—빠른 호흡, 팽팽한 근육, 날카로운 움직임—이 관객의 몸에도 일정한 긴장과 각성을 유발한다. 전자는 표상적 의미이고 후자는 신체적 감응인데, 후자에 초점을 맞춘 것이 정동 이론의 관점이다. 따라서 무용비평이나 연구에서 한 작품의 정서적 효과를 논할 때, 이야기와 캐릭터 차원의 감정(예: 비극적 슬픔)과 신체적·감각적 차원의 정서(예: 숨 막히는 긴장감)를 모두 고려하게 된다. 정동 이론은 특히 후자를 개념화함으로써, 춤의 정서적 파급력이 어떻게 언어적 담론을 초과하는지 설명하는 이론적 틀을 제공한다.

지각과 몸의 관계: 관객의 경험

무용예술에서 지각(perception)의 문제는 크게 두 측면으로 나뉜다. 첫째는 무용수 자신의 지각으로, 이는 앞서 현상학 논의에서 다룬 신체 지각과 겹친다. 둘째는 관객의 지각 경험으로, 이는 미학과 심리학의 주된 관심사이다. 관객이 춤을 볼 때 무엇을 보고 듣고 느끼는지는 무용의 의미 형성에 결정적이며, 최근 연구들은 관객의 신체적 반응과 지각 과정을 적극적으로 탐구한다.

관객이 춤을 지각하는 과정에서 중요한 역할을 하는 것이 앞서 언급한 운동감각적 공감(kinesthetic empathy)이다. 관객은 시각적으로 춤을 보지만, 자신의 몸에 내재한 움직임 감각을 통해 무용수의 동작을 직감적으로 '느낀다'. 이는 마치 관객이 심리적으로 춤을 함께 추는 것과 같은 효과를 만들어 내며, 무용 감상의 몰입도를 높인다. 이러한 현상을 설명하기 위해 인지신경과학에서는 거울뉴런 시스템을 거론하며, 실험 연구들은 무용 전문 관객일수록(춤 훈련을 받은 사람일수록) 춤을 볼 때 더 강한 근육 긴장과 신경 반응을 보인다고 보고한다. 이는 훈련된 관객은 더욱 섬세한 운동감각적 지각을 통해 풍부한 경험을 얻을 수 있음을 시사한다. 철학자 바바라 몬테로(Barbara Montero)는 춤 훈련을 받은 사람이 비전문가보다 춤의 미묘한 차이를 더 잘 지각하며, 이는 심미적 감상에도 기여할 수 있다고 주장한 반면, 일부 무용철학자들은 예술 감상에 전문적 신체 경험이 필수는 아니라는 반론을 펴기도 한다. 이 논쟁은 예술 지각의 전문성과 신체 지식의 역할에 관한 철학적 쟁점으로 이어진다(Stanford Encyclopedia of Philosophy, 2015/2019).

또 하나의 지각 이슈는 무용의 다감각적 특성이다. 관객은 시각뿐 아니라 음악을 통한 청각, 무대 진동 등을 통한 촉각적 감각까지 활용하여 춤을 지각한다. 최근 무용 공연은 조명, 영상, 무대 설치 등을 활용하여 몰입형 다감각 경험을 제공하기도 한다. 이러한 경험에서 몸의 역할은 단순히 눈으로 보는 것을 넘어, 전신으로 느끼는 것이다. 예를 들어 관객이 무대 가까이에서 댄서의 숨소리나 발 구르는 진동을 느낄 때, 그 감각들은 모두 합쳐져 전체적인 지각 이미지(gestalt)를 형성한다. 이는 감각의 통합 측면에서, 메를로-퐁티가 말한 신체적 지각의 총체성 개념과 부합한다. 그는 지각이 항상 몸의 여러 감각 양식의 협응을 통해 이루어진다고 보았는데, 무용 관객의 경험이 바로 그러하다. 춤을 본다는 것은 실제로는 "몸으로 느낀다"에 가까운 행위인 셈이다.

결과적으로, 지각과 몸의 관계를 탐구하는 것은 무용미학의 핵심으로 자리매김한다. 관객의 지각이 단순한 수동적 감상이 아니라, 신체적 공감과 의미 구성이 결합된 능동적 체험이라는 인식이 확산되었다. 이러한 인식 아래, 공연예술에서 관객 참여형 작품이나 인터랙티브 무용 등이 등장하여 관객의 신체를 직접 움직임에 참여시키는 경향도 나타나고 있다. 이는 관객의 지각을 한층 체험적 차원으로 끌어올리는 예로서, 무용의 의미가 감각의 상호작용 속에서 생성됨을 보여 준다.

무용을 통한 감각적 경험과 의미 구성

춤은 감각의 예술이며, 이를 통해 의미를 구성하는 독특한 방식을 갖는다. 앞서 논의한 현상학, 기호학, 정동 이론의 관점을 종합해 보면, 춤을 통한 의미 구성은 다음과 같은 특징을 지닌다. 첫째, 비언어적이며 직관적인 의미 구성이다. 춤은 말로 설명되지 않아도 몸짓 자체로 이해되는 의미를 전달한다. 관객은 춤을 해석하려 애쓰기보다 느낌으로 받아들이는 경우가 많다. 예컨대 한 무용수가 무대 한구석에서 서서히 웅크렸다가 폭발적으로 도약하는 모습을 볼 때, 관객은 그것을 '억압에서의 해방'과 같은 의미로 해석할 수도 있지만, 그에 앞서 가슴이 벅차오르는 느낌이나 긴장의 해소를 먼저 경험한다. 이처럼 감각적 경험이 의미 해석보다 선행하거나 동반되며, 의미 구성의 일부를 이끈다. 이는 몸의 지혜가 작용하는 부분으로, 철학자 리처드 슈스터만(Richard Shusterman)이 말한 '솜에스테틱스(somaesthetics)'의 관점—신체미학, 몸의 감각적 숙고—과도 연결된다.

둘째, 공동체적이며 문화적인 의미 구성이다. 춤의 의미는 사회문화적 맥락에서 형성된다. 특정 문화권의 춤 동작은 그 사회의 가치나 금기를 반영하고, 공연 현장에서 관객은 집단적인 정서적 반응을 공유함으로써 의미를 강화한다. 예를 들어 전통춤에서 특정 동작이 신에게 바치는 예배를 상징한다면, 그 문화권의 관객은 그 함의를 즉각 알아차리고 경외심이라는 정서를 느끼며 의미를 함께 만든다. 현대의 추상무용이라도, 현재의 사회 이슈나 관객의 삶과 관련지어 은유적 해석이 발생할 수 있고, 이에 대한 공감대가 형성되면 공연장은 일종의 의미 공동체가 된다. 이러한 면에서 춤은 개인적 경험과 보편적 주제를 감각적으로 연결하여, 공동의 의미를 구축하는 힘을 가진다.

셋째, 존재론적·실존적 의미 구성이다. 많은 무용철학자들이 지적하듯, 춤은 인간의 존재 방식 자체를 성찰하게 하는 의미를 지닌다. 무용수의 일시적이고 사라지는 움직임 속에서 삶의 무상함과 아름다움이라는 존재론적 테마가 드러나기도 하고, 반복되는 연습과 극한의 신체 통제를 요하는 춤의 과정에서 인간 의지와 실존에 대한 질문이 떠오르기도 한다. 실제로 무용의 존재론을 다루는 논의에서는, 춤의 일회성(ephemerality)을 중요한 특징으로 꼽는다. 무용 공연은 한순간 현재에만 현존하고 사라지기 때문에 기록이나 복제가 어려운 예술로 간주되며, 이는 무용 작품의 정체성(identity)이나 보존의 문제를 야기한다. 그러나 동시에 이러한 덧없음은 무용예술의 고유한 미덕으로 평가되기도 한다. "무용은 일시적인 예술이기에, 매 순간 변화하는 살아 있음을 축복하는 가치가 있다"는 시각도 있으며, 관객이 "그 자리에 있었기에 느낄 수 있는" 특별한 체험을 선사한다는 것이다. 따라서 무용을 통한 의미 구성에는 삶의 일시성과 현재성에 대한 통찰이 포함되고, 이 점에서 무용은 관객에게 철학적 성찰의 경험을 제공하기도 한다.

요약하면, 춤은 감각적 경험을 바탕으로 다층적 의미를 생성한다. 이는 신체-감각-정서-문화-존재가 얽힌 복합적 과정이다. 무용수의 몸짓은 관객의 몸과 공명하여 직감적 의미를 낳고, 문화적 맥락에서 상징과 서사를 형성하며, 궁극적으로 인간 존재에 대한 깨달음으로까지 이어질 수 있다. 이런 이유로 무용학에서 춤을 연구할 때 현상학(몸의 경험), 기호학(의미 체계), 정동 이론(정서적 강도), 인지과학(지각 과정) 등의 다양한 관점을 종합적으로 활용하게 되는 것이다. 각 관점은 춤의 한 측면을 조명하지만, 상호보완적으로 오늘날 무용의 철학적 의미를 심화시킨다.

  결론적으로, 무용철학에 대한 연구는 신체로 사유하는 인간, 움직임으로 말하는 예술, 감각으로 소통하는 감정을 포괄적으로 이해하려는 시도라 할 수 있다. 현상학은 우리가 몸을 통해 존재함을 일깨워 무용의 체현된 지식을 부각시켰고, 기호학은 춤의 의미 언어를 해명하여 무용을 소통 행위로 자리매김했으며, 정동 이론과 지각 연구는 춤의 정서적 울림과 지각적 체험을 분석함으로써 무용 감상의 깊이를 더했다. 또한 존재론적 논의를 통해 무용의 일회성과 현재성이 가진 미학적 의의도 확인했다. 이러한 학제적 연구를 통해 드러난 것은, 무용은 단순한 신체 움직임이 아니라 철학적 탐구의 보고(寶庫)라는 점이다. 춤추는 몸은 생각하는 몸이고, 춤의 동작들은 의미의 흐름이며, 춤을 보는 것은 느낌과 깨달음의 참여인 것이다. 춤에 대한 철학적 성찰은 예술 일반의 이해를 풍부하게 할 뿐만 아니라, '인간이란 무엇인가'라는 근본 질문에 대해 새로운 통찰을 제공할 수 있다. 결국 현대 무용철학 연구는 예술로서의 춤을 넘어서 인간 경험의 철학에 기여하는 학제적 노력이라고 할 수 있다.

3. 동시대 탈경계의 미학

1) 신체와 미디어: 테크놀로지가 바꾼 무용미학

무용과 기술의 역사적 근원

　무용은 전통적으로 '순수 신체 예술'로 간주되었지만, 실제 역사 속에서 기술(technology)과 늘 상호작용해 왔다. 20세기 초 모던댄스 시기에도 로이 풀러(Loie Fuller)가 무대 조명 기술을 활용한 독무를 선보이거나, 오스카 슐레머(Oskar Schlemmer)의 〈트라이어드 발레(The Triadic Ballet)〉처럼 무대미술과 기계장치를 도입한 시도들이 존재했다. 그러나 디지털 기술의 발달과 함께 20세기 후반부터 무용과 기술의 융합은 한층 가속화되고 심화되었다. 특히 머스 커닝햄은 말년에 컴퓨터 기술을 안무 도구로 적극 활용함으로써 기술이 무용미학에 미치는 영향을 선구적으로 탐색했다. 그는 1989년 캐나다 사이먼 프레이저 대학에서 개발된 '라이프 폼스(Life Forms)'라는 3D 안무 소프트웨어를 사용하여 컴퓨터 화면 속에서 새로운 동작들을 실험하고 구성했다. 라이프 폼스는 인간 신체를 본뜬 뼈대 아바타를 가상공간에 등장시켜 신체의 가능한 움직임을 시각화해 주는 프로그램이었는데, 커닝햄은 이를 통해 무용수들이 현실에서 수행하기 어려운 동작의 조합까지 시도하며 창작의 폭을 넓혔다. 이러한 컴퓨터 안무는 안무가의 상상력을 확장시켰을 뿐만 아니라, 결과적으로 무용수들에게도 기존에 없던 움직임 어휘를 부여하여 새로운 신체미학을 끌어냈다. 커닝햄은 이 소프트웨어 개발에 직접 참여하여 개선을 이끌었고, 1990년대 이후 발표한 모든 작품에 이 디지털 안무 과정을 반영했을 정도로 기술을 예술창작의 한 부분으로 통합했다.

그의 후기 대표작 〈BIPED〉(1999)는 이러한 기술 실험의 집대성으로 평가되는데, 안무 단계에서 컴퓨터로 생성된 동작들을 바탕으로 만들어진 이 작품에서 커닝햄은 한 걸음 더 나아가 무용수의 움직임을 모션 캡처(motion capture)하여 디지털 이미지로 무대에 투사하는 시도를 선보였다. 그는 미디어 아티스트 셸리 에쉬카(Shelley Eshkar)와 폴 카이저(Paul Kaiser)와 협업하여, 실제 무용수들의 동작을 센서로 기록한 후 컴퓨터 그래픽으로 구현한 가상의 인물들을 무대 공간에 등장시켰다. 관객들은 어둡게 빛나는 무대에서 현실의 무용수들과 동시에 부유하는 빛의 인간 형상들이 동일한 춤 동작을 따라 추는 환영적인 장면을 목격하게 되는데, 이처럼 물리적 신체와 가상 신체가 공존하는 무대는 무용의 미학적 지평을 과거에 없던 방식으로 넓혔다. 뉴욕 타임스의 비평가 알라스터 맥컬레이(Alastair Macaulay)는 "〈BIPED〉에서 인간 무용수와 디지털 아바타가 함께 무대에 존재함으로써 일종의 초월적 세계 또는 심해(深海)와 같은 분위기가 형성된다"고 평했는데 이는 기술이 만들어 낸 새로운 무용 미장센이라 할 수 있다(Kennedy Center Education Digital Resources). 요컨대, 커닝햄의 시도는 테크놀로지가 단순히 보조 수단을 넘어서 안무의 방법론과 무대 미학 자체를 변혁할 수 있음을 보여 준 역사적 사례다.

디지털 무용과 VR, 인터랙티브 미디어

21세기에 들어서면서 디지털 미디어와 무용의 결합은 더욱 다양해지고 일상화되었다. 특히 인터넷과 가상현실(VR) 기술의 발전은 무용 공연의 시공간적 제약을 뛰어넘는 새로운 가능성을 열었다. 2020년 전후로 전 세계를 강타한 COVID-19 팬데믹은 극장 문을 닫게 만들었지만, 역설적으로 온라인 무용 공연과 원격 춤 협업의 폭발적 증대를 촉발했다. 줌(Zoom)과 유튜브 라이브 같은 플랫폼을 통한 실시간 춤 공유를 넘어, 해킹된 마이크로소프트 키넥트 센서나 모션캡처 슈트 등을 활용하여 가상 아바타로 무용수들이 만나는 텔레마틱 댄스(Telematic dance)도 시도되었다. 영국의 골드스미스 대학과 싱가포르 라살 예술대학 연구진은 무용수들이 동일한 가상공간에 아바타 형태로 함께 존재하며 춤출 수 있도록, 여러 지역의 모션 데이터 스트리밍을 동기화하는 시스템을 개발하기도 했다. 이러한 실험을 통해 물리적으로 떨어진 신체들의 가상적 동시 공존(co-presence)이 실현되면서, 무용수들은 새로운 형태의 공간 감각과 신체 경험을 보고했다(Strutt, 2022).

기술 철학적으로 보자면, 무용수의 몸은 이제 현실의 경계를 넘어 확장된 신체(extended body)로서 디지털 공간까지 포괄하게 된 셈이다. 나아가 이러한 가상 무용은 관객의 체험 방식도 바꾸어, 관객이 VR 기기를 통해 무대 안으로 들어가거나, 심지어 관객 아바타가 무용수와 상호작용하는 인터랙티브 공연도 등장했다. 예컨대 미국 일리노이 대학의 한 실험 공연에서는 관객들이 휴대폰 앱을 통해 무대 위 무용에 실시간으로 영향을 주는 쌍방향 무대를 구현하기도 했다(Livingston, 2019). 이렇듯 인터랙티브 미디어(interactive media)는 전통적으로 수동적 존재였던 관객을 공동 안무자 혹은 공연자의 일부로 참여시킴으로써 공연의 경계를 재정의하고, 공연자-관객 관계의 미학 자체를 변화시켰다.

AI 기반 안무와 무용의 미래

최근 무용계에서 가장 주목받는 기술은 단연 인공지능(AI)이다. 2010년대 후반부터 안무가들은 머신러닝 알고리즘을 창작 도구로 활용하는 실험을 시작했다. 영국의 안무가 웨인 맥그리거(Wayne McGregor)는 2018년 구글과 협업하여 자신의 25년간 춤 영상 아카이브를 AI에 학습시킨 후, 새로운 안무 동작을 자동 생성하는 시스템을 만들었다. 이 AI 안무 도구는 맥그리거와 무용수들의 방대한 움직임 데이터를 분석하여 맥그리거 스타일을 예측하는 신경망을 기반으로 동작 시퀀스를 제안하는데, 맥그리거는 이를 바탕으로 인간 안무자가 상상하지 못한 참신한 움직임 조합들을 발견했다고 보고했다. 그는 "방대한 동작 기록을 흥미로운 방식으로 활용해 보고자 했다. 안무에서 중요한 질문은 항상 '어떻게 끊임없이 신선한 콘텐츠를 창작할 것인가'인데, AI가 도움을 줄 수 있을지 궁금했다"고 말하며 인간 창의성과 AI의 협업 가능성을 모색했다.

이러한 시도는 AI가 안무의 공동창작자 혹은 아이디어 파트너로 기능할 수 있음을 보여 준다. 나아가 일부 안무는 무대 위에서 실시간 AI를 통합하기도 하는데, 예컨대 미국 안무가 빌 티 존스(Bill T. Jones)는 AI가 무용수의 즉흥 움직임을 관찰해 거기에 반응하는 대화형 공연을 선보이기도 했다(Strutt, 2022: p.369). 물론 AI의 도입은 예술 창작의 주체와 원본성에 관한 철학적 질문을 제기한다. 무용계 일각에서는 "AI가 인간의 신체 경험을 대체하거나 상업적 도구로 전락할 위험"을 우려하는 반응도 있지만, 다른 한편으로는 "AI를 통해 인간 안무가 자신의 한계를 넘어서고 새로운 신체미학을 발굴할 수 있다"는 기대가 공존한다(Leprince-Ringuet, 2018). 결국 기술과 무용의 관계 변화는 춤의 개념을 무대와 신체의 물리적 한계로부터 해방시켰으며, 디지털 퍼포먼스는 이제 더 이상 실험적 예외가 아닌 무용예술의 한 주류 양상으로 부상하고 있다. 과거에 라이브니스(liveness)의 결여로 대안 혹은 대용물로 여겨지던 디지털 춤도, 오늘날에는 고유한 미학과 가치를 지닌 장르로 인정받으며 새로운 춤의 시대정신(Zeitgeist)을 형성하고 있는 것이다.

2) 탈경계적 춤: 비서구 전통과 미학적 다원성

비서구춤과 현대춤의 융합

포스트모던 무용 이후 무용계에서는 문화적 경계의 해체와 미학의 다원화가 두드러지게 나타나고 있다. 이는 한편으로 탈식민주의(Postcolonialism)의 영향과 전 지구적 교류의 증대라는 시대적 맥락과 맞물린 현상이다. 현대무용의 태동기에는 아시아와 아프리카 등의 전통춤이 서구 안무가들에게 영감의 원천이 되었지만, 그 표현 양식은 서구 중심 담론 속에 타자화된 위치에 머무르는 경우가 많았다. 그러나 20세기 말부터 비서구권 안무가들이 직접 현대무용 무대의 전면에 등장하고, 자신들의 전통춤 유산을 현대적 언어로 재해석하는 흐름이 강해졌다. 그 결과 현재의 컨템포러리 춤 무대에는 과거보다 훨씬 다양한 문화권의 움직임 어법이 공존·융합하고 있다. 이를테면 중국의 현대무용은 서구 모던댄스와는 다른 양상으로 전개되었는데, 서구처럼 전통을 완전히 부정하기보다는 오히려 전통과 현대성을 연결 및 유지하려는 경향을 보였다. 중국 개혁개방 이후 등장한 중국 현대무용가들은 서구 현대무용 기법을 수용하면서 동시에 중국 고전무용과 민족무용의 미학적 요소를 결합하는 '비판적 계승(critical inheritance)'을 추구했다(Zhu, 2018). 그들은 단절이나 혁신보다는 혼종(hybridity)을 통해 중국적 현대무용의 정체성을 모색했고, 실제 작품들에서도 전통 춤사위나 미의식이 현대적 안무 구성 속에 녹아들어 가는 사례가 다수 나타났다. 이는

"고전을 버리고 거부함으로써 발전한 서구 현대무용과 달리, 중국 안무가들은 반항만을 원칙으로 삼기보다 전통과 현대의 연결을 유지하고자 했다"는 분석대로, 문화적 혼종성을 미학의 기반으로 삼은 경우라 할 수 있다.

탈식민지적 관점과 경계 허물기

한편 남아시아, 아프리카 출신의 안무가들이나 서구 내 이민 2세대 무용가들도 자신들의 정체성 혼종성을 무용으로 표출하며 새로운 미학을 개척했다. 예를 들어 인도 고전춤 바라타나티얌에 정통한 인도계 디아스포라 안무가들이 서구 컨템포러리 댄스와 결합한 작품들을 다수 발표했는데, 캐나다의 노바 바하띠아(Nova Bhattacharya)는 이러한 창작 과정을 '에지-이펙트(edge-effect)', 즉 문화 경계면에서 일어나는 창조적 마찰로 개념화했다. 그녀와 동료 안무가 하리 크리슈난(Hari Krishnan)은 인도 전통과 현대무용이 교차하는 자신의 작품세계가 끊임없이 수용(reception)과 단절(rupture) 사이를 오가며, 그 경계 지대에서 새로운 공통 언어(lingua franca)가 형성된다고 설명한다. 이들의 작품은 무용 동작뿐 아니라 음악, 무대미술, 주제 면에서도 서구/비서구의 요소들을 뒤섞어 사용하며, 결과적으로 관객들은 이전에 익숙한 한 문화권의 코드로는 온전히 해석할 수 없는 복합적 의미 공간과 마주하게 된다.

이러한 경계 넘기는 탈식민주의 이론가 호미 바바(Homi Bhabha)가 말한 '문화적 틈새(cultural interstices)'에서의 새로운 정체성 생성과 일맥상통한다. 바바에 따르면 식민 지배의 이질적 문화들이 만나 뒤섞이는 틈새에서 혼종적 주체성이 태어나며, 이는 지배담론에 저항하고 대안적 문화를 낳는 생산적 공간이 된다. 실제로 현대무용에서는 한때 주변부로 여겨졌던 비서구 및 소수자 춤 양식들이 혼종 형태로 중심 무대로 진입하여, 장르의 경계를 재편성하고 있다. 예컨대 영국의 아크람 칸(Akram Khan)은 인도 카탁(Kathak)춤과 현대무용을 접목한 작품들로 세계적 명성을 얻었고, 그의 작품에서 전통 신화나 무슬림 정체성 같은 주제가 현대무용 어법 속에 자연스럽게 녹아들며 문화 간 대화를 이루어 낸다. 또한 세네갈의 거장 제르멘 아코니(Germaine Acogny)는 서아프리카 전통춤의 리듬과 제스처를 현대무용 기법과 결합하여 아프리카 현대무용의 어법을 확립했고, 유럽의 무용교육에 아프리카적 움직임 철학을 소개하며 탈중심화를 실천했다. 이처럼 다양한 문화권의 춤이 경계를 넘나들며 융합하는 양상은, 오늘날 국제 무용 페스티벌이나 무용 교육기관의 커리큘럼 등에서 뚜렷하게 확인된다. 연구자들 역시 이러한 현상을 가리켜 세계화 시대 춤 양식들의 혼종화로 설명하고 있으며, 춤을 통해 장소성과 정체성의 관계를 고찰하는 이론적 작업도 활발하다. 특히 올라프 쿨크(Olaf Kuhlke) 등의 연구자들은 《글로벌 움직임: 춤, 장소, 혼종성(Global Movements: Dance, Place, and Hybridity)》(2014)이라는 저서에서 세계화로 인한 사람과 사상의 이동이 춤과 공간에 미치는 영향을 다루며, 다양한 사례들이 문화 전통의 확산과 융합 속에서 새로운 춤 형태들을 만들어 내고 있음을 보여 주었다.

미학적 다원성과 동시대 무용의 지형

이러한 탈경계적 흐름의 결과, 현재의 무용미학은 그 어느 때보다 '다원적(pluralistic)'이다. 더 이상 특정 지역이나 문화의 미학이 중심을 지배하지 않고, 다양한 배경을 지닌 예술가들이 각자의 혼종적 관점으로 춤을 재창조하고 있기 때문이다. 기예르모 고메즈-페냐(Guillermo Gómez-Peña)는 오늘날의 경계 문화(border-culture)가 만들어 낸 주체들을 가리켜 "다중 혼종적 정체성(multihybrid identities), 끊임없는 변태(變態)의 과정 속에 있다"고 표현했는데, 한 세대의 아방가르드였던 이러한 혼종 미학이 시간이 흐르면서 다음 세대에는 제도권 예술의 일부로 흡수되기도 한다는 통찰을 남겼다. 실제로 1960년대에 급진적이었던 포스트모던 무용의 개념들은 이제 대학과 예술학교의 정규 커리큘럼에 포함되었고, 2000년대에 실험적이던 다문화 및 융합 공연들도 현재는 주요 극장의 레퍼토리가 되는 등 문화 혼종성이 새로운 표준으로 자리 잡고 있다.

탈경계적 미학은 장르 간 융합에서도 나타나서, 현대무용 공연에 힙합이나 전통연희, 발레 테크닉과 서커스 등의 요소가 경계 없이 통합되기도 한다. 이는 관객들로 하여금 단일한 감상 코드가 아닌 복합적 감수성으로 작품에 접근하게 하며, 각자 다양한 해석과 경험을 이끌어 내는 열린 미학을 제공한다. 또한 탈경계적 관점은 무용계의 권력 구조에도 변화를 주어, 이전에는 주목받지 못한 주변부 무용 담론(예: 토착 춤의 철학, 제의적 몸짓의 의미 등)이 새롭게 조명되고 학술 연구의 주제가 되고 있다. 이러한 경향은 무용을 단순한 신체 움직임의 미적 체험이 아니라, 문화 정체성과 사회 역학을 담지한 행위로서 파악하게끔 한다. 탈경계적 춤의 미학은 다양한 문화 전통의 대등한 대화와 융합을 통해 탄생한 것으로, 이는 탈식민주의적 '경계 허물기'의 정신과 맞닿아 있고 글로벌 시대 예술의 포용성과 혁신성을 상징하기도 한다. 그 결과 현대의 무용은 다원화된 미적 지평 속에서 끊임없이 자기갱신을 거듭하고 있으며, 관객들 역시 그 다채로운 스펙트럼을 향유하고 있다.

지금까지 포스트모던 무용의 등장이 어떻게 춤의 개념을 혁신하고 미학적 지평을 넓혔는지 살펴보고, 현대 테크놀로지의 접목이 무용예술의 표현 영역을 어떻게 변모시켰는지 논의했으며, 나아가 글로벌 시대 문화 혼종성 속에서 무용의 경계가 해체되고 미학적 다원성이 펼쳐지는 양상을 고찰했다. 포스트모던 무용가들의 실험은 '춤이란 무엇인가'에 대한 근본적인 질문을 제기하며 모든 움직임과 모든 사람을 춤의 영역 안으로 포섭했고, 이는 예술의 민주화와 탈권위주의적 미학의 흐름과 맞물려 20세기 후반 무용 담론을 풍부하게 만들었다. 이후 디지털 혁명과 함께 무용은 신체-기술의 상호작용 예술로 진화하여, 무대는 현실 공간을 넘어 가상공간으로 확장되고, 안무 개념 역시 인간 창작자에서 비인간 에이전트와의 협업으로 확대되었다. 이러한 변화는 궁극적으로 '무용수의 신체'에 대한 정의마저 변화시켜, 이제 신체는 생물학적 몸에 국한되지 않고 기술 매개를 통해 재매개된 몸으로 재탄생하고 있다. 아울러 세계화와 탈식민 담론 속에서 무용은 문화 간 경계를 넘나들며, 다양한 전통들이 만나 새로운 하이브리드 미학을 창출하고 있다. 이는 무용예술을 하나의 미학적 규범이 아닌 복수의 목소리들로 구성된 장으로 변모시켰고, 미적 다원성과 포용성은 현대무용계의 중요한 가치가 되었다. 21세기 들어 컨템포러리 무용은 이러한 포스트모던의 유산, 기술과의 융합, 탈경계적 혼종성을 모두 포괄하며 그 범위를 끝없이 확장하고 있다. 무용수들은 더욱 다양한 움직임 어휘와 매체를 구사하고, 안무가들은 신체와 기술, 문화 코드들의 교차로에서 새로운 춤의 언어를 만들어 내고 있다. 관객들 역시 이제는 무용 공연을 통해 다층적인 미학적 경험을 누릴 수 있으며, 각자의 문화적 배경에 따라 다르게 공명할 수 있는 열린 텍스트로서의 춤을 만나고 있다. 요컨대, 포스트모던 무용과 탈경계적 미학의 흐름은 무용을 고정된 틀에서 해방시켜 유동적이고 살아 있는 예술로 거듭나게 했으며, 이는 끊임없는 실험과 비판적 성찰을 통해 무용예술이 미래에도 진화해 나갈 수 있는 동력이 되고 있다. 앞으로도 기술 발전과 사회문화적 변화 속에서 무용은 새로운 경계를 만들고 허무는 과정을 반복할 것이며, 이 절의 논의가 다룬 담론들은 그 변화의 방향을 이해하는 데 중요한 이정표가 될 것이다.

II
비평과 춤

1. 비평, 예술비평, 무용비평

　일반적으로 비평(criticism)은 어떤 대상에 대한 분석과 평가를 의미한다. 예술 분야에서 비평은 작품의 가치와 의미를 해석하고 감상자를 위해 논평하는 작업으로 정의된다. 실제로 백과사전에서는 예술비평을 "예술 작품에 대한 분석과 평가"로 설명하며, 나아가 이론과 연계된 해석적 작업으로서 특정 작품을 이론적 관점에서 이해하고 미술사적 맥락에서 그 중요성을 밝히는 행위로 본다. 즉, 비평의 목적은 단순히 좋고 나쁨을 평가하는 데 그치지 않고 작품을 이해하고 의미를 부여하며, 작품이 속한 예술 형식의 흐름 속에서 그 가치를 위치 짓는 데 있다.

　예술비평(Art criticism)은 미술, 문학, 음악, 무용 등 모든 예술 형태에 적용되는 개념으로, 작품을 심미적 기준과 이론에 비추어 논의하고 평가한다. 비평가는 작품의 아름다움이나 형식뿐 아니라 작품이 전달하는 사상, 감정, 사회적 의미까지 다룰 수 있다. 예술비평의 중요한 기능은 감상자의 이해를 돕고 예술 담론을 풍부하게 만드는 것이다. 비평을 통해 관객은 작품을 수동적으로 소비하는 대신 비판적으로 사고하게 된다. 예컨대, 한 무용 작품에 대한 비평을 읽음으로써 관객은 작품의 주제나 사용된 안무 기법, 역사적 배경 등에 대한 통찰을 얻어 작품을 더 깊이 있게 감상할 수 있다. 비평은 또한 예술가와 관객 사이에 대화의 장을 마련하여, 작품이 어떤 맥락과 목적을 가지는지에 대한 이해를 증진시킨다. 비평의 또 다른 목적은 예술계 내부의 발전과 피드백이다. 비평가는 예술가의 작업에 대해 때로는 날카로운 지적을 하고, 이를 통해 예술가가 자신의 작업을 성찰하거나 발전시키는 계기를 제공하기도 한다. 동시에 비평가는 사회적 존재로서의 예술을 조명하여, 예술이 사회나 문화, 역사의 흐름 속에서 어떤 위치를 차지하는지 논의함으로써 예술 담론 전반을 풍부하게 한다.

무용비평(Dance criticism)은 무용예술에 대한 비평으로, 특히 공연무용을 글로 표현하는 행위를 말한다. 백과사전에 따르면 무용비평은 "공연된 무용 작품에 대한 기술적 분석"으로 정의되며, 공연 리뷰(review)와 비평(criticism)을 포괄한다. 무용비평의 가장 큰 특수성은 무용이 언어나 구체적 결과물이 아닌, 시간 속에서 사라지는 신체예술이라는 점에 있다. 무용은 모든 예술 형식 중에서도 가장 덧없는 (ephemeral) 특성을 지닌 형태로 꼽히며, 19세기 말 사진술과 유용한 무용기보법이 개발되기 전까지는 무용 공연의 기록이 극히 제한적이었다.

이 때문에 역사적으로 비평가의 기록과 묘사가 무용을 전승하고 기억하는 중요한 수단이 되어 왔다. 비평가들은 공연을 글로 묘사하고 분석함으로써, 한번 지나가면 사라져 버리는 춤을 언어로 포착하여 후대에 전달하는 역할을 했다. 더불어, 숙련되고 객관적인 관찰자가 전하는 통찰은 해당 공연을 직접 보지 못한 사람들에게 작품의 안무와 기법에 대한 이해를 높여주고, 공연을 본 관객들에게는 추가적인 의미의 층위를 제공하기도 한다. 예를 들어, 발레 공연에 대한 상세한 비평 기사를 읽는 독자는 무용수의 움직임이 어떤 느낌이었는지, 안무가 어떤 구조로 짜였는지 간접 체험할 수 있으며, 이를 통해 무용예술에 대한 감상의 지평을 넓힐 수 있다. 무용비평은 또한 무용예술의 위상 제고와 역사 형성에 기여했다. 오랫동안 무용은 다른 예술(예컨대 문학이나 음악)에 비해 진지한 담론의 대상이 되지 못한 측면이 있었으나, 비평가들이 무용을 분석하고 이론적으로 접근하면서 무용도 지적 담론의 일부로 편입되었다. 예를 들어 영화가 단순한 오락에서 예술로 격상되는 데 비평가들의 지적 담론이 큰 역할을 했듯이, 무용 역시 비평가들의 공론화와 평가를 통한 정당화 과정을 거쳐 예술계에서의 입지를 굳혀왔다. 이러한 역사적 의미에서, 무용비평은 단순한 리뷰를 넘어 무용의 예술적 가치와 의미를 사회에 각인시키는 기능을 수행해 왔다. 또한 무용비평은 전문 용어와 묘사법을 발달시킴으로써 무용을 언어로 소통 가능한 형태로 만들었다. 무용은 본질적으로 언어가 아닌 신체 움직임의 예술이므로, 이를 정확하고 풍부하게 기술하기 위한 비평가들의 언어적 시도는 중요하다. 19세기 프랑스 시인 말라르메 등은 무용에 대한 시적인 비평을 남겼고, 현대에 이르러서는 전문 비평가들이 동작의 디테일, 안무의 구성, 공연의 분위기를 표현하는 무용전문 언어를 발전시켜 왔다. 이러한 언어의 축적은 무용학(Dance studies)이나 무용사 연구와도 연결되어, 무용예술을 학문적으로 논의하는 기반이 되었다.

2. 무용비평의 역사

무용비평의 역사는 무용 그 자체의 역사 및 매체 환경과 밀접하게 연결되어 전개되었다. 초기에는 무용을 전문적으로 다루는 비평 장르가 확립되지 않은 상태에서 시작하여, 발레의 황금기를 거치며 신문과 잡지를 통한 무용비평이 등장했고, 20세기 현대무용의 탄생과 함께 본격적인 전문 비평가의 시대가 열렸다. 이후 포스트모던 시대와 디지털 시대에 이르러 비평의 양상은 다시 한번 변화하고 다원화되었다. 이 글에서는 이를 시대별로 살펴본다.

무용비평의 시초는 오늘날과 같은 전문적인 형태는 아니었으나, 18세기경부터 그 단서를 찾을 수 있다. 당시 문예지나 신문 등에 문학, 연극과 함께 무용에 대한 비평적 언급이 등장하기 시작했다. 예컨대, 영국에서 1711년 창간된 《스펙테이터(The Spectator)》나 그 이전의 《테틀러

〈The Tatler〉》 등에서 무용 공연에 대한 논평이 실리곤 했다. 1709년 리처드 스틸이 《테틀러》에 쓴 글에서는 당대 공연 중 하나였던 〈현대의 선지자(Modern Prophets)〉라는 쇼에서의 춤 장면을 묘사하고 해석했는데, 그는 무용수들의 움직임을 정치 풍자와 철학적 의미로 연결시켜 해설했다(Brooks, 2012). 이러한 기록은 춤이 단순한 오락이 아니라 이야기와 의미를 전달할 수 있음을 초창기 신문 매체에서 논의한 사례로 볼 수 있다. 18세기에는 무용에 대한 이론적 담론도 나타났는데, 장 조르주 노베르와 같은 안무가가 1760년 《무용과 발레에 관한 서한(Letters sur la danse et sur les ballets)》을 통해 발레의 개선을 위한 비평적 의견을 개진하기도 했다. 노베르는 발레에 드라마와 표현력을 부여해야 한다고 주장하며 발레 개혁을 촉구했는데, 이는 무용을 하나의 극예술로 보는 비평적 시각의 발현이라고 할 수 있다. 비록 노베르의 글은 오늘날의 공연 리뷰와는 다르지만, 무용을 언어로 분석하고 이상적인 방향을 제시했다는 점에서 초기 무용비평 담론의 한 형태라 볼 수 있다.

19세기에 이르러 발레가 유럽에서 대중적 인기를 얻고 예술적으로도 발전함에 따라, 이를 다루는 전문적인 무용비평도 본격화되었다. 특히 낭만주의 발레 시대에 프랑스를 중심으로 뛰어난 무용비평가들이 등장했다. 그중 대표적인 인물이 테오필 고티에(Théophile Gautier)로, 그는 시인 겸 소설가이자 저널리스트로서 파리에서 발레 비평을 활발히 남겼다. 고티에는 1830~40년대 파리의 유력 신문에 발레 리뷰를 기고하며 발레리나들의 예술성을 찬미하고 무용수의 표현력을 세밀하게 묘사하는 평을 써서 명성을 얻었다. 1842년 그는 《라 프레스(La Presse)》지에 남긴 리뷰에서, 발레리나 카를로타 그리시(Carlotta Grisi)의 춤을 가리켜 "음악의 수정 계단을 오르내리는 공중 무용수의 화신"이라 평하며 그녀의 리듬감과 경이로운 기교를 극찬한 바 있다(Brooks, 2012). 이러한 문장은 춤의 미적 특징과 무용수의 개성을 시적으로 포착한 것으로, 낭만발레 시대 비평의 한 절정을 보여 준다. 고티에 같은 비평가는 무용수의 용모와 무대상의 존재감에 대해서도 논평했는데, 때로는 남성 무용수에 대해 혹독한 평가를 내리거나 특정 무용수의 신체적 조건을 언급하기도 했다. 오늘날의 기준으로 보면 다소 주관적이거나 외모지상주의적인 평가였지만, 당시에는 이러한 논평이 공연예술 논의의 일부로 받아들여졌다. 이처럼 19세기 무용비평은 공연의 묘사와 미적 평가에 집중되었고, 발레 작품의 스토리나 연출보다는 무용수의 표현력, 무대 이미지, 춤 그 자체의 아름다움을 논하는 경향이 강했다. 또한 이 시기 비평은 관객의 열광적인 반응과 맞물려 공연예술계에 상당한 영향력을 행사했는데, 한 비평가의 논평이 무용수의 명성에 직접적으로 영향을 미칠 정도로 비평과 공연예술의 상호작용이 활발했다. 19세기 후반에서 20세기 초반에 이르는 시기에는 각국에서 무용비평의 양상이 조금씩 달랐다. 러시아 제국의 발레 전성기에도 러시아 문인들과 비평가들이 발레에 대한 평을 남겼으며, 영국 등 다른 유럽 국가에서도 발레 투어 공연에 대한 신문 리뷰가 실렸다. 그러나 전문 무용비평가라는 직업적 정체성이 뚜렷해진 것은 20세기에 들어와서였다.

현대무용(Modern dance)의 등장은 무용비평의 지형에 큰 변화를 가져왔다. 20세기 초에 이사도라 덩컨, 마사 그레이엄, 루스 세인트 데니스 등 선구적인 현대무용가들이 기존 발레의 형식을 거부하고 새로운 표현을 추구하자, 이를 이해하고 지지해 줄 전문 비평가의 필요성이 대두되었다. 미국에서는 1920년대까지도 신문에서 무용 기사를 다루는 일이 드물었고, 주로 음악이나 연극 담당 기자가 겸사겸사 춤 공연을 리뷰하는 정도였다. 그러다 1927년, 뉴욕 타임스가 최초로 전담 무용비평가로 존 마틴(John Martin)을 고용하면서 무용비평의 전문직 시대가 열렸다. 존 마틴은 원래 연극비평을 했으나 '아무도 맡길 사람이 없어서' 무용 담당이 된 케이스였다. 그러나 그는 곧 자신을 현대무용의 옹호자이자 해설자로 위치 짓고, 새로운 춤 예술을 대중에게 교육한다는 사명을 가지고 글을 썼다. 마틴은 1928년 한 기사에서 현대무용의 부상을 "춤의 르네상스"로 칭하며, 오랫동안 정체되어 있던 춤 예술이 성숙해지기 시작했다고 선언했다. 또한 같은 해 다른 글에서는 "춤 세계이 이처럼 활기가 넘침에도 불구하고 정작 일반 관객을 가르치는 노력은 부족하다"고 지적하며, 감상자를 교육하는 것이 중요함을 강조했다(Brooks, 2012). 이러한 관점은 그가 현대무용을 단순히 리뷰하는 것을 넘어, 무용예술의 전도사로서 대중에게 새로운 예술 형태의 의미를 전달하려 했음을 보여 준다. 실제로 존 마틴은 이후 수십 년간 활동하며 현대무용의 미학과 움직임 언어를 해설하는 글을 다수 남겼고, 그의 저서와 강연은 현대무용 담론을 형성하는 데 크게 기여했다. 미국뿐 아니라 유럽에서도 20세기 중엽에는 전문 무용비평가들이 등장하여 발레리나 마고트 폰테인, 안무가 조지 발란신 등의 활동을 다각도로 비평했다.

포스트모던댄스(Postmodern dance)가 대두한 1960년대 이후, 무용비평은 또 다른 도전에 직면했다. 포스트모던 무용가들은 춤의 형식과 개념을 급진적으로 재해석하며, 일상적 움직임을 도입하거나 반무용적인 실험을 함으로써 '춤이란 무엇인가?'에 대한 물음을 던졌다. 이러한 작품들은 전통적인 미학의 잣대로는 평가하기 어려웠고, 기존에 통용되던 좋은 춤 또는 나쁜 춤의 기준을 무력화시켰다. 예를 들어, 누군가 무대 위에서 걷고 뛰는 일상적 동작만으로 이루어진 공연이나, 관객과 상호작용하며 즉흥적으로 진행되는 퍼포먼스에 대해 비평가는 무엇을 기준으로 평가해야 할지 난처해졌다.

20세기 후반에 이르러 예술의 정의 자체가 확장되고 불확정적으로 변하면서, 무용비평 역시 고정된 기준 없이도 작품을 논하는 법을 모색해야 했다(Orzechowicz, 2007). 이 시기부터 무용비평가들은 단순히 미학적 완성도를 언급하는 것을 넘어 작품이 던지는 문제의식, 수행성(performance) 그 자체의 의미 등을 토론하기 시작했다. 이는 이후 무용비평에 다양한 이론적 틀이 도입되는 배경이 되었다. 그리고 후기구조주의, 페미니즘, 기호학적 분석 등은 이 시기부터 무용 담론에 영향을 미치기 시작했다. 또한 20세기 후반에는 학문적인 무용 연구(Dance studies) 분야가 성립되어, 무용비평과 무용사의 경계가 맞물리기도 했다. 전통적으로 신문이나 잡지의 비평은 대중을 상대로 한 저널리즘의 영역이었지만, 점차 대학과 학술지를 중심으로 무용에 대한 학술적 비평도 축적되었다. 셀마 진 코헨(Selma Jeanne Cohen) 같은 무용 역사가이자 비평가는 《Dance Perspectives》 등의 저널을 통해 무용비평 모음집을 편찬하며, 무용비평을 아카이빙하고 학술 담론화하는 작업을 했다. 이런 노력은 무용비평의 수준을 높이고 역사적 관점과 재평가를 부여하는 데 일조했다.

3. 무용비평의 유형과 접근법

무용비평에는 글을 쓰는 방식과 관점에 따라 여러 유형이 존재한다. 전통적으로는 공연을 소개하고 느낌을 전달하는 해설적 비평, 작품의 구성 요소를 세밀히 따져 보는 분석적 비평, 작품을 역사적 맥락 속에서 평가하는 역사적 비평 등으로 구분해 볼 수 있다. 또한 20세기 후반 이후 문화연구의 등장에 힘입어 인문사회과학 이론들을 활용하여 특정 관점에서 무용을 해석하는 방법론들이 발전했다. 대표적으로 형식주의, 현상학, 기호학, 해체비평, 페미니즘/젠더 비평, 탈식민주의/문화비평 등이 무용에 적용되어 왔다. 이러한 접근법들은 상호 배타적이지 않으며, 한 비평 작업 안에서도 여러 관점이 겹쳐서 사용될 수 있다. 따라서 각 접근의 개념과 무용비평에의 적용을 살펴보고자 한다.

1) 주요 유형: 해설적·분석적·역사적 비평

무용비평 글은 보통 묘사(기술), 분석, 평가의 요소를 포함하고 있다. 해설적 비평은 작품이 어떤 내용과 형태로 전개되었는지를 독자에게 전달하는 데 중점을 둔다. 이를 위해 작품의 주요 장면이나 안무 특징, 무용수들의 움직임을 생생하게 기술(description)하여 독자가 간접 체험을 할 수 있도록 도와준다. 특히 무용은 비언어적 예술이기에, 비평가의 언어를 통한 묘사는 일반 관객이 놓칠 수 있는 디테일을 잡아내어 공유하는 중요한 역할을 한다. 예를 들어, '무용수 A의 팔동작은 물결처럼 유려했고, 어둑한 조명 아래 느리게 회전하는 장면은 고독감을 자아냈다'와 같은 문장은 공연의 정서와 시각적 이미지를 해설적으로 전달한다. 이런 해설적 비평은 독자가 작품의 내용을 이해하고 감상을 정리하는 데 도움을 주며, 때로는 작품 해설이나 프로그램 노트와 유사한 기능을 하기도 한다.

분석적 비평은 작품을 구성하는 다양한 요소들, 즉 안무의 구조, 움직임의 어휘, 음악과의 관계, 공연의 디자인 요소(무대, 조명, 의상) 등을 논리적으로 해체하여 검토한다. 비평가는 작품을 세분화하여 어떤 부분이 어떻게 구성되었고, 그것이 어떤 효과를 내는지 분석하며, 이러한 분석에 근거해 작품의 의미나 가치를 평가한다. 예컨대, 한 작품에서 반복되는 움직임 모티프를 찾아내 그 상징성을 해석하거나, 안무의 구성(ABA형식, 내러티브 구조 등)을 밝혀냄으로써 작품의 예술적 의도를 파악하는 식이다. 이러한 분석적 접근은 무용을 체계적인 관점으로 바라보게 해 주며, 단순히 "아름다웠다"는 감상 이상의 이해의 틀을 제공한다. 분석적 비평에는 때로 평가(judgment)도 수반되는데, 작품이 예술적으로 성공적이었는지, 어떤 측면이 부족했는지에 대한 비평가의 판단이 제시된다. 이때 비평가는 자신의 평가 근거를 제시하는 것이 중요하다. 춤의 어떤 부분 때문에 그러한 판단을 내렸는지 설명해야 하기 때문이다. 예를 들면 "동작의 반복이 작품의 주제를 강화하기보다는 다소 지루함을 유발했다"와 같이, 구체적 관찰에 기반한 평가가 이루어질 수 있다.

역사적 비평은 해당 작품이나 안무가를 역사적 맥락 속에 위치 지어 논의하는 접근이다. 즉, 작품이 과거의 어느 전통에서 영향을 받았는지, 혹은 예술사적으로 어떤 위치에 있는지를 평가한다. 예를 들어 "이 작품은 19세기 러시아 낭만발레의 영향을 현대적으로 재해석한 것이다" 또는 "안무가 X는 이사도라 덩컨 이후 이어져 온 표현주의 무용 계보를 계승하면서도 새로운 움직임 어휘를 개척했다"라는 식의 논지가 역사적 비평에 해당한다. 이런 접근은 작품의 계보와 참조점을 드러내 주어, 독자가 작품을 더 넓은 관점에서 이해하도록 한다. 또한 역사적 비평은 과거의 유명 작품과 현재 작품을 비교하거나, 무용사가 어떻게 진화해 왔는지 논하는 과정에서 비평적 통찰을 이끌어 낸다. 예컨대 한 비평가가 "지금 막 본 이 작품은 마사 그레이엄의 초기작을 떠올리게 한다"라고 썼다면, 이는 그 작품이 갖는 역사적 연관성과 의미를 짚어 주는 것이다. 이러한 해설적·분석적·역사적 관점은 현실의 무용비평 글에서 종종 혼합되어 활용된다. 좋은 비평은 대개 작품에 대한 정확한 묘사로 시작해, 그에 대한 분석과 맥락화, 그리고 전반적인 평가로 이어진다. 다만 비평마다 강조점의 차이가 있어, 어떤 글은 시적인 묘사에 더 방점을 두고(해설적 성격), 어떤 글은 구조 분석에 지면을 많이 할애하며(분석적 성격), 또 어떤 글은 역사적 비교나 문화적 맥락 설명에 집중할 수 있다(역사적·문화적 성격). 이는 결국 비평가의 관점과 독자 대상, 매체 성격 등에 따라 달라지며, 모두 무용비평의 다양한 모습이라 할 수 있다.

2) 주요 접근법

형식주의적 비평

형식주의적 비평은 작품의 형식(form), 즉 눈에 보이는 구성 요소와 구조에 초점을 맞추는 접근법이다. 형식주의는 '예술작품은 자율적이며 그 자체로서 완결된 조형물'이라는 모더니즘 미학에 뿌리를 두고 있으며, 작품의 내용이나 맥락보다는 형식미와 구성 원리를 중시한다. 무용에 있어서 형식주의 비평가는 안무의 리듬, 공간 구성, 동작의 패턴, 음악과의 대응관계 등 구조적 요소들을 세밀하게 관찰한다. 예를 들어, 조지 발란신의 추상발레를 비평할 때 이야기나 감정보다는 동작의 대칭성과 음악적 카논 기법 등을 분석하고, 그러한 형식이 주는 미적 쾌감을 논하는 식이다. 형식주의 비평은 한때 발레와 현대무용 평단에서 주요한 관점으로 자리 잡기도 했다. 20세기 중엽 미국의 저명한 무용 비평가 알린 크로체(Arlene Croce)는 '춤 그 자체'의 아름다움을 중시하며 작품의 주제나 외부 사회적 맥락보다는 안무의 스타일과 무용수의 테크닉에 대한 논평으로 일관한 것으로 유명하다. 이러한 접근은 시각적 형식미의 순수성을 강조한다는 장점이 있지만, 내용적 주제나 사회적 의미를 간과할 수 있다는 한계도 지적된다. 실제로 형식주의 미학을 옹호한 비평가 마이클 프리드(Michael Fried)는 예술작품이 순간적이고 자율적인 현재성(presentness)을 가질 때 가장 순수하며, 관객의 개입이나 서사적 의미(theatricality)를 배제해야 진정한 예술이라고 주장하기도 했다. 비록 그의 논의는 미술 분야에 대한 것이지만, 이는 예술의 형식적 자율성을 극단적으로 옹호한 예로서, 형식주의 관점의 극한을 보여 준다. 무용에서도 이러한 시각을 적용하면, 무용수의 신체 움직임과 무대 공간의 조형성만을 가지고 작품을 평가하게 될 것이다. 형식주의적 접근의 의의는 무용을 움직임 그 자체의 언어로 존중하고, 안무가의 구성미를 해부함으로써 무용의 조형적 가치를 부각한다는 점이다. 특히 추상무용이나 스토리가 없는 순수무용(abstract dance)을 논할 때 형식주의는 유용한 틀을 제공한다. 다만 현대의 비평 환경에서는 형식주의만으로 작품을 다 설명하기 어렵고, 다른 접근과 병행하여 작품의 심층을 조명하는 경우가 많다.

현상학적 접근

철학의 한 분야인 현상학에서 파생된 개념으로, 경험 그 자체의 기술에 초점을 맞춘다. 무용에 대한 현상학적 비평은 작품을 객관화하기보다는 공연 순간에 발생하는 주관적 경험에 주목한다. 여기서 경험이란 무용수의 신체 감각, 무대를 바라보는 관객의 지각, 그리고 그 상호작용에서 생성되는 의미를 포괄한다. 다시 말해, 현상학적 비평가는 "이 춤을 추는 행위는 어떤 느낌인가", "이 춤을 지켜보는 관객의 의식에는 무엇이 떠오르는가"와 같은 질문을 던지며, 춤의 살아 있는 경험(world of experience)을 글로 포착하려 한다. 철학자 메를로-퐁티의 영향을 받은 무용 현상학자들은 신체를 단순한 객체가 아닌 지각과 의미의 주체로 간주한다. 예컨대, 무용수의 신체는 안무가 지시한 동작을 수행하는 도구에 그치지 않고, 무대 위에서 의식과 감각을 담지한 살아 있는 존재로 경험된다. 관객 역시 눈으로 보지만 동시에 자기 신체를 통해 공감각적 느낌(kinesthetic empathy)을 얻는다. 즉, 무용수의 동작을 보며 마치 자신이 움직이는 듯한 감각을 느끼거나, 춤의 에너지에 정서적으로 반응하는 것이다. 현상학적 비평은 이러한 미묘한 체험을 언어화하려 시도하며, 종종 시적인 묘사와 철학적 성찰을 동반한다. 예를 들어, 현상학적 관점의 글은 "무대 위의 무용수가 정지해 있는 1분 동안, 관객의 시간 감각은 늘어지고 공기의 밀도가 달라지는 것을 느낀다"와 같이, 작품이 만들어 내는 시간 체험과 분위기를 묘사할 수 있다. 또 "바닥에 몸을 기댄 채 천천히 호흡하는 무용수를 바라보며, 관객은 자기 자신의 숨소리에 의식이 열린다"처럼 관객의 내적 반응을 서술하기도 한다. 이런 식의 비평은 춤을 분석의 대상이라기보다 현상의 펼쳐짐으로 간주하며, 그 순간의 의미를 포착하려 한다. 중요한 것은, 현상학적 비평은 '지금-여기'에서의 경험에 충실하려 하기에, 어떤 정해진 이론적 결론보다는 경험의 깊이 있는 서술 그 자체를 가치 있게 여긴다는 점이다. 현상학적 접근은 특히 즉흥춤, 실험적 퍼포먼스 등에서 유용하다. 이런 작품들은 고정된 형태보다는 순간의 느낌, 경험, 통찰이 중요하기 때문이다. 또한 이 접근은 무용수의 체험을 비평에 통합할 수 있게 한다. 전통적으로 비평은 관객-비평가 시점이지만, 현상학적 글쓰기는 때로 무용수의 입장에서, 혹은 관객과 무용수의 경계를 허물고 공동 경험으로 춤을 논하기도 한다. 이런 점에서 현상학은 무용비평에 일인칭적 생생함을 불어넣은 중요한 접근이라 할 수 있다.

기호학적 비평

기호학적 비평이란 무용을 '의미를 전달하는 기호(sign)의 체계'로 바라보는 접근이다. 기호학은 원래 언어, 시각기호, 제도 등을 연구하는 분야로, 무용에 이를 적용하면 동작, 제스처, 무대미술, 음악 등이 모두 기표(signifier)가 되어 특정한 의미나 개념(기의, signified)을 나타낸다고 볼 수 있다. 쉽게 말해서 춤을 하나의 언어 또는 텍스트로 간주하고 해독하는 방법인 것이다. 예를 들어, 한 무용수가 무대 위에서 두 팔을 크게 벌리는 동작을 했다고 하자. 이 동작을 기호학적으로 읽으면 그것은

'포용'이나 '자유'를 상징하는 제스처일 수 있고, 혹은 작품 맥락에 따라 '저항'의 몸짓일 수도 있다. 또한 발레 작품에서 특정한 동작어휘—예컨대 백조의 날갯짓 같은 제스처—는 그 자체로 이미 문화적으로 축적된 의미(순수함 또는 비극적 운명 등)를 지니고 있다. 기호학적 비평은 이러한 동작의 상징성, 서사성, 문화적 코드에 주목한다. 무용 기호학의 선구적인 연구로는 1970~80년대에 유럽 학자들이 발전시킨 무용 분석 모델들이 있다. 예컨대 프랑스의 무용학자들 일부는 발레 마임 동작을 기호체계로 분석하여 어떤 동작이 어떤 문법적 역할을 하는지 규명했다. 영국의 자넷 애드셰드(Janet Adshead) 등은 자신의 저서 《무용 분석(Dance Analysis)》(2000)을 통해 기호학, 구조주의 등을 활용한 분석법을 소개하기도 했다. 이러한 연구를 바탕으로 한 비평 글은 작품 속 움직임 하나하나를 해독 가능한 단위로 보고, 그것들이 모여 어떤 의미의 문장을 이루는지 서술한다. 기호학적 접근의 핵심 질문은 "이 춤은 무엇을 의미하는가?"이다. 물론 추상적 춤에는 뚜렷한 플롯이나 인물이 없을 수 있지만, 기호학적 비평가는 그 경우에도 움직임 간의 관계나 무대 짜임새를 통해 나타나는 의미 체계를 찾아낸다. 예컨대 무용수들 사이의 거리나 상호작용 패턴을 분석하여 권력관계나 사회적 역할의 암시를 읽어 내거나, 특정 움직임이 반복·변형되는 양상을 통해 주제의 변주를 파악하는 식이다. 또한 조명 색깔, 무대 소도구, 의상의 색채 등도 텍스트의 일부로 간주되어 해석의 대상이 된다. 즉, 빨간 조명이 켜지는 순간을 클라이맥스로 읽는다든가, 무용수가 착용한 특정 소품(가면, 모자, 스카프 등)의 의미를 추론하는 식이다. 기호학적 비평은 무용을 언어처럼 체계적으로 분석할 수 있도록 한다는 장점이 있다. 이를 통해 때로는 안무가도 무의식적으로 넣었을 법한 의미까지 발견적으로 추출해 낼 수 있다. 그러나 지나친 기호 해석은 자칫하면 과잉해석이나 관객의 직접적 경험과 동떨어진 해설이 될 위험도 있다. 그래서 현대 무용비평에서는 기호학을 엄밀히 적용하기보다는, 느슨한 기호학적 감수성을 갖고 작품의 상징성과 문화적 맥락을 짚는 용도로 활용하는 경우가 많다. 결국 기호학적 접근은 무용을 읽어야 할 텍스트로 바라보게 함으로써, 춤에 내재된 이야기와 메시지를 포착하는 하나의 방법이라고 할 수 있다.

해체론적 비평

프랑스 철학자 자크 데리다(Jacques Derrida)의 이론인 '해체(deconstruction)'를 예술비평에 응용한 접근이 해체론적 비평이다. 해체는 본래 문학 텍스트나 철학 텍스트를 분석할 때 그것에 내재된 모순과 이분법을 드러내는 방법론으로, 고정된 의미나 중심을 해체함으로써 다양한 해석의 가능성을 열어 둔다. 이를 무용에 적용하면, 하나의 무용 작품을 단일한 해석이나 권위에 귀속시키지 않고 복수의 시각에서 읽어 내며, 춤에 내재된 숨겨진 구조나 권력관계를 폭로하는 방식이 된다. 예를 들어, 고전발레 〈백조의 호수〉를 해체론적으로 비평한다고 가정해 보자. 고전적인 비평은 이 발레의 서사를 중심으로 아름다움과 비극을 논할 수 있지만, 해체론적 관점에서는 이 작품에 깔린 이분법적 대립, 즉 순수한 백조와 사악한 마법, 왕자와 마녀, 여성 이미지(백조 vs 흑조)의 이중성 등을 부각시켜 질문을 던진다. "왜 순수함은 하얀 백조로, 유혹과 악은 검은 백조로 표현되는가? 이러한 이항 대립은 어떤 이데올로기를 반영하는가?"와 같은 물음을 통해 작품의 이면을 파고드는 것이다. 나아가 해체론적 비평가는 작품이 전제로 하는 개념들(사랑의 진실, 악의 정벌 등)이 실제로는 불안정하며, 춤의 진행 과정에서 여러 균열이나 모순이 나타남을 지적할 수 있다. 예컨대 결말에서 백조와 왕자가 죽음으로 영원한 사랑을 맹세하는 장면을 두고, "구원이자 해피엔딩처럼 보이지만 사실 그것은 죽음을 통해서만 완성되는 사랑이라는 역설"임을 강조하는 식이다. 해체론적 접근은 종종 포스트모던 무용이나 실험적인 작품에서 적극 활용되었다. 이런 작품들은 원래 전통을 비틀고 고정관념을 깨는 특징이 있으므로, 해체비평은 그 의도를 분석하기에 적합하다. 그러나 심지어 고전 작품도 해체적 재해석의 대상이 될 수 있다. 핵심은 어떤 관습적인 의미 부여나 이데올로기를 해체하여, 그 아래 숨겨진 다른 의미 층위를 드러내는 것이다. 무용에서 해체비평은 또한 공연 그 자체의 요소를 분해해서 보기도 한다. 가령 무용수와 관객, 무대와 현실의 경계를 문제 삼거나, 공연의 시작과 끝처럼 당연시되는 구조를 낯설게 바라보는 것이다. 어떤 현대무용 작품이 관객을 무대로 올려 함께 춤추게 했다면, 이는 전통적인 무대/관객 이분법을 해체한 사례인데, 비평가는 이러한 연출이 지닌 함의를 분석할 수 있다. 데리다의 해체론은 본래 "정해진 진리를 뒤집어 보이는 철학적 작업"이기에, 그 개념을 예술비평에 적용하기에는 다소 추상적일 수 있다. 그럼에도 불구하고, 해체론적 비평은 무용비평에 비판적 예리함을 더해 주었다. 단순히 작품을 칭송하거나 해설하는 데서 나아가, 작품을 둘러싼 담론과 권력까지도 분석함으로써 예리한 통찰을 제시할 수 있기 때문이다. 결국 해체론적 접근은 무용 작품을 둘러싼 고정관념을 깨뜨리고 의미의 다층성을 폭로함으로써, 독자로 하여금 새로운 시각으로 춤을 바라보게 한다.

젠더 및 페미니즘 비평

젠더 및 페미니즘 비평은 무용에 나타나는 성별의 표현과 권력관계를 분석하는 접근이다. 무용은 역사적으로 남성과 여성의 몸을 보여 주는 방식, 젠더 역할, 무대 위의 위계 등이 뚜렷이 존재해 온 예술 분야이며, 페미니즘 이론은 이러한 요소들을 비판적으로 조명한다. 페미니즘 무용비평은 두 가지 핵심 과제를 가진다고 할 수 있는데, 첫째는 비평 담론 자체에 내재한 젠더 편향을 인식하는 것이고, 둘째는 무용 작품 속에 표현되거나 구조화된 성별의 의미를 해부하는 것이다. 첫 번째 과제와 관련하여, 전통적으로 무용비평은 주로 남성 비평가들에 의해 이루어져 왔고, 특히 발레 분야에서는 남성 비평가의 시각이 미의 기준을 규정지은 측면이 있었다. 예컨대 발레에서 여성 무용수를 우아한 이상으로 이상화하거나, 작품 속 여성 캐릭터들을 피동적 존재로 묘사하는 관행 등이 비평 담론에 오랫동안 존재해 왔다. 페미니즘 비평가들은 이러한 기존 비평 어법을 반성하면서, 비평 속의 젠더 코드를 폭로하고 수정하려 노력한다. 둘째로, 작품 그 자체에 대한 페미니즘 비평은 무용수가 무대에서 수행하는 젠더 표현을 분석한다. 공연에서 여성성과 남성성이 어떻게 연기되는지, 그것이 사회적 성 고정관념을 답습하는지 또는 전복하는지 등을 살펴보는 것이다. 구체적인 예를 들자면, 클래식 발레에는 남녀 파드되(pas de deux)에서 남성 무용수가 여성 파트너를 들어 올리고 리드하는 전통이 있다. 이는 아름다운 협력으로 해석될 수도 있지만, 페미니즘 관점에서는 남성이 여성의 움직임을 보조하고 통제하는 구조로 볼 수도 있다. 실제로 일부 페미니스트 비평가들은 발레의 젠더 구도가 여성 무용수를 수동적 객체화하는 측면이 있다고 지적해 왔다. 반면 현대무용이나 포스트모던 무용에서는 이러한 전통을 깨는 시도—여성 무용수가 남성을 들거나, 혹은 아예 젠더 규범을 초월한 안무—가 등장했고, 페미니즘 비평은 이러한 사례들을 높이 평가하며 젠더 구도의 전복으로 논의한다. 미국의 비평가이자 학자인 샐리 베인즈(Sally Banes)는 저서 《춤추는 여성: 무대 위 여성의 몸(Dancing Women: Female Bodies on Stage)》(1998) 등에서 무용 역사 속 여성의 몸에 대한 담론을 분석했고, 수잔 포스터는 발레 동작에 숨겨진 남근적 코드를 논한 바 있다. 또한 비평가 클레어 크로프트(Clare Croft)는 2014년 논문에서 페미니즘 무용비평의 원칙으로, "비평은 성별 및 섹슈얼리티와 관련된 규범을 인식하고, 무용수가 그러한 규범이 사회적으로 구성된 것임을 드러내는 방식을 주목해야 한다"고 제시했다. 예컨대 여성 무용수가 전통적으로 '여성다운' 몸짓을 거부하고 새로운 움직임을 시도할 때, 이는 젠더 규범의 반복 실패(failure to repeat)로써 그 규범이 인위적임을 폭로하고 전복하는 행위라는 것이다. 이러한 시각에서 페미니즘 비평가는 춤을 통해 젠더가 어떻게 수행되며, 무용수가 그 수행을 이용해 기존 권력 구조를 흔드는지를 면밀히 읽어 낸다. 젠더/페미니즘 비평은 단지 여성에 국한되지 않고, 남성 무용수의 이미지나 퀴어(queer) 퍼포먼스 등도 분석 대상에 포함한다. 예를 들어 남성 무용수가 전통적인 남성성(강인함, 날카로움)과 다른 섬세하거나 취약한 움직임을 선보인다면, 이는 남성성의 고정관념을 재고하게 만드는 예술적 제스처일 수 있고, 비평가는 이를 조명할 수 있다. 또한 최근에는 LGBTQ 무용가들의 작품에 대해 퀴어 이론을 접목한 비평도 활발하며, 여기서는 성적 정체성과 욕망의 표현, 이분법적 성별 체계의 해체 등이 주된 논점이 된다. 요컨대, 젠더 및 페미니즘 관점의 무용비평은 무용을 사회문화적 성별 담론의 일부로 인식하며, 무대 위에 펼쳐지는 남성과 여성의 형상이 어떤 의미를 지니고 어떤 영향을 미치는지 비판적으로 살펴본다. 이는 무용예술이 더욱 포용적이고 비판적인 방향으로 나아가는 데 중요한 통찰을 제공해 준다.

탈식민주의 비평과 문화비평

탈식민주의(postcolonial) 비평과 문화비평(cultural criticism)은 무용을 문화적·정치적 맥락 속에서 해석하는 접근들이다. 서양 극장 무용은 역사적으로 제국주의와 식민주의의 영향 아래 성립되고 발전해 왔으며, 비서구 문화의 요소를 차용하거나 무대화하는 경우도 많았다. 탈식민주의 비평은 이러한 무용 작품에 내재한 권력관계와 문화 간 역학을 분석한다. 또한 문화비평은 특정 작품이 만들어진 사회문화적 배경과 그 작품이 담고 있는 정체성, 인종, 계급 등의 이슈를 다룬다. 19세기와 20세기 초반 서양 발레와 무용에는 오리엔탈리즘(Orientalism)이라 불리는 경향이 종종 나타났다. 이는 동양이나 비서구 문화를 이국적이고 환상적이며 때로는 에로틱한 방식으로 묘사하는 것으로, 서구 관객의 판타지를 충족시키기 위한 연출이었다. 예를 들어 고전발레 〈라바야데르(La Bayadère)〉나 〈세헤라자데(Scheherazade)〉 같은 작품들은 인도나 중동을 배경으로 삼아 화려한 무대와 의상으로 '이국의 이미지'를 부각했지만, 실제 그 문화에 대한 심도 있는 이해보다는 서구적 상상에 기대었다. 탈식민주의 무용비평은 이러한 작품들을 비판적으로 재평가하여, 무용이 타문화를 재현하는 방식에 내포된 권력의 시선을 분석한다. "왜 서구 발레에서 동양은 관능적이거나 야만적인 배경으로 소비되는가?", "그러한 이미지는 식민 지배 시기의 인종적 편견과 어떤 관련이 있는가?" 등의 질문이 그 예다(Miettinen, 2023). 한편, 현대무용에서도 문화비평의 논점은 존재한다. 예를 들어 서구 안무가가 아프리카 전통춤의 동작을 차용하여 작품을 만들 경우, 그것을 문화교류로 볼 것인가 '문화 전유(cultural appropriation)'로 볼 것인가 하는 논쟁이 있을 수 있다. 탈식민주의 비평가는 힘의 비대칭에 주목하여, 과거 식민 지배로 인해 주변화된 문화의 춤이 어떻게 다뤄지고 있는지 살핀다. 이에 반해 탈식민적 관점을 의식하는 안무가들은 토착 문화의 춤을 존중하는 방식으로 공연에 통합하거나, 혹은 식민주의를 비판하는 주제로 작품을 만들기도 한다. 이런 경우 비평가는 작품이 식민 담론을 재생산하는지, 비판하는지 평가하게 된다. 또한 문화비평은 정치성과 사회성을 무용에 연결 짓는다. 20세기 후반 이후 많은 무용 작품이 인권, 전쟁, 인종 문제, 이민자 경험 등 사회적 메시지를 담고 있다. 가령 현대무용가 빌 T. 존스(Bill T. Jones)는 에이즈로 인한 개인적 상실을 주제로 작품을 만든 바 있는데, 이에 대한 비평은 단순한 미학적 평가를 넘어서 동시대 사회의 고통과 예술의 역할에 대한 담론으로 확장되었다. 문화비평 접근을 취하는 비평가는 이처럼 작품이 놓인 사회적 맥락—안무가의 정체성, 관객의 문화적 배경, 공연이 벌어지는 정치적 환경—을 적극적으로 고려한다. 그래서 때로는 작품 자체보다도 그 작품이 어떤 담론을 불러일으켰는지, 또는 어떤 문화정치적 의미를 갖는지가 비평의 중심이 되기도 한다. 예를 들어, 한국의 전통춤 요소를 차용한 서구 현대무용 작품이 있을 때, 문화비평적 시선에서는 "이 작품이 한국문화를 소비하는 태도가 존중적인가? 스테레오타입을 재생산하지는 않는가? 이러한 퓨전이 오늘날 글로벌 문화에서 갖는 의미는 무엇인가?" 등을 논의할 수 있다. 이는 단순히 작품 완성도를 넘어서, 문화 간 대화와 권력관계를 짚는 것이다. 브렌다 딕슨 갓차일드(Brenda Dixon-Gottschild)나 아나니아 채터지(Ananya Chatterjea) 같은 무용학자들은 서구춤에 내재한 인종적 편견과 흑인 춤의 영향 등을 연구하며 탈식민주의적 비평의 중요성을 강조했다. 그들은 미국 극장 무용에서 아프리카계 무용의 미학이 어떻게 차용되었지만 제대로 인정받지 못했는지를 밝히고, 흑인 춤의 가치와 영향을 재평가하기도 했다. 이러한 연구들은 무용비평 담론에 있어서도 보이지 않는 역사를 드러내는 역할을 한다. 결국 탈식민주의 및 문화비평은 무용을 미적 대상인 동시에 문화적·정치적 행위로 간주하고, 작품과 주변 세계와의 관계를 깊이 있게 파고드는 접근이라 할 수 있다. 이를 통해 무용비평은 예술작품을 사회적 현실과 연관 지어 해석함으로써, 춤이 사회에 던지는 질문과 영향을 조명하게 된다. 오늘날 글로벌 시대의 무용비평은 이러한 관점을 통해 다양한 문화권의 춤을 공정하고 통찰력 있게 다루는 법을 모색하고 있다.

4. 21세기 무용비평의 미래

1) 온라인 플랫폼과 비평

과거에는 유력 일간지와 예술 전문지에 고용된 상주 비평가들이 무용 담론을 주도했으나, 21세기 초부터 이러한 전통적 무용비평 채널은 축소되거나 사라지기 시작했다. 예를 들어 2000년대 후반 미국에서는 《The New York Sun》 폐간(2008), 《The Village Voce》 전담 무용비평가 직책 폐지(2008) 등이 이어졌고, 《The New York Times》와 《The New Yorker》 등의 무용 기사 비중도 크게 줄었다(Harss, 2021). 전문 무용 잡지들도 재정난으로 리뷰 게재를 중단하거나 폐간되는 사례가 발생했다. 그 결과 많은 무용비평가들이 정규 일자리를 잃고 프리랜서나 자발적 필자로 전환하게 되었다. 동시에 2010년대에 들어 온라인 전용 무용 매체들이 등장하여 전통 매체의 공백을 메우고 있으나, 이들 대부분은 필자에게 충분한 원고료를 지급하지 못해 비평 활동이 생계가 아닌 열정과 부업에 의존하는 현실이 되었다. 이러한 경제적 어려움은 무용비평을 전문직으로 지속하기 어렵게 만들었고, 젊은 비평 인재의 유입과 성장도 저해하고 있다.

그러나 한편으론 전통 매체의 축소와 맞물려, 블로그와 소셜미디어가 새로운 비평 무대로 부상하면서 무용비평의 민주화가 진행되었다고 볼 수도 있다. 과거에는 소수의 비평가만이 지면을 통해 '독백'에 가까운 일방향 의견을 내놓았다면, 이제는 블로그 게시글, 페이스북 및 트위터의 포스트, 인스타그램의 캡션 등 다양한 플랫폼에서 다수의 사람이 참여하는 대화로 전환되었다. 예컨대 전문 비평가뿐 아니라 일반 관객, 무용수, 안무가까지도 자신의 블로그나 SNS에 공연 감상평을 올리며 담론에 기여하고 있다. 이러한 사용자 생성 콘텐츠(user-generated content)는 무용비평의 경계를 확장시켜, 특정 공연에 대한 여러 관점과 해석이 실시간으로 공유되고 토론되는 환경을 만들었다. 한 연구에 따르면 디지털 공간 덕분에 무용비평은 지리적·제도적 장벽에서 해방되어, 과거 주류 언론에서 다루지 않던 독립예술가나 지역 공연에 대해서도 활발한 논의가 이루어지고 있다. 특히 호주 등의 사례에서 볼 때 온라인 블로그와 포럼은 주류 무대 밖에서 활동하는 예술가들에게 가시성과 발언권을 제공함으로써, 무용비평 담론을 더욱 다원화하고 포용적으로 변화시켰다는 평가를 받는다(Kearney, 2024).

유튜브, 인스타그램, 틱톡과 같은 영상 중심 플랫폼의 대중화는 무용 비평의 형식에도 변화를 가져왔다. 유튜브에서는 전문 비평가나 열정적인 팬들이 직접 채널을 열어 공연 리뷰, 무용 작품 해설, 안무 분석 등의 영상 콘텐츠를 제작하고 있다. 이러한 비디오 에세이 또는 반응 영상은 글보다 즉각적인 시각 자료를 통해 안무의 특징을 짚어 주는 등 교육적·비평적 역할을 하며, 수만 명의 조회수를 올리기도 한다. 인스타그램과 틱톡에서는 1분 내외의 짧은 영상과 요약된 코멘트로 의견을 전달하는 경향이 짙다. 이처럼 짧은 형식의 비평은 간결하고 빠른 피드백을 가능케 하지만, 심도 있는 분석이나 맥락 제시는 제한적일 수 있다. 한편 트위터(현재 X)에서는 해시태그를 통한 라이브 현장 리뷰나 의견 교환이 이루어져, 공연 직후 관객 반응이 실시간으로 집단 지성의 형태로 나타나기도 한다. 예를 들어 주요 발레단의 신작 초연 후 트위터에서는 관객들이 즉각적으로 해시태그를 붙여 극찬이나 비판을 쏟아 내면서, 비평가의 리뷰가 나오기도 전에 초동 여론이 형성되는 모습을 볼 수 있다. 이러한 즉각성과 쌍방향성은 과거 전통 매체 시절에는 없었던 새로운 비평 동학을 만들어 냈다.

소셜미디어 시대에 등장한 무용 인플루언서와 독립 비평가들은 새로운 방식으로 무용 담론을 형성하고 있다. 유명 발레리나나 현대무용수가 자신의 인스타그램에 공연 후기를 올리거나 동료의 작품에 대한 생각을 공유하면, 그들을 팔로우하는 수십만의 팬들에게 일종의 '비평' 영향력을 행사하게 된다. 이러한 인플루언서들은 전통적 비평가와 달리 대중적 인지도와 친근함을 바탕으로 구독자들의 공감을 얻으며, 무용 예술에 대한 관심을 환기시키는 긍정적 효과를 내기도 한다. 동시에, 전문성과 객관성 측면에서는 전통 비평보다 부족할 수 있다는 지적도 존재한다. 별도의 편집 과정이나 사실 확인 없이 개인 플랫폼에 올리는 평가는 주관적 호불호나 단편적 인상에 치우칠 위험이 있으며, 자칫 잘못된 정보가 널리 퍼질 가능성도 있다. 그럼에도 불구하고 독립 비평가들과 인플루언서들은 주류 언론이 다루지 않거나 관심 갖지 않은 주제를 조명함으로써 담론의 폭을 넓히고 다양성을 제고하는 역할을 하고 있다. 가령, 무용계 내 소수자 또는 젠더 이슈, 지역 커뮤니티 무용 공연 등에 대한 심도 있는 글을 개인 블로그나 매체에 꾸준히 실어 주는 독립 비평가들은 해당 분야 담론의 키오피니언 리더로서 자리매김하기도 한다.

온라인 플랫폼을 통한 무용비평의 가장 큰 장점은 접근성과 참여 확대이다. 누구나 인터넷만 연결되면 전 세계 어떤 공연에 대한 리뷰든 찾아 읽을 수 있고, 직접 댓글이나 게시글 형태로 의견을 남길 수 있다. 이는 과거 특정 도시나 언어권에 국한되었던 무용 담론을 글로벌 차원으로 확장시켰다. 또한 블로그나 소셜미디어를 통해 그동안 주목받지 못했던 신진 안무가나 독립 무용단의 공연도 논의 테이블에 올려놓을 수 있게 되었으며, 다양한 배경의 필자들이 자신의 목소리를 낼 수 있어 담론의 포용성이 높아졌다. 온라인에서는 영상, 사진, 링크 등을 활용한 멀티미디어 비평이 가능하다는 것도 장점이다. 글만으로 전달하기 어려운 미묘한 동작의 아름다움이나 음악과의 조화를 동영상 클립으로 바로 제시하며 논평할 수 있어 독자의 이해를 돕는다. 마지막으로, 디지털 공간에서는 독자가 비평에 대해 즉각 반응하고 토론할 수 있으므로 비평이 하나의 대화가 된다. 비평가 역시 독자의 피드백을 실시간으로 접하면서 새로운 관점을 얻거나 추가 설명을 하는 등 쌍방향 소통이 이루어진다. 반면 디지털 시대 무용비평에는 여러 한계와 부작용도 존재한다. 우선 경제적 측면에서, 전통 매체의 후원이 줄어들면서 온라인 비평 활동은 금전적 보상이 거의 없는 자원봉사적 성격을 띠는 경우가 많다. 이 때문에 오랜 기간 전문성을 연마한 비평가들이 풀타임으로 활동하기 어려워졌고, 무용비평의 전문 인력 저변이 얕아지는 문제가 제기된다. 둘째로, 누구나 목소리를 낼 수 있게 된 환경에서는 상대적으로 전문적 식견과 깊이를 갖춘 분석이 눈에 띄기 어려울 수 있다. 하루에도 수백 건씩 쏟아지는 블로그 포스트나 SNS 게시물 속에서, 체계적 지식에 근거한 비평과 단순한 개인 감상이 동등하게 취급되면서 비평의 권위가 희석되는 현상이 나타난다. 작가 브렛 이스톤 엘리스(Bret Easton Ellis)는 "모두가 자신을 전문가라 주장하는 세상에선 오히려 각자의 목소리가 덜 의미 있게 된다"고 평한 바 있는데, 이는 온라인 비평 환경의 역설을 잘 드러낸다(Megyeri, 2023). 셋째, 소셜미디어상의 즉각적이고 단편적인 소통 방식은 비평의 피상성을 초래할 위험이 있다. 280자 트윗이나 한 장짜리 인스타그램 게시물에 담긴 평은 깊이 있는 분석보다는 눈길을 끌 만한 촌평에 그치기 쉽고, 자극적인 표현이나 감정적 반응이 확산되기 쉽다. 마지막으로, 윤리적 문제도 대두된다. 온라인 환경에서는 악의적 댓글이나 인신공격이 발생하기 쉽고, 이는 비평가와 예술가 모두에게 정서적 피해를 줄 수 있다. 이러한 사례는 디지털 시대에 비평과 예술가의 관계가 더욱 민감해질 수 있음을 보여 주며, 온라인 비평의 책임감 있는 태도와 윤리의식 확립이 중요함을 시사한다.

2) 인공지능과 자동화된 비평의 등장

인공지능을 예술비평에 활용하려는 연구와 시도 또한 최근 들어 활발해지고 있다. 특히 2022년 공개된 대규모 언어모델 GPT 계열 (ChatGPT 등)의 등장은 텍스트 생성 AI를 이용한 예술 리뷰 작성의 가능성을 크게 높였다. 2024년의 한 연구는 ChatGPT를 무용비평에 적용해 본 결과를 발표했는데, AI가 저명한 무용비평가들의 문체를 모방하며 공연 리뷰를 작성하는 능력을 보여 주어 주목을 받았다. 예를 들어 해당 연구에서는 ChatGPT에게 "에드윈 덴비(Edwin Denby) 스타일로 무용 공연 리뷰 작성"을 요청하자 비교적 짧은 시간에 실제 덴비의 어조와 관점을 어느 정도 흉내 낸 리뷰가 생성되었다고 보고한다. 이어서 또 다른 비평가 데보라 조윗(D. Jowitt)의 문체로 같은 공연을 평하도록 지시했을 때, AI는 이전과는 다른 어휘 선택과 정서적 강조를 사용하여 확연히 구별되는 리뷰를 내놓기도 했다(Kearney, 2024). 이러한 실험은 생성형 AI가 방대한 훈련 데이터를 바탕으로 다양한 비평 어조를 학습하고 재현할 수 있음을 보여 준다. 더 나아가 AI가 비평문 초안을 빠르게 작성하고, 문법 교정이나 표현 개선 등 편집 어시스턴트 역할을 수행함으로써 인간 비평가의 글쓰기 과정을 도울 수도 있다는 기대도 있다. 현재까지 AI를 무용비평 전용으로 개발한 사례는 드물지만, 문학, 미술 등 인접 예술 분야에서 AI 비평 시도가 나타나고 있어 무용 분야에도 적용 연구가 확산되는 추세다. 다만 이와 같은 접근에 대해서는 신중론도 존재한다. AI의 출력이 훈련 데이터의 통계적 패턴에 기반한 것이기 때문에, 자칫하면 기존 비평 담론의 편견을 무비판적으로 답습하거나 부정확한 정보를 생성할 위험이 있다. 실제로 Kearney(2024)의 연구는 ChatGPT를 활용한 실험에서 알고리즘적 편향과 오류 가능성을 지적하며, AI를 무용비평에 통합할 때는 윤리적 고려와 검증이 필수적임을 강조하고 있다.

한편으론 AI를 분석 작업에 이용하는 움직임도 있다. AI를 활용한 무용 공연 분석 기술은 크게 두 가지 측면에서 발전하고 있다. 첫째는 컴퓨터 비전과 동작 인식 기술을 통해 무용수의 움직임을 데이터화하고 평가하는 방식이다. 예를 들어 '오픈포즈(OpenPose)'와 같은 알고리즘을 사용하면 공연 영상에서 무용수의 신체 관절 위치를 추출하여 일련의 좌표 데이터로 변환할 수 있다. 이러한 기술을 기반으로 최근 연구들은 동작의 정확성, 일치도, 역동성을 정량적으로 평가하려는 시도를 보인다. 한 연구 사례에서는 음악 비트에 맞춰 주요 동작 키프레임을 포착하고, 각 프레임에서 추출된 관절 좌표들의 패턴을 분석하여 무용 수행의 완성도를 점수화하는 방법을 제안했다(Li & Huang, 2024). 이 시스템은 영상 속 무용 동작의 정지-동적 특성을 모두 반영하여 동작의 일관성과 흐름까지 평가함으로써, 인간 전문가의 주관적 판단을 일부 자동화하는 성과를 보였다. 그러나 현 단계의 AI 동작 분석은 주로 기술적 정확성 측정에 강점이 있으며, 예술적 표현의 질이나 안무의 창의성 같은 정성적 요소를 이해하고 평가하는 데에는 한계가 있다. 즉, AI는 무용수의 신체 움직임 데이터를 인간보다 더 빠르고 객관적으로 처리할 수 있지만, 한 공연의 역사적·문화적 맥락, 작품이 주는 정서와 미학적 가치 등 맥락적 의미를 해석하기에는 아직 어려움이 있다. 둘째로, 자연어 처리 및 감성 분석 기술의 발전으로 공연에 대한 관객들의 언어적 반응을 수집·분석하는 것도 가능해지고 있다. 예를 들어, 온라인에 게시된 공연 리뷰나 SNS상의 관객 댓글들을 AI가 크롤링하여 텍스트 감성 분석을 수행하면 관객 만족도나 반응 경향을 파악할 수 있다. 실제 비즈니스 분야에서는 소셜미디어 여론 분석으로 영화나 공연의 흥행을 예측하거나 실시간 관객 반응을 모니터링하는 기술이 활용되고 있으며, 공연 예술 영역에서도 관객 평을 데이터로 축적·분석하려는 움직임이 있다. 다만 이러한 분석은 어디까지나 보조적인 정보일 뿐, 작품 자체에 대한 비평적 해석을 대신하는 수준에는 이르지 못한다. 요약하면, AI의 무용 분석 기술은 동작의 양적 평가와 관객 반응 수집 측면에서 발전하고 있지만, 예술성의 질적 판단이라는 핵심 영역에서는 여전히 인간의 통찰력이 요구된다.

AI와 자동화가 무용비평 분야에 도입될 경우, 윤리적·예술적 영향에 대한 면밀한 검토가 필요하다. 우선 예술비평은 단순한 정보 전달을 넘어 비평가의 주관적 통찰과 열정이 담기는 창조적 글쓰기의 일종인데, 알고리즘이 이를 대체할 수 있는가에 대한 회의가 있다. 실제 무용비평가 레나 메기에리(Lena Megyeri)는 "AI는 예술에 대해 결코 열정을 가질 수 없기 때문에 진정한 의미에서 인간 비평가를 대체하지 못할 것"이라고 단언한다. 비평 행위에는 작품에 대한 사랑, 감동, 때로는 분노까지 복합적 감정이 수반되고 이것이 글에 녹아드는데, 통계적 예측에 기반한 AI 생성 글에는 이러한 정서적 무게감이 부족하다는 지적이다. 둘째, AI 비평은 편향성과 공정성 문제를 안고 있다. AI가 학습하는 데이터에는 기존 비평문들이 포함되는데, 전통 비평계가 특정 문화권의 무용이나 비주류 장르를 등한시했다면 AI도 그 편견을 답습해 그러한 작품들을 낮게 평가하거나 간과할 가능성이 있다. 예를 들어 학습 데이터 대부분이 유럽과 미국 중심의 발레 비평이라면 AI는 월드 댄스나 스트리트댄스 작품을 평가할 때 적절한 기준을 갖지 못할 수 있다. 이는 문화적 편향의 문제로, AI 비평의 신뢰도를 떨어뜨릴 수 있다. 따라서 AI를 훈련시키는 단계부터 다양한 양질의 데이터를 공급하고 지속적으로 바이어스 교정을 해야 한다고 전문가들은 강조한다. 셋째, 저작권과 창작 윤리 이슈도 있다. AI가 생성한 리뷰가 실제 비평가들의 문장이나 표현을 무단 차용한 것은 아닌지, AI가 참고한 데이터의 출처를 밝히지 않고 창작물을 만들어 내는 것이 과연 공정한지 등 법적·윤리적 문제가 제기될 수 있다. 예술가로서도 자신들의 공연에 대한 리뷰를 인간이 아닌 AI가 써 주는 것을 수용할 준비가 되어있는가의 문제가 있다.

부정확한 자동 리뷰가 확산되면 예술가들은 오해를 받을 수 있고, 나아가 인간 비평가들의 일자리가 줄어드는 것에 대한 업계의 반발도 예상된다. 이러한 우려 때문에 당분간 AI는 어디까지나 비평 보조 도구로 활용되고, 최종적인 평가는 인간 비평가의 몫으로 남을 가능성이 크다. 실제 연극 비평 분야에서도 "AI 시대에도 비평가는 사라지지 않으며, 오히려 관객과 비평가가 새로운 매체에서 소통하도록 지원하는 역할을 해야 한다"는 견해가 있다(Megyeri, 2023). 마지막으로, AI 도입으로 비평의 역할과 가치에 대한 철학적 성찰이 요구된다. 자동화된 비평 생산이 가능해질 때, 과연 비평은 어떤 의미를 가지는가? 이는 단순 소비재 기사인가, 아니면 인간 예술 경험을 해석하고 깊이를 더하는 행위인가? 궁극적으로 AI는 인간의 비평 작업을 효율화하는 도구일 뿐, 예술의 의미를 해석하고 가치를 매기는 최종 판단은 인간의 몫이라는 인식이 중요하다. 이러한 원칙하에 기술을 수용한다면, 미래의 무용비평은 AI와 인간 비평가가 협업하여 보다 풍부한 통찰을 제공하는 방향으로 발전할 수 있을 것이다.

21세기 무용비평의 미래는 디지털화와 지능화라는 두 흐름을 타고 크게 변화하고 있다. 온라인 플랫폼의 등장은 무용비평을 폐쇄적 담론에서 모두가 참여하는 개방형 대화로 변화시켰으며, 지리적·사회적 장벽을 허물고 다양한 목소리를 담론에 포용하게 했다. 이는 무용예술 생태계의 민주성을 높였지만, 동시에 전문 비평의 위상 약화와 지속가능성 등의 도전을 가져왔다. 인공지능 기술의 발전은 무용비평에 또 다른 혁신을 예고한다. AI는 방대한 데이터를 활용한 분석과 자동화된 기술로 새로운 형태의 비평을 가능케 할 것이지만, 예술적 감성과 맥락적 판단에서는 한계를 드러낼 것이다. 결국 미래의 무용비평은 인간 비평가의 창의적 통찰과 AI의 객관적 분석력이 상호 보완적으로 결합하는 방향으로 나아갈 것으로 전망된다. 중요한 것은 기술의 편의에 매몰되지 않고 비평의 본질적 가치—즉 예술에 대한 깊은 이해와 애정, 건설적 비판정신—를 지키는 일이다. 디지털 시대에도 유효한 비평의 역할은 무용예술을 더욱 풍부하게 감상하도록 이끄는 나침반이 되는 것이며, 새로운 도구와 환경을 적극 활용하되 궁극적으로는 인간의 예술 경험을 증진하는 데 기여해야 할 것이다.

지금까지 무용비평의 개념적 정의에서부터 역사적 전개, 다양한 비평 이론, 그리고 21세기 무용비평의 미래까지 살펴보았다. 무용비평은 단순히 공연을 보고 느낌을 말하는 것을 넘어서, 춤을 언어로 옮기는 창조적 해석 행위이며, 시대에 따라 그 역할과 양상이 변화해 왔다. 서양 예술춤의 맥락에서 무용비평은 발레 전성기에는 미적 감상과 묘사의 임무를, 현대무용기에는 새로운 예술 형식의 옹호자이자 안내자의 임무를, 그리고 포스트모던과 디지털 시대에는 비판적 담론 형성과 다원적 소통의 임무를 맡아왔다. 또한 다양한 비평 접근법들은 각각 무용예술의 다른 면을 조명해 준다. 형식주의는 춤의 조형미를, 현상학은 춤의 체험을, 기호학은 춤의 의미 언어를, 해체론은 춤 담론의 숨은 권력을, 페미니즘 비평은 춤에 드러난 성 정치를, 탈식민주의 비평은 춤의 문화

권력을 부각시키며, 이 모두는 춤이라는 풍부한 예술현상을 다각도로 이해하도록 돕는 도구들이다. 실제 비평 작업에서는 이 관점들이 종종 혼합되어 활용되며, 훌륭한 비평가일수록 작품에 맞는 최적의 시각을 택해 통찰을 제공한다. 또한, 뉴미디어와 기술 발달로 인한 새로운 비평 활동의 모습과 장단점 또한 앞으로 계속 주목해 봐야 할 부분이다. 마지막으로, 무용비평의 궁극적인 가치는 춤에 대한 우리의 경험을 확장하고 깊게 만들어 준다는 점일 것이다. 비평을 통해 우리는 무용수의 몸짓 너머에 숨은 역사와 철학을 읽고, 익숙한 작품에서 새로운 의미를 발견하며, 낯선 공연과 소통할 언어를 얻는다. 비평은 때로 예술가와 긴장 관계에 놓이기도 하지만, 큰 틀에서는 예술과 관객을 잇는 다리 역할을 해 왔고 앞으로도 그럴 것이다. 서양 예술춤과 동시대 비평 문화를 통해 살펴본 무용비평의 긴 여정과 방법들은, 궁극적으로 춤이라는 인간의 예술을 이해하려는 지적인 열정의 발현이라 할 수 있으며, 이러한 노력은 동서양을 막론하고 계속 변모하고 발전해 나갈 것이다.

III
인류학과 춤

1. 인류학과 무용인류학

인류학은 인간 문화와 사회를 연구하는 학문으로, 19세기 후반에 발전하기 시작하여 문화인류학 등 여러 분과를 형성했다. 문화인류학은 의례, 예술, 신앙 등 생활양식을 포함한 문화 전반을 연구하며, 초기 인류학자들도 미술이나 음악과 함께 춤에 주목하기 시작했다. 예컨대 프란츠 보아즈(Franz Boas)는 저서 《원시 예술(Primitive Art)》(1955)에서 북서해안 원주민의 춤과 음악을 언급했고, 1940년대에는 북미 원주민의 삶에서 춤과 음악의 기능을 다룬 에세이를 발표하기도 했다. 이처럼 인류학은 일찍부터 춤을 문화의 일부로 간주했지만, 한동안 춤은 주변적인 관심사로 남아 있었다. 영국 인류학자 폴 스펜서(Paul Spencer)는 1985년에 "대부분의 인류학자들이 현지조사에서 어떤 형태로든 춤을 접하지만, 그것을 학술적으로 분석하는 데에는 소홀했다"고 지적할 정도로 20세기 중반까지 춤은 인류학 연구에서 종종 간과되었다(Spencer,

2010). 문화인류학이 춤을 하나의 문화 현상으로 다루긴 했지만 체계적인 연구는 많지 않았다. 그러나 문화인류학의 방법론—예컨대 참여관찰, 민족지 기록, 문화상대주의 관점—은 무용 연구에 적용하기에 유용한 도구였다. 문화인류학자들은 춤을 그 문화권의 맥락에서 이해하려 했고, 이는 후에 무용인류학의 토대가 되었다. 특히 멜빌 허스코비츠(Melville Herskovits)는 아프리카계 미국인의 문화 지속성 연구에서 음악과 춤 등 창조적 문화가 '지속되는 문화 기억'의 형태로 디아스포라에 남아 있다고 주장하며, 노예무역 이후에도 춤을 통해 아프리카 문화요소가 전달되었음을 논증했다. 이러한 관점은 춤을 문화적 '유산'으로 보는 시각을 제공했고, 다양한 사회의 춤 전통에 대한 관심으로 이어졌다. 결과적으로 문화인류학의 총체적 맥락에서 인간 행동을 이해하려는 노력은 춤 연구로도 확장되어, 무용인류학이라는 특화된 분야가 등장하게 되었다.

무용인류학(Anthropology of dance)은 인류학의 이론과 방법으로 춤과 인간 움직임을 연구하는 분야이다. 무용인류학은 인류학의 하위 분야로서, 분석 대상인 춤의 특성에 맞게 발전된 고유한 연구 도구와 접근법을 갖추고 있으면서도 인류학과 사회과학의 일반 이론을 폭넓게 적용한다. 즉, 민족지적 관찰, 비교문화 분석, 참여관찰 등을 통해 춤의 동작·의미·맥락을 연구하며, 춤을 추는 사람들의 문화와 사회적 배경을 종합적으로 고찰한다. 무용인류학의 연구 대상은 전통 민속춤, 의례·제의 춤, 궁중무용부터 현대무용, 스트리트댄스와 같은 모든 형태의 춤을 포괄한다. 중요한 것은 특정 춤 그 자체라기보다 그 춤이 나타나는 문화적 맥락과 사회적 기능이다. 이를 통해 무용인류학자는 춤에 담긴 상징, 정체성, 사회구조, 미학적 가치 등을 해석한다. 예컨대 무용인류학은 춤을 단순한 동작의 집합으로 보지 않고 언어처럼 의미를 전달하는 문화 텍스트로 간주한다. 이러한 관점에서 춤은 그 사회의 세계관, 규범, 역사의식이 반영된 행위로 해석된다. 무용인류학은 인류학과 무용학의 교차점에 위치한 학제 간 분야로서, 1970년대에 들어 뚜렷한 학문적 정체성을 갖추게 되었다. 무용인류학의 등장은 춤을 연구하는 방식에 중요한 변화를 가져왔다. 과거에는 무용학에서 춤의 미학, 무용수의 기술, 작품 분석 등에 중점을 두는 경우가 많았지만, 무용인류학은 춤을 그 사회의 문화 속에서 이해하도록 촉구함으로써 무용학의 지평을 넓혔다. 이로써 무용은 무대 위 예술작품인 동시에 문화적 산물, 사회적 행위, 정체성의 표현으로 인식되기 시작했다. 이러한 접근은 특히 세계 각지의 다양한 춤 전통을 연구하는 데 필수적이며, 제도권 밖의 춤, 민족 및 민속무용, 대중춤도 학술 연구의 중요한 대상으로 부각되었다. 현재 무용인류학은 대학의 무용학과·인류학과에서 강좌와 연구 주제로 다루어지며, 무용 연구자와 인류학자 간의 융합적 담론의 장을 형성하고 있다. 정리하면 무용인류학은 '춤을 매개로 인간을 이해'하는 독특한 접근법으로서, 춤과 문화를 함께 탐구하는 데에 그 학문적 의의가 있다.

2. 서구 무용인류학의 역사와 흐름

1) 민족지(ethography) 속 춤

무용인류학의 기원은 19세기 말에서 20세기 초반에 이루어진 초기 민족지 기록과 인류학 연구에서 찾을 수 있다. 이 시기 서구 인류학자들은 세계 각지의 '원시' 문화에 관심을 가지면서, 그 문화권의 춤과 의례에 대한 기술을 남기기 시작했다. 예를 들어, 영국의 에드워드 타일러(Edward Tylor)나 제임스 프레이저(James Frazer) 같은 학자들은 원시종교와 의례를 논하면서 춤을 언급했고, 미국의 프란츠 보아즈(Franz Boas)는 원주민 예술을 연구하면서 춤을 미적·사회적 표현으로 기록했다. 보아즈는 자신의 저서(1927)에서 '문학, 음악, 무용'에 대한 장을 할애했고, 1944년에는 북서해안 인디언의 삶에서 춤과 음악의 역할을 분석한 글을 발표하여 춤의 사회적 기능을 조명했다. 이는 춤을 학문적으로 기록하려는 초기 시도로 평가된다. 이 시기 민속학자와 탐험가, 선교사들도 다양한 문화의 춤을 보고하면서 글로 남겼는데, 주로 기록 중심의 서술에 그쳤다. 하지만 이러한 자료들은 훗날 무용인류학 연구의 귀중한 1차 자료가 되었다. 멜빌 허스코비츠(Melville J. Herskovits)는 1940년대에 아프리카계 카리브해 지역을 연구하면서, 노예로 끌려온 아프리카인들의 춤과 음악에 남은 아프리카 문화 요소를 강조했다. 그는 당대에 만연하던 "아프리카계 미국인은 아프리카 문화를 모두 상실했다"는 견해에 반대하며, 춤이 문화적 기억을 전달한다고 보았다. 이는 아프리카계 디아스포라 공동체의 춤이 정체성 유지와 문화 재창조의 매개임을 시사하는 것으로 이후 많은 연구에 영향을 주었다.

또 다른 흐름으로, 무용가 출신 연구자들이 등장하여 춤을 인류학적으로 접근하기 시작했다. 미국의 캐서린 던햄(Katherine Dunham)은 무용수이자 인류학을 공부하며 1930년대에 아이티, 자메이카 등 카리브해 지역의 춤을 현지조사했다. 그녀는 시카고 대학에서 인류학을 공부하며 로버트 레드필드 등의 지도를 받았고, 현지 춤을 배우고 공연에 활용하는 독특한 방식으로 연구를 진행했다. 던햄은 박사 학위를 받지는 않았지만, 후에 그녀의 작업은 인류학적 민족무용 연구의 선구적 사례로 재평가되었다. 마찬가지로 조라 닐 허스턴(Zora Neale Hurston)도 작가로 유명하지만, 보아즈의 제자로서 1930년대에 할렘 르네상스 시기 흑인 문화와 춤을 기록하고 민족지 희곡을 선보이기도 했다. 이처럼 초기 무용인류학은 전통적인 인류학자들과 현장 경험이 풍부한 무용가-

인류학자들의 노력에 힘입어, 다양한 문화권의 춤에 대한 자료 축적과 문화적 가치 인식이라는 성과를 쌓기 시작했다.

2) 학문으로서의 무용인류학

20세기 중반부터 후반(특히 1960~70년대)에 이르러, 무용인류학은 학문으로서 본격적인 발전 단계를 맞이한다. 이 시기에는 문화인류학 내부에서 공연과 의례 연구가 활발해졌고, 춤을 학술적으로 탐구하려는 움직임도 구체화되었다. 1960년대에는 미국, 영국 등을 중심으로 무용을 전공한 연구자들이 인류학 박사 학위 과정을 통해 무용 연구를 수행하는 사례가 등장했다. 예를 들어, 애드리엔 케플러(Adrienne Kaeppler)는 1967년 하와이대에서 통가족(Tongan) 춤에 대한 논문으로 인류학 박사 학위를 받았고, 안야 피터슨 로이스(Anya Peterson Royce)는 1974년 버클리에서 멕시코 춤을 주제로 박사 학위를 취득했다. 이와 비슷한 시기에 영국의 드리드 윌리엄스(Drid Williams), 폴란드계 로드리크 랑(Roderyk Lange), 미국의 조안 케일리노호모쿠(Joann Kealiinohomoku)와 주디스 해나(Judith Hanna) 등도 차례로 무용 관련 논문으로 인류학 박사를 획득하면서, 학계에 새로운 전문 인류학자 그룹이 형성되었다. 1970년대 후반에는 유명 무용수였던 펄 프리무스(Pearl Primus)도 서아프리카 가면무용에 관한 논문으로 인류학 박사를 받아, 무용과 인류학의 교차 지점을 개척했다. 이처럼 훈련받은 무용인류학자들이 배출되면서, 이들은 기존의 인류학 및 민속학 학술지에 무용 연구 논문을 다수 발표했다. 1960년대부터 미국 인류학자, 민속음악학, 아프리카 문화지《American Anthropologist, Ethnomusicology, Présence Africaine》,《국제민속음악위원회 연감(Yearbook of the International Folk Music Council)》등의 저널에 민족지적 무용 연구와 무용인류학 이론을 다룬 논문들이 게재되기 시작했다. 이를 통해 무용인류학은 학술 담론으로서 자리매김해 갔다. 특히 1970년대는 결정적인 시기로, 케일리노호모쿠의 1970년 논문은 무용인류학 분야의 고전이 되었다. 그녀는 〈인류학자가 바라본 민족무용의 한 형태로서의 발레〉라는 글에서 서구의 발레를 민족무용(ethnic dance)의 한 형태로 분석하여 큰 반향을 일으켰다. 케일리노호모쿠는 "모든 춤은 그것이 발생한 문화 전통을 반영한다"며, 발레 역시 특정 문화(유럽 궁정문화)의 산물이므로 다른 문화권의 춤과 대등하게 분석되어야 한다고 주장했다. 이는 당대 서구 무용학계의 통념—'민족무용'은 비서구 전통춤만을 가리킨다는 편견—을 뒤집은 혁신적인 관점이었다. 그녀의 연구는 무용학과 인류학 간 소통의 단절을 지적하고, 양측의 대화를 촉진하려는 시도로 평가받았다. 이러한 작업 덕분에 무용인류학자들은 인류학 저널뿐만 아니라 무용 전문 학회와 모임에서 활동하며, 춤 연구에 대한 사회과학적 접근을 알리게 되었다. 1970년대를 전후하여 무용인류학의 주요 이론서와 교과서들도 출간되었다. 폴란드 출신 랑의《춤의 본성(The Nature of Dance)》(1975), 안야 로이스의《춤 인류학(The Anthropology of Dance)》(1977), 주디스 해나의《춤, 인간의 본질(To

Dance is Human》(1979) 등은 처음으로 춤을 인류학적으로 분석하는 체계적 이론을 제시한 저서들이다. 이러한 저작들은 춤의 보편적 기능, 문화 간 비교, 연구 방법론 등을 다루며 후발 연구자들에게 길잡이가 되었다. 예컨대 해나의 저서는 춤을 비언어적 커뮤니케이션으로 규정하며 신체 움직임의 사회적 의미를 해석하는 틀을 제공했고, 로이스의 저서는 다양한 사례를 통해 춤 연구에 대한 총체적 접근을 보여 주었다. 이 시기 무용인류학자들은 춤을 문화기술지의 세밀함과 사회과학의 분석력으로 살펴보면서 1970년대 중반까지 무용인류학을 독자적인 학문 분야로 부상시켰다. 따라서 20세기 중반에서 후반은 무용인류학이 제도권 학문으로 정착한 시기이며, 기초 개념과 연구 전통이 확립된 시대라 할 수 있다.

1980년대 이후 현대 무용인류학은 다양한 이론적 흐름과 융합하며 발전을 거듭했다. 특히 퍼포먼스 연구, 상징인류학, 포스트모더니즘 등의 영향으로 춤을 보는 시각이 더욱 풍부해졌다. 빅터 터너(Victor Turner)와 리처드 쉐크너(Richard Schechner) 등의 연구로 촉발된 퍼포먼스 이론은 사회적 드라마로서 의례와 공연을 해석하는 관점을 제시했는데, 무용인류학자들도 이를 받아들여 춤을 하나의 '퍼포먼스', 곧 문화가 몸을 통해 공연되는 현상으로 이해했다. 이는 춤을 단순히 아름답게 꾸민 작품으로 보는 대신, 행위자가 관객 앞에서 수행하는 사회·문화적 행동으로 간주하게 한 것이다. 예를 들어, 전통 축제나 종교의식에서 행해지는 춤을 분석할 때 퍼포먼스적 맥락—춤추는 주체, 관람

하는 공동체, 공연이 이루어지는 공간과 시간—을 고려하게 되었다. 이로써 춤은 공동체의 긴장과 갈등, 화합과 재생산을 드러내는 무대로 해석되었고, 공연 그 자체뿐 아니라 주변의 사회적 과정까지 연구 범위에 포함되었다. 또한 현대 무용인류학은 인류학의 신체 담론(anthropology of the body)과도 접목되었다. 이는 몸의 움직임을 지식과 권력의 매개로 보는 관점으로, 춤 연구에서 체화(embodiment) 개념을 강조하게 되었다. 인류학자들은 춤추는 몸이 단순한 예술 도구가 아니라, 한 사회의 가치와 관념을 담지한 주체임을 부각시켰다. 예컨대 디드러 스클라(Deidre Sklar)는 "움직임 지식(movement knowledge)은 하나의 문화 지식"이라고 주장하며, 춤 동작을 이해하려면 그 속에 함축된 개념과 감정, 맥락을 함께 파악해야 한다고 역설했다(Sklar, 1991). 그녀는 "모든 움직임은 문화 지식의 구현"이며 과거에는 이를 간과해 왔다고 지적하면서, 이제는 움직임을 문화의 핵심으로서 민감하게 다루어야 할 때라고 강조했다. 이러한 주장은 연구자가 춤을 직접 배우고 느끼는 참여적 지식(participant knowledge)의 중요성으로 이어져, 춤 민족지에서 연구자 자신의 신체 경험을 기록하고 반영하는 경향을 강화했다. 결과적으로 현대 무용인류학은 '텍스트로서의 춤 + 퍼포먼스로서의 춤 + 몸으로서의 춤'이라는 세 층위를 모두 아우르며, 춤을 입체적으로 분석하는 단계에 이르렀다. 현대에는 무용인류학의 연구 지평도 확대되어, 과거 주로 전통무용이나 의례춤에 국한되었던 것이 도시의 스트리트댄스, 컨템포러리적 실험적 시도, 무용치료, 스포츠와 무용의 경계 등까지 포괄하게 되었다. 예를 들어, 학자들은 힙합이나 브레이크댄스를 도시 하위

문화와 연관지어 연구하고, 무용수의 신체훈련을 제의적 통과의례와 비교하거나 암 환자의 무용치료 세션을 치유 퍼포먼스로 해석하는 등 다양한 주제를 다루고 있다. 이처럼 현대 무용인류학은 학제 간 대화를 통해 이론적 깊이를 더하고 적용 범위를 넓혀 왔다.

3) 디지털 민족지의 수용

21세기에 들어 디지털 기술의 발전은 무용인류학에도 새로운 변화를 가져왔다. 우선, 영상 기록과 인터넷의 보급으로 전 세계의 춤을 실시간으로 접하고 기록할 수 있게 되면서, 무용인류학자들은 디지털 민족지(digital ethnography) 기법을 활용하기 시작했다. 유튜브나 소셜미디어에 업로드된 춤 영상들은 새로운 연구 자료가 되고 있다. 예를 들어, 특정 춤 스타일의 전세계적 유행(예: 케이팝 커버댄스)이나 온라인 커뮤니티를 통한 춤 전승 현상 등은 가상공간에서의 무용 문화라는 주제로 연구된다. 이는 춤이 과거처럼 한 지역사회에 국한되지 않고 글로벌 미디어 공간에서 공유되면서 나타난 현상으로, 무용인류학자들은 이러한 문화 간 교류와 혼종화를 분석하고 있다. 디지털 기술은 또한 전통무용의 보존과 전승에 새로운 장을 열었다. 영상 아카이브, 모션 캡쳐, 3D 기록 등을 통해 사라져 가는 춤을 기록하고 복원하는 프로젝트가 세계 곳곳에서 이뤄지고 있다. 무용인류학자들은 지역 공동체와 협업하여 과거의 춤을 디지털 매체로 남기는 작업에 참여하거나, 디지털 자료를 활용해 옛 춤사위의 의미를 해석하는 등 적극적으로 기술을 수용하고 있다. 이러한 노력은 UNESCO 등 국제기구의 무형문화유산 등재와도 연결된다. 실제로 2008년 유네스코가 통가의 전통춤 '라칼라카(Lakalaka)'를 인류무형문화유산으로 선정할 때, 오랫동안 통가 춤을 연구해 온 케플러의 조사 결과가 중요한 근거를 제공했다. 이처럼 디지털 시대에는 무용인류학이 현장과 기록을 잇는 가교역할을 하며, 기술과 문화연구의 접점에서 새로운 방법론을 모색하고 있다. 나아가, 온라인상에서 이루어지는 가상 공연, VR 춤 체험, NFT를 통한 춤 동작의 소유권 문제 등 최신 이슈들도 무용인류학의 관심사로 부상하고 있다. 요컨대, 디지털 시대의 무용인류학은 전통과 현대, 지역과 세계, 실제와 가상의 경계를 넘나들며 춤을 연구하고 있으며, 변화하는 환경 속에서 춤이 지닌 문화적 의미를 포착하기 위해 진화하고 있다.

3. 주요 무용인류학자와 연구 사례

조안 케일리노호모쿠

조안 케일리노호모쿠(1930~2015)는 미국의 무용인류학 선구자로, 발레를 비롯한 서구 무용을 새로운 시각으로 해석한 업적으로 유명하다. 앞서 소개한 바와 같이 그녀의 1970년 논문 〈인류학자가 바라본 민족무용의 한 형태로서의 발레〉에서 "발레 역시 하나의 민족무용"이라는 도발적인 주장을 펼쳤다. 당시 서구 무용사에서는 발레를 보편적이고 비문화적인 고전 예술로 여기는 경향이 있었으나, 케일리노호모쿠는 모든 무용은 그 기원 사회의 역사와 가치관을 반영한다고 지적했다. 예를 들어 발레에 내재된 우아함과 기사도적 동작은 유럽 귀족사회라는 특정 문화의 산물이며, 따라서 폴리네시아의 훌라나 아프리카의 부족 무용과 동일한 개념의 '민족무용'이라는 것이다. 그녀는 이러한 주장을 뒷받침하기 위해 서양 무용학자들의 편견을 비판적으로 검토하고, 비서구춤에 대한 피상적 이해를 교정하고자 했다. 이 작업은 무용학계와 인류학계에 큰 반향을 일으켜, 춤에 대한 문화상대주의적 관점을 확산시키는 계기가 되었다. 케일리노호모쿠는 이후에도 무용인류학의 이론과 방법론을 발전시키며, 1976년에는 무용의 인류학적 연구를 위한 이론과 방법을 담은 논문을 발표하여 학문으로서 무용인류학의 토대 구축에 기여했다. 또한 그녀는 1981년 'Cross-Cultural Dance Resources(CCDR)'라는 연구소를 공동 설립하여 전 세계 춤 자료의 아카이브화를 추진하기도 했다. 전반적으로 케일리노호모쿠의 업적은 서구 중심이던 무용 담론을 상대화하고, 모든 춤을 동등한 연구 대상으로 인정하게 만들었다는 점에서 높이 평가된다.

애드리엔 케플러

애드리엔 케플러(1935~2022)는 폴리네시아 무용 연구의 권위자로, 무용인류학을 박사과정부터 체계적으로 전공한 초기 학자 중 한 명이다. 그녀는 밀워키 출신으로 원래 문학과 음악을 공부하다가 하와이로 이주하여 인류학을 전공했다. 1964년 폴리네시아 통가 왕국의 무용에 매료되어 본격적인 현지 조사를 시작했으며, 1967년 〈통가 무용의 구조, The Structure of Tongan Dance〉라는 박사논문을 완성했다. 이 연구를 통해 케플러는 통가 춤의 안무 구조를 분석하는 독자적 방법론을 제시했고, 춤 동작과 구성에 담긴 미학과 사회구조를 해명했다. 나아가 통가의 예술 전반(무용, 음악, 장식 등)과 사회조직의 상관성을 탐구하여, 특정 춤이 그 사회의 계층제도나 의례 체계와 맺는 관계를 밝혔다. 1970년대 이후 케플러는 하와이, 라파누이(이스터섬), 통가를 비롯한 폴리네시아 여러 문화권의 춤을 폭넓게 연구했고, 하와이 훌라(Hula) 춤에 대해서도 중요한 저술을 남겼다. 그녀의 대표적인 저서 《훌라 파후: 하와이 북춤(Hula Pahu: Hawaiian Drum Dances)》(1993)은 하와이 훌라의 역사와 형태, 그리고 북미 선교사 시기의 영향까지 분석한 연구로서, 훌라 춤에 담긴 종교·정치적 의미를 규명했다. 케플러의 업적은 춤, 시각예술, 사회구조 간의 관계를 통합적으로 분석한 데 있다. 그녀는 민족지 자료를 바탕으로 "공연과 물질문화, 사회구조 사이에 내재한 무형의 지식에 빛을 비추었다"는 평가를 받았으며, 2010년과 2019년에 스미소니언 박물관으로부터 '뛰어난 학술성과상'을 수상하기도 했다. 40여 년간 스미소니언 자연사박물관 태평양 부문 큐레이터로 재직한 경력답게 박물관 자료와 춤 연구를 접목한 점도 특징적이다. 예를 들어, 캡틴 쿡(Captain Cook) 탐험 시기의 유물과 기록을 바탕으로 18세기 폴리네시아 춤의 복원적 해석을 시도하거나, 통가의 타푸라(Ta'ovala) 직물과 춤 의상의 상징체계를 비교연구함으로써 시각예술과 퍼포먼스의 상호작용을 고찰했다. 또한 케플러는 현지 문화 보존에도 힘써, 통가의 군왕 의례와 춤을 기록하고 공동체와 공유했다. 그 결과 2008년 통가의 전통 군무 라칼라카(Lakalaka)가 유네스코 인류무형문화유산으로 선정되는 데 크게 이바지했다. 그녀가 남긴 300여 편의 출판물은 폴리네시아 문화에 대한 영어권 지식을 풍부하게 했으며, 태평양 섬지역 춤 연구의 초석을 마련했다. 케플러의 연구 사례는 학제적 접근의 모범이라 할 수 있는데, 춤을 단독으로 보기보다 음악, 언어, 미술, 사회조직 등과 통합적으로 살피는 태도로 인해 춤을 통한 문화 이해의 깊이를 한층 더해주었다.

신시아 노박

신시아 노박(1953~1996)은 무용가이자 인류학자로서, 컨템포러리 무용의 한 장르인 접촉즉흥(Contact Improvisation)을 문화적으로 연구한 것으로 유명하다. 그녀는 콜롬비아 대학에서 문화인류학 박사를 취득하고, 자신의 무용 경험을 살려 미국 내 춤 공동체를 민족지적으로 조사했다. 노박은 1990년 저서 《공유하는 춤: 접촉즉흥과 미국 문화(Sharing the Dance: Contact Improvisation and American Culture)》에서 접촉즉흥의 탄생과 발전을 역사적·사회적 맥락 속에서 분석했다. 이 춤은 1970년대에 미국의 현대무용가들(예: 스티브 팩스턴)에 의해 시작된 새로운 양식으로, 노박은 그 형성 배경에 있는 철학과 문화적 가치를 파헤쳤다. 그녀는 접촉즉흥 공동체에서 강조하는 자발성(spontaneity), 창조적 신체 표현, 평등한 성역할 등이 당시 미국 사회의 시대정신과 어떻게 맞닿아 있는지를 설명했다. 예컨대, 1960년대 말에서 70년대 초의 반문화 운동과 신체 해방 풍조가 접촉즉흥에 반영되어, 남녀가 신체를 자유롭게 접촉하고 즉흥적으로 움직이는 파격적 형태가 수용될 수 있었다는 것이다. 또한 이 춤에 내포된 자아와 공동체에 대한 개념(개인의 개성과 협동의 균형)이 미국 문화의 이상을 담고 있다고 분석했다. 노박의 연구 방법론 또한 주목할 만하다. 그녀는 단순히 관찰자에 머무르지 않고 직접 접촉즉흥 클래스에 참여하고 춤을 익히며, 동료 무용수들과 인터뷰를 병행했다. 이를 통해 춤을 배우는 과정에서 느낀 점을 서술하고 자기 성찰을 더함으로써, 연구자가 체험한 신체적 지식을 민족지에 녹여 냈다. 이러한 자기반영적 민족지(self-reflexive ethnography) 기법은 이후의 무용인류학 연구에 큰 영향을 주었다. 노박은 춤 동작 그 자체의 기술적 분석뿐 아니라 춤을 추는 사람들의 감정과 인지, 사회적 상호작용까지 세밀하게 묘사하여 몸의 훈육 과정을 문화적으로 해석했다. 그녀는 접촉즉흥을 통해 신체가 어떻게 사회화되고 훈련되는지, 또 그 과정에서 기존의 무용미학에 도전하면서 새로운 공동체 규범을 만들어 내는지 보여 줌으로써, 춤과 신체의 문화구조에 대한 깊은 통찰을 제공했다. 신시아 노박의 작업은 현대 예술무용도 인류학적 연구의 대상이 될 수 있으며, 그것을 통해 당대 문화와 사조를 읽어 낼 수 있음을 입증한 사례로 평가된다. 이는 무용인류학의 연구 지평을 넓힌 공헌이라 할 수 있다.

디드러 스클라

디드러 스클라(1939~2019)는 무용에 대한 문화민감적 분석을 주창한 인류학자이다. 그녀는 무용수 출신으로 미국 뉴멕시코 대학에서 박사 학위를 받았으며, 춤 동작을 이해하는 이론적 전제 다섯 가지를 정립한 것으로 유명하다. 1991년 그녀는 〈춤을 문화적으로 민감하게 접근하기 위한 다섯 가지 전제〉라는 짧은 글에서, 무용 연구자들이 염두에 두어야 할 핵심 관점을 제시했다. 그중 첫 번째 전제가 가장 잘 알려져 있는데, "움직임 지식은 문화 지식의 한 형태이다"라는 것이다. 이는 사람들이 움직이는 방식이 그들의 정체성과 세계관을 드러낸다는 의미로, 에피스코팔 교인과 펜테코스탈 교인의 예배 동작이 다르듯이 발레 무용수의 몸자세와 훌라 무용수의 몸자세는 각기 다른 문화적 지식을 체현한다고 설명했다. 스클라는 "사람들이 움직이는 방식은 생물학 이상의 것이며, 그것은 곧 문화의 구현"이라고 말하면서, 모든 신체 움직임을 그 사회의 언어처럼 간주해야 한다고 강조했다. 이러한 관점은 춤을 해석할 때 움직임 이면의 개념과 감정을 함께 고려해야 함을 일깨운다. 스클라의 두 번째 전제는 "움직임 지식은 키네틱한 것일 뿐 아니라 개념적·감정적인 것이다"로, 춤 동작에는 단순한 신체 기술을 넘어 삶의 큰 질문들에 대한 관념과 정서가 담겨 있다는 내용이다. 예컨대 발레의 동작에는 서구 사회의 이상적 남녀상과 기사도 개념이, 훌라의 동작에는 하와이의 우주관과 신성 개념이 배어 있다는 것이다. 세 번째 전제 "움직임 지식은 다른 문화적 지식들과 얽혀 있다", 네 번째 전제 "춤 동작의 의미를 이해하려면 동작 너머를 바라봐야 한다", 다섯 번째 전제 "움직임은 항상 즉각적인 육체적 경험이다"까지, 이 다섯 가지 원칙은 이후 많은 무용인류학자들이 몸과 춤을 접근하는 가이드라인으로 인용하게 되었다. 스클라는 이러한 이론을 자신의 현장연구에 적용했다. 그녀의 박사논문(1991)은 뉴멕시코 라스크루스 지역의 종교 축제 무용(가톨릭

성인식 관련 춤)을 민족지적으로 분석한 것이었다. 그 과정에서 그녀는 연구자가 직접 춤을 배우고 참가하여 현지인들의 움직임에 내재된 의미를 파악하려고 노력했다. 이는 '체화된 연구(embodied research)'의 한 예로, 스클라는 춤을 직접 추어 봄으로써 얻는 체험적 지식이 중요함을 역설했다. 그녀는 "무용수를 관찰하는 것에서 나아가 연구자 자신이 움직여 봐야 춤에 담긴 문화적 의미를 온전히 이해할 수 있다"고 주장했다. 이러한 접근은 이후 많은 무용 연구자들이 현장에서 '참여 관찰자-무용수(participant-dancer)'의 이중 역할을 시도하게 만드는 등 연구 방법론의 혁신을 불러왔다. 스클라는 또한 일상적 움직임과 춤 동작의 연속성에 관심을 보였다. 그녀는 "무용 동작은 그 문화의 일상적 몸짓과 단절된 것이 아니며, 같은 몸이 삶의 다른 영역에서 행하는 움직임들과 연결되어 있다"고 보았다. 예를 들어 일상 속 걷는 자세, 인사법, 제스처 등이 그 문화의 미적 관념과 사회적 태도를 반영하듯, 춤사위 역시 그 문화 전체의 움직임 어휘의 일부로 이해될 수 있다는 것이다. 이처럼 스클라는 춤을 움직임의 총체로서 이해하는 틀을 제공하고, 연구자의 신체적 경험을 중시하는 민족지 방법을 정당화함으로써 무용인류학의 이론과 방법에 큰 영향을 미쳤다.

안야 피터슨 로이스

안야 피터슨 로이스(1946~)는 무용인류학을 최초로 종합 정리한 학자 중 한 명으로, 1977년 출간된 저서 《춤 인류학(The Anthropology of

Dance》의 저자로 잘 알려져 있다. 로이스는 미국 인류학자이며 동시에 발레리나 출신으로서, 예술적 감수성과 인류학적 통찰을 겸비한 연구를 수행했다. 그녀는 학부 시절부터 멕시코 현지의 민속무용과 사회 변화에 관심을 가져, 멕시코 오악사카(Oaxaca)주의 이스트모(Eastmo) 자포텍족 공동체를 대상으로 필드워크를 했다. 로이스는 전통 마을 춤이 무대 공연화되는 과정을 연구하며, 한 지역의 춤이 마을 축제에서 국가 대표 공연으로 변모할 때 어떤 문화적 역학이 발생하는지 분석했다. 이 연구는 1975년 멕시코에서 《민족 정체성(La identidad étnica)》이라는 제목으로 출판되었고, 자포텍 공동체의 민족 및 계급 정체성에 관한 중요한 고찰로 평가되었다. 로이스는 이 경험을 바탕으로 1977년 《춤 인류학》을 저술하여 춤의 구조 분석, 사회적 기능, 상징적 의미, 정체성과 창의성 문제 등을 포괄적으로 논의했다. 이 책은 무용인류학의 교과서 격으로, 전 세계 여러 문화의 춤 사례를 비교하며 이론적 틀을 제시했다. 예컨대, 춤의 형식(structure)을 분석할 때 음악, 의상, 공간 활용과 함께 사회적 맥락을 고려해야 함을 강조하고, 춤을 공연하는 행위자들의 관점(무용수, 관객, 안무가)을 모두 검토하여 다성적(polyphonic) 해석을 할 것을 제안했다. 또한 춤과 정체성 챕터에서는 춤이 민족 정체성(ethnic identity)과 사회적 위계를 나타내고 재생산하는 양상을 여러 사례로 보여 주었다. 이는 특정 공동체에서 춤이 '우리'를 정의하고 '타인'과 구별하는 역할을 함을 드러낸다. 로이스의 또 다른 관심사는 예술성과 창조성의 인류학이었다. 그는 춤을 단지 전통의 반영으로만 보지 않고, 새로운 전통과 의미를 만들어 내는 창조 행위로 보았다. 그래서 발레나 마임 같은 극장 예술도 민족지적으로 연구하여, 예술가들이 어떤 문화적 토대 위에서 창작하고 또 그 예술이 관객에게 어떻게 인식되는지 탐색했다. 이는 후일 공연인류학(anthropology of performance)이나 예술인류학 분야와도 상통하는 작업이었다. 안야 로이스는 이러한 연구들을 통해 무용과 정체성, 무용과 미학에 대한 풍부한 사례 연구를 남겼다. 특히 그녀가 평생에 걸쳐 조사한 '자포텍족의 음악과 무용, 시각예술, 시'에 대한 연구들은 한 문화의 여러 예술 형태를 통합적으로 이해하는 데 기여했다. 로이스는 현재까지도 미국 인디애나 대학교 정년 교수로서 창작과 전통, 죽음 의례 등 다양한 주제를 연구하고 있으며, 전통춤 연구와 현대 예술 분석을 연결함으로써 무용인류학의 지경을 넓힌 학자로 평가받는다.

샐리 앤 네스

샐리 앤 네스(Sally Ann Ness, 1955~)는 춤과 공간, 몸의 상징체계에 대한 심층 연구로 알려진 미국의 무용인류학자이다. 그녀는 펜실베이니아대에서 박사 학위를 받았으며, 필리핀 세부(Cebu)시의 시눌로그(Sinulog) 춤에 관한 민족지 연구서 《몸, 움직임, 그리고 문화(Body, Movement, and Culture)》(1992)를 출판했다. 이 저서는 '치유의식 춤, 무용극, 문화 공연'이라는 세 가지 형태의 시눌로그 춤을 분석한 것으로, 네스는 이를 통해 필리핀 도시 문화의 상황과 동작 및 시각적 상징이 의미를 만드는 방식을 해명했다. 그녀는 세 가지 서로 다른 시눌로

그 춤에 공통으로 나타나는 움직임의 패턴, 신체와 도구 사용, 공간 구성에 주목하고, 이를 세부시 사람들이 세계를 인식하는 근본 방식과 연결 지어 해석했다. 예컨대, 각 춤 형식이 계급 구분을 강화하고 '문화적' 행동의 정통성을 확립하는 기능을 수행함을 밝혔다. 동시에 그 춤들이 '헌신(devotion)', '진정성(sincerity)', '자연스러움(naturalness)', '아름다움(beauty)' 등에 대해 널리 공유된 관념을 구현한다고 논했다. 이를 통해 네스는 춤이 단순한 공연이 아니라 사회적 가치와 도덕관념의 실행 현장임을 보여 주었다. 특히 네스의 연구는 춤 동작에 대한 면밀한 분석과 그것을 일상적 신체문화와 연계시키는 시도를 특징으로 한다. 그녀는 춤에서 사용되는 동작들을 하루하루의 평범한 움직임(걷기, 몸짓 등)과 비교하며, 안무의 의식 동작과 일상 몸짓이 공유하는 태도와 가치에 주목했다. 예를 들어 시눌로그 춤에서 무용수들이 취하는 몸의 자세와 움직임이 세부 시민들이 일상적으로 몸을 운용하는 방식(예: 몸을 낮추는 겸손한 태도 또는 열정적으로 팔을 휘두르는 동작 등)과 일맥상통함을 지적했다. 이처럼 춤과 일상의 경계를 넘나드는 분석은, 춤을 특별한 상황에서만 나타나는 동작이 아니라 문화적 몸 사용의 연장선으로 파악하게 해 준다. 네스는 또한 2000년대에 들어 환경과 장소의 인류학적 논의를 춤 연구에 도입하여, 《풍경의 안무: 요세미티 국립공원의 퍼포먼스 흔적(Choreographies of Landscape: Signs of Performance in Yosemite National Park)》(2006)에서는 미국 요세미티 공원에서 암벽 등반자의 움직임을 풍경에 각인된 퍼포먼스로 해석하기도 했다. 이 연구는 인간의 움직임이 장소와 상호작용하며 의미를 띠는 방식을 탐구한 것으로, 무용인류학의 범위를 넓힌 사례라 할 수 있다. 한편 네스는 민족지 방법론에도 기여했는데, 2004년 논문에서 관찰자적 시각에서 벗어나 연구자가 몸소 움직임을 경험하는 조사의 중요성을 역설하며 스클라와 맥을 같이 했다. 종합하면 네스는 춤의 동작, 공간, 문화 의미를 통합적으로 분석하여 춤이 그려 내는 사회적 지형도를 밝혀낸 학자이며, 그의 연구는 무용인류학이 신체를 통해 문화와 장소까지 읽어 낼 수 있음을 보여 주었다.

지금까지 소개된 학자들 외에도 많은 무용인류학자들이 전 세계 다양한 춤을 연구해 왔다. 예를 들어, 하와이의 훌라 춤은 케플러 외에도 여러 학자에게 관심의 대상이 되어 그 신화적 서사와 식민지 시대의 변천, 관광 산업 속 변화 등이 분석되었다. 아프리카 전통춤의 경우, 펄 프리무스는 라이베리아 등 서아프리카의 춤과 어린이 사회화에 관한 연구를 수행했고, 주디스 해나는 케냐와 나이지리아의 춤 의례를 조사하여 춤이 사회 통합과 갈등 조절에 기여하는 바를 설명했다. 라틴아메리카의 춤으로는 아르헨티나의 탱고가 마르타 사비글리아노(Marta Savigliano) 등에 의해 연구되어 탱고에 담긴 식민주의 이후의 정체성, 성별 정치학 등이 논의되었다. 쿠바의 산테리아 의식춤이나 브라질의 캉돔블레 춤은 종교인류학자들에 의해 신앙과 트랜스 상태를 이해하는 단서로 연구되었다. 이처럼 특정 문화권의 춤 한 가지를 수년간 현지조사하여 깊이 있게 파고드는 연구는 무용인류학의 전통적인 강점이다. 이를 통해 축적된 사례들은 서로 비교되면서 춤의 문화적 보편성과 특수성에 대한 이론 발전으로 이어진다. 예컨대 서아프리카의 가면 가무와 멕시코의 가톨릭 축제춤을 비교함으로써 춤의 의례적 기능 차이를 논하거나, 인도네시아 자바 궁정무용과 유럽 발레를 비교하여 미적 이념의 차이를 조명하는 식이다. 무용인류학자들의 이런 풍부한 연구 사례들은 궁극적으로 춤은 세계 어디에서나 문화와 사회를 비추는 거울임을 보여 준다.

4. 무용학 속 무용인류학의 의미

    무용인류학은 등장 이후 무용학 및 무용예술계 전반에 여러 가지 실질적인 기여를 해 왔다. 첫째, 무용학과 인류학의 융합을 촉진함으로써 두 분야의 학제적 협력을 이끌었다. 무용인류학자들은 인류학의 연구방법(현지조사, 참여관찰 등)을 무용 연구에 도입하여, 무용학자들도 춤 현장을 문화적으로 읽는 방법을 활용하게 했다. 반대로 무용학의 심미적 통찰은 인류학자들이 춤의 섬세한 디테일을 이해하는 데 도움을 주었다. 그 결과 오늘날 많은 대학의 무용학과에서 '민족무용', '세계무용사', '춤과 문화'와 같은 과목을 개설하고 있으며, 학생들은 춤을 추는 기술뿐 아니라 춤을 분석하는 문화적 시각을 배운다. 둘째, 무용인류학은 춤의 문화적 의미 해석에 기여하여 춤 비평과 분석의 지평을 넓혔다. 이전에는 특정 무용 작품이나 형식을 평가할 때 주로 미적 기준이나 안무가의 의도 등에 초점을 맞췄다면, 이제는 그 춤이 담고 있는 사회문화적 맥락과 상징도 중시된다. 예를 들어 발레 〈지젤〉을 논할 때 농촌사회의 계층 구조와 낭만주의 시대의 여성관을 고려하거나, 인도 바라타나티암을 감상할 때 힌두교 철학과 식민지 역사 속 부흥 운동을 언급하는 등 다층적인 해석이 가능해졌다. 이러한 관점 전환에는 "모든 춤은 그것이 나온 문화의 전통을 반영한다"는 케일리노호모쿠의 지적이 큰 역할을 했다. 무용인류학의 분석을 통해 춤에 내재된 종교적 믿음, 성 역할, 집단 정체성, 권력관계 등이 해석됨으로써 춤 비평 담론이 풍성해진 것이다. 셋째, 전통과 현대춤 연구의 연결이 강화되었다. 무용인류학은 전통사회에서 추어지는 의례무용이나 민속춤뿐 아니라, 현대의 창작무용도 연속선상에서 이해한다. 이를테면 한 문화권의 전통춤이 현대에 어떻게 변용되어 공연되는지 추적하거나, 현대무용 작품에 전통 요소가 어떻게 융합되는지 분석하는 연구가 활발하다. 이로써 전통춤 연구자와 현대무용 연구자 사이의 간극이 좁아지고, 두 분야를 아우르는 거시적 관점이 생겨났다. 예컨대 플라멩코의 집시 전통과 현대 무대 플라멩코 춤의 연계, 아프리카계 전통 춤사위가 재즈댄스와 힙합에 스며든 과정 등이 조망되어, 춤의 역사적 계승과 혁신 양상을 통찰할 수 있게 되었다. 넷째, 무용인류학은 퍼포먼스 연구 및 신체 담론의 확장에 기여했다. 무용인류학자들의 작업은 퍼포먼스 연구자들에게 풍부한 사례와 개념을 제공했고, 퍼포먼스 연구의 이론(예: 공연의 제의성, 수행적 정체성 개념 등)은 다시 무용인류학에 흡수되어 이론적 시너지를 낳았다. 또한 인류학계의 신체담론, 예컨대 몸의 사회화, 체현된 지식 같은 개념들이 무용학에 도입되어 무용수의 몸을 보는 관점이 변화했다. 이제 무용수의 신체는 단순히 훈련된 도구가 아니라 문화가 새겨진 매체로 인식된다. 이런 인식 변화는 무용교육이나 안무에서도 나타나, 다문화적 신체 이해를 강조하는 경향으로 이어졌다. 다시 말해, 발레 테크닉을 가르칠 때도 그 배경에 있는 유럽의 신체미학을 설명하거나, 현대무용 워크숍에서 아프리카적 움직임의 리듬 감각을 존중하는 등 교육 현장에서도 문화적 맥락을 고려하게 된 것이다. 다섯째, 무용 실천과 공연예술 현장에의 적용이다. 무용인류학의 통찰은 무용수와 안무가들에게도 영향을 미쳤다. 많은 안무가들이 다른 문화의 춤을 리서치하여 작품에 반영하거나, 공연 기획자들이 프로그램 해설에 문화적 배경을 담는 경우가 늘었다. 이는 공연예술에서의 문화적 감수성을 높여 주었다. 예를 들어 세계무용(Fusion dance) 작품을 만들 때 피상적인 동작 차용을 넘어 그 춤의 맥락을 함께 표현하려는 노력, 전통춤을 재현할 때 현지 공동체와 협업하여 윤리적 고증을 거치는 등의 움직임이 그것이다. 이러한 변화에는 무용인류학자들이 전통춤 예술가들과 꾸준히 교류하며 상호 이해를 도모한 노력이 밑바탕이 되었다. 더불어, 유네스코 무형문화유산 제도나 국제민속예술축제 등에 무용인류학 지식이 활용되어, 정책적으로도 춤 문화의 가치 인정과 보호에 기여하고 있다. 결론적으로 무용인류학은 춤을 단순한 예술 형태가 아니라 문화적·사회적·정체성의 담론 속에서 연구하는 방법을 제시함으로써, 춤에 대한 이해를 심화시키고 범위를 확장하는 데 크게 기여했다. 과거에 주변적이던 춤 연구를 학술 주류로 가져오고, 춤을 통해 인간 사회를 해석하는 독특한 창을 마련한 것이다. 그 결과 오늘날 우리는 춤을 미적 동작인 동시에 문화적 텍스트로 읽어 내는 복합적 시각을 갖추게 되었다. 이는 모든 인간의 움직임이 문화적 지식의 구현이라는 깨달음으로 이어지며, 춤을 연구함으로써 인간 삶의 다양한 측면—신념, 역사, 권력, 정체성—을 조망할 수 있게 되었음을 의미한다. 무용인류학의 이러한 접근은 예술과 인문·사회과학의 다리를 놓은 사례로서, 인간에 대한 총체적 이해를 추구하는 학문 공동체에 지속적인 영감을 제공하고 있다.

IV
문화연구와 춤

1. 문화연구의 역사와 동향

1) 문화연구의 개념과 전개

문화연구(Cultural studies)는 권력과 문화의 관계를 비판적으로 탐구하는 학제적 연구 분야이다. 이는 1950~60년대 영국에서 태동한 새로운 학제 간(interdisciplinary) 연구 분야로, 기존 학계에서 주목하지 않던 대중의 일상문화에 대한 연구의 필요성에서 출발했다. 영문학자였던 리처드 호가트(Richard Hoggart)와 레이먼드 윌리엄스(Raymond Williams), 스튜어트 홀(Stuart Hall) 등 초기 연구자들은 엘리트의 '고급' 문화 대신 노동계급 등 보통 사람들의 생활양식을 연구 주제로 삼았고, 그들의 노력은 학문적 정당성을 놓고 초기에는 논쟁을 불러일으켰다. 윌리엄스는 문화란 "하나의 전체적인 삶의 방식(a whole way of life)"이라고 정의하며, 문화연구가 예술뿐 아니라 일상적 관습과 사회구조까지 포괄한다고 강조했다. 이러한 흐름 속에서 1964년 호가트는 버밍엄 대학교에 '현대문화연구센터(Center for Contemporary Cultural Studies, CCCS)'를 설립했는데, 이는 세계 최초의 문화연구 기관이 되었다. 버밍엄 CCCS는 초대 소장 호가트에 이어 1968년부터 스튜어트 홀이 이끌면서 학제적 협동 연구를 통해 대중문화를 본격 탐구하는 '버밍엄 학파' 문화연구 전통을 확립했다. 이 센터는 문학, 사회학, 역사, 인류학을 넘나드는 접근으로 대중음악의 인기 차트, 텔레비전 프로그램, 신문 광고 등 당대 대중문화 전반을 연구 대상으로 삼아, 기존 학계의 관행과는 다른 혁신적 연구를 시도했다. 특히 청년 하위문화(subculture)의 스타일과 음악이 젊은 층에게 갖는 중요성, 소녀 취향 잡지의 이데올로기적 영향, 1970년대 영국 사회에서 흑인 공동체의 존재를 둘러싼 '도덕적 공황' 현상 등을 분석함으로써 대중문화가 사회·정치적으로 중요함을 드러냈다. 당시 CCCS의 연구진은 불어권 구조주의 이론과 이탈리아 마르크스주의(그람시의 헤게모니 개념 등)를 수용하여 새로운 이론적 도구를 마련했고, 펑크족의 화려한 복식부터 대중 타블로이드 신문의 통속적 표현에 이르기까지 다양한 현상을 분석하는 방법론을 개발했다. 이를 통해 문화연구는 인간의 일상적 경험을 중시하는 문화주의 전통과 구조적 힘을 강조하는 이론을 접목하면서, 대중문화 속에 녹아 있는 권력과 이념의 작동 방식을 해명하는 비판적 관점을 발전시켰다.

1970년대를 거치며 버밍엄 학파의 문화연구는 연구 주제와 범위를 크게 확장했다. 초기에는 계급과 계층 경험에 초점을 맞추었지만 점차 여성과 인종 문제도 중요한 연구 주제로 부상했다. 예를 들어 CCCS 여성 연구모임은 1978년 《Women Take Issue》를 출간하여 이전까지 남성 중심이었던 문화 담론을 비판했고, 연구자들은 여성 잡지나 TV 연속극 등 여성 대중문화에 담긴 의미를 분석하기 시작했다. 또한 폴 길로이(Paul Gilroy)는 1987년 《유니언 잭과 보이지 않는 흑인(There Ain't No Black in the Union Jack)》을 통해 영국 사회의 인종주의를 문화적으로 고찰함으로써 문화연구의 지평을 넓혔다. 이처럼 홀이 이끈 CCCS 연구진은 젠더, 인종, 청년 문화 등 이전까지 학술장에서 주변화되었던 주제들을 학문 담론으로 적극 끌어들이며, 일상의 문화적 실천을 정치·이념적 맥락에서 조명하는 급진적 연구 프로그램을 전개했다. 그 연구 성과들은 1980년대에 이르러 학계 주류에 편입되어 The Open University(영국) 등의 교육과정에 포함되었고, 결과적으로 문화연구는 대학에서 점차 정당한 연구 분야로 인정받게 되었다.

  1980년대 이후 문화연구는 영국 바깥의 영미권으로 퍼져 나가 국제적인 학문 흐름으로 발전했다. 스튜어트 홀이 1979년 버밍엄을 떠나 The Open University로 자리를 옮긴 후에도 CCCS는 1980년대 리처드 존슨(Richard Johnson) 등의 지도 아래 활발히 연구를 이어 갔으나, 1990년대 말 영국 대학들의 구조조정 여파로 2002년 결국 문을 닫았다. 한편 영국 이외의 여러 대학과 연구소에 문화연구 센터가 설립되어 이 전통을 계승·발전시켰는데, 미국 캘리포니아대학교 산타크루즈 캠퍼스(University of California, Santa Cruz)는 1988년 문화연구센터를 세워 학제적 문화연구의 새로운 거점이 되었다. 오스트레일리아에서도 1980년대 초 서호주공과대학(Western Australian Institute of

Technology)에서 문화연구 저널을 창간하는 등 일찍이 영국의 문화연구를 수용하여 발전시켰다. 1990년대 이후 문화연구는 전 세계로 확산되어 다양한 국가와 지역의 맥락에 따라 특색 있는 접근이 등장했고, 여러 국제 학회와 학술지의 등장과 함께 하나의 세계적 학문 운동으로 자리매김했다. 이후 문화연구는 대중매체와 소비문화, 정체성 정치, 글로벌화된 문화 정책 등 새로운 주제들을 포괄하면서 지속적으로 진화해 왔으며, 비판이론과 실천을 결합한 학제 간 연구 분야로서 확고한 위상을 지니게 되었다.

2) 문화연구의 주요 이론

문화연구에 영향을 준 비판이론은 마르크스주의, 문화주의, 구조주의, 후기구조주의, 페미니즘, 포스트식민주의, 정신분석 등 다양하다. 예컨대 구조주의는 언어와 기호를 통해 문화를 이해하려 했고, 후기구조주의는 고정된 의미를 해체하며 담론과 권력을 중시했다. '차이의 정치(politics of difference)'로 불리는 흐름에서는 페미니즘, 퀴어 이론, 인종/민족 연구 등이 결합되어 계급 외에 젠더, 인종, 섹슈얼리티 같은 정체성의 문화적 구성과 권력 효과를 분석한다. 즉, 페미니즘과 흑인문화연구, 퀴어 이론 등은 모두 문화연구와 결합되어 기존 지배문화에 도전하는 비판적 관점을 제공했다. 이러한 이론들은 문화 현상을 해석하는 틀을 제공하여, 대중매체부터 일상 퍼포먼스까지 폭넓은 주제를 분석하는 데 활용된다. 특히 문화연구는 재현(representation)의 문제에 천착하여 의미와 이데올로기가 어떻게 문화 텍스트와 실천에 새겨지는지 탐구한다.

문화연구 분야 핵심 인물들의 연구 사례를 살펴보면, 먼저 홀은 대중문화와 정체성에 관한 연구로, 무엇이 '고급문화'이고 '저급문화'인지는 권력관계에 따라 결정되며 대중문화 역시 지배 질서에 도전하는 '투쟁의 장'이라고 보았다. 또한 미디어 이론에서 '인코딩/디코딩 모델'을 통해 관객이 능동적으로 의미를 해석함을 보였고, 문화정체성을 고정불변의 본질이 아닌 '역사적으로 형성되고 유동적인 것'으로 개념화했다. 윌리엄스는 영국 문화주의 전통을 세우며 '문화적 유산과 일상의 밀접한 연관성(문화는 일상의 전체)'을 강조했고, '구조적 감수성(structure of feeling)' 개념으로 한 시대의 감정과 가치를 설명했다. 주디스 버틀러(Judith Butler)는 후기구조주의적 페미니즘 연구의 대표로서, 젠더가 타고나는 것이 아니라 반복적 행위의 수행(performance)을 통해 구성된다고 주장했다. 저서《젠더 트러블: 페미니즘과 정체성의 전복(Gender Trouble: Feminism and the Subversion of Identity)》(1990)을 통해 구체화한 버틀러의 '젠더 수행성 이론'은 무용 연구에도 영향을 주어, 무용수의 신체 표현을 통해 젠더 정체성이 어떻게 드러나고 교섭되는지 분석하는 데 활용된다. 또한, 호미 바바는 포스트식민(post colonialism) 이론가로 '혼종성'과 '제3의 공간' 개념을 제시하여, 식민지 지배문화와 피지배문화가 만나 새로운 혼성 문화 형태가 만들어지는 과정을 설명한다. 그의 이론은 글로벌 시대에 다문화적 춤 형식의 탄생과 정체성의 혼종적 표현을 해석하는 데 응용된다. 벨 훅스(bell hooks)는 흑인 여성주의 관점에서 대중문화의 인종·성차별적 재현을 비판한 학자로, 자신의 저서《흑인의 시선: 인종과 재현(Black Looks: Race and Representation)》(1992)에서 '타자의 섭취(Eating the Other)'라는 은유로 백인 주류문화가 유색인종 문화를 소비하고 전유하는 행위를 비판했다. 훅스의 통찰은 무용 분야에서도 '문화적 전유(cultural appropriation)' 문제를 이해하는 데 중요한 이론적 기반을 제공한다. 이처럼 문화연구 학자들의 이론은 무용을 사회적·정치적 맥락에서 해석하는 새로운 시각을 열어 주었다.

3) 무용학과 문화연구의 만남

1990년대 중반부터 영미 무용학계에서는 문화연구와의 연계를 강화해야 한다는 주장이 제기되었고, 실제로 무용 연구자들이 문화연구의 개념과 방법론을 받아들이면서 'Dance studies'라는 이름으로 학제적 흐름이 발전했다. 무용을 단순한 예술 분석을 넘어 이데올로기, 주체성, 사회적 범주의 관점에서 연구하려는 노력들이 나타난 것이다. 예를 들어 무용과 미디어의 관계를 다루는 스크린댄스(Screendance) 연구에서는 영화 및 영상 속 춤을 문화 텍스트로 분석하며 젠더와 인종의 재현 문제를 논의한다. 또한 춤의 사회적 의미를 해석한 연구로서, 춤이 계층·정체성 표현이나 저항의 수단으로 기능한 역사적 사례들을 조명한다. 이러한 변화는 전통적인 무용미학과 공연 분석에서 벗어나, 춤을 수행성과 사회적 실천의 맥락에서 조망하려는 흐름과 맞물려 있었다. 무용을 문화적 생산과 소비의 일환으로 연구하는 것은 춤을 단순히 무대 위의 예술적 형식이 아니라 일상의 몸짓과 움직임이 사회적 의미를 형성하는 방식으로 해석하려는 움직임과도 연결된다. 제인 데스몬드(Jane Desmond) 편저의 《움직임 속의 의미: 새로운 무용문화연구 (Meaning in Motion: New Cultural Studies of Dance)》(1997)는 이러한 융합의 대표적인 성과로, 춤을 이념적·이론적·사회적 의미망 속에서 해석하는 논문들을 모았다. 이 책은 "춤은 예술 형식이든 사회적 실천이든 문화 분석의 훌륭한 대상"이며, 무용 연구가 이제야 춤의 이데올로기적·사회적 의미에 주목하기 시작했다고 지적한다. 더불어 《움직임 속의 의미》 기고자들은 '춤과 정체성', '춤과 역사 담론', '발레와 젠더', '인종화된 무용의 표상' 등 다양한 주제를 통해 무용학과 문화연구의 접점을 탐구했다. 이러한 학제적 연구들은 춤을 단순 미학이 아니라 '문화적 실천'으로 바라봄으로써 오늘날 무용학 담론을 더욱 풍부하게 만들었다. 무용은 단순한 신체 표현이 아니라 문화적·정치적·사회적 맥락 속에서 의미를 구성하는 행위이며, 문화연구의 다양한 이론과 방법론을 통해 춤을 해석하는 시각이 지속적으로 확장되고 있다.

2. 무용문화연구의 흐름과 주요 이론

이처럼 문화연구의 영향으로 무용학에서도 퍼포먼스, 몸과 정체성, 글로벌 문화 속 춤 등에 관한 이론적 논의가 활발해졌다. 이는 무용을 고립된 예술이 아니라 사회문화 체계의 일부로 간주하는 관점으로의 전환을 의미한다. 몇몇 주요 흐름을 살펴보면 다음과 같다.

1) 퍼포먼스 이론과 춤

리처드 쉐크너(Richard Schechner) 등의 퍼포먼스 이론가는 공연예술뿐 아니라 의례, 놀이, 일상 행동까지 넓은 스펙트럼의 퍼포먼스로 보았다. 그는 서구와 비서구, 연극과 무용, 일상 의식과 의례를 연결 지어 인간 행동을 반복적인 '재연 행동(restored behavior)'으로 개념화했다. 이러한 관점에서 춤 또한 사회적 퍼포먼스의 한 형태로 분석된다. 사회학자 어빙 고프만(Erving Goffman)의 드라마투르기 이론도 중요한데, 그는 일상 상호작용을 마치 무대 공연처럼 사람마다 역할을 수행하고 관객(주변 사람들)의 반응을 의식한다고 설명했다. 일례로 무용수의 무대 공연뿐 아니라, 무용수들이 일상에서 자신을 프레젠테이션하는 방식도 고프만의 틀로 보면 '무대 앞'과 '무대 뒤'의 역할로 해석할 수 있다. 앞서 언급한 버틀러의 젠더 수행성(performativity) 개념 역시 퍼포먼스 이론의 연장선에서 이해된다. 버틀러는 젠더를 일종의 반복적 퍼포먼스로 규정하며, 우리가 일상에서 수행하는 행위들이 젠더 정체성을 만들어 낸다고 본다. 이러한 사상은 무용에서 몸의 움직임을 통한 젠더 표현을 읽는 새로운 시각을 제시했다. 예를 들어 성소수자의 드래그(drag) 공연이나 보깅(voguing) 같은 춤은 버틀러가 말한 젠더 수행성의 생생한 사례로 연구되었다. 실제로 버틀러는 1990년대 보깅 댄스 문화를 다룬 다큐멘터리 〈Paris Is Burning〉을 분석한 글 〈Gender Is Burning〉(1993)에서, 성소수자 커뮤니티의 퍼포먼스가 젠더 규범을 전복하기도 하고 재현하기도 하는 '복합적 정치성'을 논의했다. 이처럼 퍼포먼스 관점은 춤을 무대예술과 사회 행위 전반으로 폭넓게 바라보게 했고, 무용학 연구자들은 공연학(Performance studies)의 이론을 차용하여 춤과 연극, 의례, 놀이의 경계를 넘나드는 연구를 진행하고 있다.

2) 몸과 정체성 연구: 젠더, 인종, 퀴어

문화연구의 정체성 담론(젠더, 인종, 퀴어 이론 등)은 무용학에 '몸의 정치학'에 대한 관심을 불러일으켰다. 무용은 '신체가 곧 매체'가 되는 예술이므로, 춤추는 몸을 통해 사회적 정체성이 구현되고 구성되는 방식을 분석하는 연구가 활발하다. 특히 젠더와 춤에 관한 연구는 버틀러의 이론 영향을 받아, 발레나 현대무용에서 여성성과 남성성이 어떻게 규범화되었는지, 무용수의 신체 훈련이 성별 정체성을 형성하거나 때로는 전복하는지를 탐구한다. 예를 들어 초기 현대무용가들(마사 그레이엄 등)이 보여 준 강인한 여성 신체는 당대 여성성의 고정관념에 도전한 것으로 해석될 수 있다. 인종과 춤 연구에서는 흑인 디아스포라의 춤(예: 힙합, 아프리카계 춤)이 정체성의 표현이자 문화적 저항으로서 수행된 역사에 주목한다. 흑인 사회에서 춤은 공동체 연대와 정체성 유지에 핵심적이었고, 나아가 주류사회에 자신의 문화를 드러내는 '표현 정치'의 수단이 되어 왔다. 반면 백인이 이러한 춤 스타일을 채용할 때 제기되는 문화적 전유 문제도 중요한 쟁점이다. 퀴어 이론과 춤 영역에서는 무용이 성소수자 정체성을 가시화하고 공동체를 형성하는 역할을 조명한다. 예컨대 보깅(voguing)은 LGBTQ 문화에서 자신을 표현하고 대안적 가족(하우스)을 형성한 퀴어 퍼포먼스로 연구되며, 이러한 춤이 주류 팝 문화로 흡수되면서 일어난 의미 변화도 분석된다. 또한 신체 이미지와 이상에 대한 비판도 이루어지는데, 발레처럼 엄격한 신체 기준이 있는 춤에서 몸 담론이 어떻게 권력화되는지, 무용수의 신체 통제가 규율사회와 어떻게 연결되는지 등이 논의된다. 무용학자 수잔 리 포스터(Susan Leigh Foster)나 안드레 레페키(André Lepecki) 등은 몸의 움직임을 '담론적으로 읽는 방법'을 제시하며, 춤추는 신체를 젠더, 인종, 섹슈얼리티의 교차로 분석해 왔다(Foster, 1996; Lepecki, 2006). 결과적으로 몸과 정체성에 대한 연구 흐름은 춤을 인간의 몸이 겪는 '사회문화적 경험의 집약체'로 이해하게 했고, 무용수의 몸을 통해 사회의 권력 구조와 정체성 담론을 읽어 내는 다채로운 연구들이 전개되고 있다.

3) 글로벌 문화 속의 춤: 탈식민주의와 다문화주의

세계화 시대에 춤은 국경과 문화권을 넘어 빠르게 확산되고 상호영향을 주고받는다. 문화연구의 포스트식민주의 시각은 이러한 문화교류 속에서 권력의 불균형을 짚어 낸다. 식민지 시대 이후 서구의 현대무용은 때때로 비서구권의 전통춤에서 영감을 얻거나 차용해 왔는데, 이때 문화적 전유의 문제가 제기되곤 한다. 문화적 전유란 한 집단의 문화를 다른 집단이 맥락과 출처에 대한 고려 없이 가져다가 사용하는 행위를 말한다. 예를 들어 20세기 초 서구의 모던댄스 안무가들은 아프리카나 아시아 무용의 동작을 차용하면서 이국적 이미지를 소비했는데, 이는 원 문화권의 의미를 소거하고 서구적 판타지로 재구성한 사례로 비판받는다. 벨 훅스가 지적했듯이, 지배문화가 소수자의 문화를 "향신료처럼" 소비하는 행위는 궁극적으로 타자의 정체성을 자기 욕망에 따라 착

취하는 것이다.

　현대에는 힙합, 요가, 벨리댄스 등 다양한 비서구권 기원이 있는 춤이 글로벌 대중문화가 되었지만, 그 과정에서 상업화와 본래 맥락의 왜곡 문제가 따라왔다. 문화연구적 춤 담론은 이러한 현상을 단순한 퓨전이나 세계화의 산물로 보지 않고, '권력관계 속 의미 변용'으로 해석한다. 특히 바바의 혼종성 개념은 문화 혼합의 보다 긍정적 가능성에 주목하는데, 이는 춤 분야에서 '다문화적 하이브리드 춤 형식'의 등장을 이해하는 데 도움을 준다. 인도 클래식 춤과 현대무용을 결합한 안무가(예: 샤오바나 제이싱이나 아크람 칸)의 작품들은 이러한 혼종적 미학의 좋은 예이며, 제3의 공간에서 새로운 정체성을 표현하는 예술로 평가된다. 또한 세계화 속 춤의 역할에 대한 연구로, 글로벌 축제나 국제 관광 산업에서 춤이 지역문화를 대표하거나 상품화되는 양상도 분석된다. 탈식민주의적 관점은 이때 토착 문화가 스스로의 목소리로 발현되는지, 아니면 글로벌 자본에 전유되어 표피적인 이미지로 소비되는지 비판적으로 검토한다. 마지막으로 다문화주의 측면에서, 서구 중심의 무용사 서술을 벗어나 비서구의 춤 전통을 재평가하고 '무용학의 식민성 탈피(Decolonizing dance studies)'를 추구하는 움직임도 21세기 주요 흐름이다. 이는 문화연구의 영향으로 무용계를 둘러싼 지식 권력의 불평등을 성찰하고 보다 포괄적인 다성적 무용 담론을 형성하려는 시도라 할 수 있다.

3. 21세기 무용 문화의 변화: 디지털 시대와 새로운 지평

오늘날 무용학은 디지털 기술의 발전과 사회 변화 속에서 새로운 연구 주제와 방법론을 맞이하고 있다. 이는 문화연구의 문제의식과도 연결되어 기술 매체 환경에서의 춤 문화, 공공장소와 정치적 맥락에서의 춤, 그리고 과학기술과의 융합 등이 부상하고 있다.

1) 디지털 기술과 춤 문화

21세기에 들어 VR(가상현실), AI(인공지능), 빅데이터와 같은 디지털 기술이 무용의 창작, 교육, 향유 방식에 영향을 크게 미치고 있다. 예컨대 VR 기술은 가상공간에서 새로운 형태의 무용 공연을 가능케 하여, 관객이 헤드셋을 쓰고 360도로 둘러싸인 채 무용수와 상호작용하거나 몰입감을 느끼는 디지털 무용 실험이 이루어지고 있다. VR을 이용한 안무 교육 연구에서는, 초보자가 실제 안무를 배우지 않고도 가상환경에서 아바타를 따라 움직이며 춤을 습득하는 방법이 개발되기도 했다. 인공지능의 경우, 안무 생성에 알고리즘을 활용하는 시도가 나타나고 있다. 몇몇 안무가는 AI가 음악이나 움직임 데이터를 학습하도록 하여 새로운 동작 시퀀스를 제안받거나, 무용수의 동작을 실시간으로 인식해 반응하는 인터랙티브 공연을 선보였다. 데이터 분석도 무용 연구에 적용되어, 온라인상에 축적된 수많은 춤 영상이나 모션캡처 데이터를 분석함으로써 동작의 미적 패턴, 대중적 인기 요소 등을 객관적으로 파악하려는 시도가 있다. 특히 소셜미디어의 등장은 춤의 생산과 소비 지형을 혁신했다. 틱톡과 유튜브와 같은 플랫폼에서 전 세계인이 짧은 춤 영상을 만들고 공유함으로써, 춤은 더 이상 무대 전공자만의 것이 아닌 대중 참여형 문화로 거듭났다. 누구나 댄스 챌린지에 참여해 안무를 따라 하며, 이러한 밈(meme)화된 춤이 글로벌 트렌드가 되는 현상이 나타난 것이다. 연구자들은 이러한 플랫폼 기반 춤 문화가 어떻게 전파되고 저작권이나 창의성 개념에 어떤 도전을 주는지를 비롯해 지역적 춤 스타일이 알고리즘을 통해 세계적으로 확산되며 문화 혼종을 가속화하는 양상을 분석하고 있다. 요컨대 디지털 기술 환경에서 춤은 공간의 제약을 넘어 새로운 형태로 진화하고 있으며, 무용학은 이를 기록하고 비평하는 동시에 기술을 활용한 새로운 방법론(예: 디지털 인류학적 접근, 소셜 네트워크 분석 등)도 도입하고 있다.

2) 공간적 다양성과 춤

21세기에는 춤이 극장 무대를 벗어나 거리와 광장, 온라인 공간에서 집단적으로 표출되는 현상이 두드러졌다. 그 대표적 예가 플래시몹(flash mob)과 퍼포먼스 시위이다. 플래시몹은 2003년 뉴욕에서 시작된 이래 전 세계로 퍼진 문화로, 다수가 약속한 장소에 모여 짧은 시간 일제히 춤이나 행동을 펼치고 흩어지는 퍼포먼스를 말한다. 원래 일종의 유희적인 '사회적 실험'으로 등장한 플래시몹은 이후 프러포즈나 상업 이벤트 등으로도 활용되었지만, 그중 댄스 플래시몹은 가장 인기 있는 형태가 되었다. 이는 디지털 시대 군중이 소셜미디어를 통해 조직되고 순간적으로 창조적 집합행동을 할 수 있다는 것을 보여 주며, 전통적인 공연예술의 문턱을 낮추고 '관객=공연자'의 경계를 허무는 결과를 낳았다. 나아가 정치적 메시지를 전달하는 플래시몹도 등장했는데, 특히 2010년대 시작된 '원 빌리언 라이징(One Billion Rising)' 운동은 전 세계 여성들이 거리에서 같은 음악 〈Break the Chain〉에 맞춰 춤추는 플래시몹을 벌여 여성폭력 반대를 외친 사례로 유명하다. 이 글로벌 플래시몹에서는 춤추는 신체가 곧 정치적 항의의 현장이 되어 연대와 해방의 의미를 표현했다. 이처럼 시위 현장에서의 춤은 '피켓을 드는' 전통적 시위와는 다른 미학적 저항의 장르로 주목받는다. 예컨대 2019년 칠레의 여성시위대가 안무한 〈칠레 여성 퍼포먼스 시위(Un violador en tu camino)〉는 성폭력에 맞선 항의 메시지를 담아 전 세계로 확산되었다. 문화연구적 관점에서 볼 때, 이러한 공공 공간의 춤은 공동체 의식 형성과 사회적 의제화라는 두 측면에서 의미가 있다. 함께 춤추는 행위는 참여자들 사이에 연대의 공동체를 만들고, 그 행위를 영상으로 기록·공유함으로써 사회 문제에 대한 관심을 환기하고 담론을 확산시킨다.

한편, 대중문화 속 춤의 위상도 변모했다. 이전 시대에 춤은 주로 공연예술이나 서브컬처로 여겨졌지만, 21세기에는 K-pop 아이돌의 안무처럼 대중음악 산업의 핵심 요소가 되었고, 뮤직비디오나 SNS 챌린지를 통해 전 세계 일상의 일부가 되었다. 이는 문화연구가 강조하는 고급문화/저급문화 구분의 해체와도 상응하는 현상이다. 요즘 춤은 길거리, 클럽, 유튜브 어디서나 소비되고 생산되며, 이러한 탈맥락화된 공간성 다양성은 무용 연구자들에게 새로운 질문을 던진다. "춤의 의미는 맥락에 따라 어떻게 변하는가?", "누가 춤의 창작자이고 누가 관객인가?", "공간의 변화가 춤의 수용과 해석에 어떤 영향을 미치는가?" 등이 그것이다. 이에 답하기 위해 무용학은 공연예술 이론뿐 아니라 도시사회학, 대중음악 연구, 커뮤니케이션 이론 등을 아우르며 공간과 춤의 사회학을 모색하고 있다.

무용학과 문화연구의 만남은 무용을 단순한 예술 작품이 아닌 '문화적 실천'으로 조망하게 함으로써 무용학의 지평을 크게 확장시켰다. 문화연구의 주요 개념과 이론—이데올로기 비판, 정체성, 권력/저항, 혼종성 등—은 무용 연구에 새로운 질문들을 제기했고, 그에 따라 무용학은 역사적 맥락, 사회적 의미, 정치적 함의를 아우르는 포괄적 학문으로 발전하고 있다. 특히 현대 무용학은 문화연구의 영향을 받아 학제 간 연구를 적극 수용함으로써, 오늘날의 디지털 문화와 글로벌 사회에서도 춤이 갖는 의미를 다각도로 분석하고 있다. 예술로서의 춤과 일상 행위로서의 춤, 로컬 전통으로서의 춤과 글로벌 미디어 이벤트로서의 춤을 모두 아우르는 폭넓은 시야를 통해 춤과 인간 문화에 대한 이해는 계속 깊어지고 있다. 결국 이는 '춤을 통해 문화를, 문화를 통해 춤을' 읽는 작업이라고 할 수 있으며, 이러한 연구 흐름은 무용학을 21세기 문화담론의 중요한 일부로 자리매김하고 있다.

V
소매틱과 춤

1. 소매틱(Somatic)의 역사와 주요 이론

1) 소매틱의 기원과 발전

'소매틱(somatic)'이라는 용어는 그리스어 소마(soma)에서 유래한 것으로 '몸' 또는 '생체'를 의미한다. 전통적으로 의학이나 생물학에서 신체적인 것을 가리킬 때 사용하는 형용사이지만, 20세기 후반 토마스 한나(Thomas Hanna)에 의해 새로운 개념으로 정립되었다. 한나는 1970년대에 소매틱스(somatics)를 하나의 학문 분야로 정의하면서, 이를 "소마(몸)를 1인칭 관점에서 바라보는 연구 분야"로 설명했다(Hanna, 1976). 그는 소마(soma)를 자신의 내부 감각으로 느껴지는 살아 있는 몸, 즉 주체로서 체험되는 몸으로 규정하고, 외부에서 객체로서 관찰되는 몸(body)과 대비되는 개념으로 사용했다. 이러한 정의에 따르면 소매틱은 단순히 몸과 마음을 별개로 취급하지 않고, 전체적인 하나의 존재로서 인간을 이해하는 접근법을 뜻한다. 요컨대 소매틱스란 개인이 자신의 몸을 주체적으로 느끼고 인식하는 경험에 주목하여, 몸-마음의 통합적 작용을 탐구하는 학문 및 실천 분야로 볼 수 있다(Hanna, 1970; Hanna, 1986).

소매틱 개념의 철학적 배경에는 몸과 인식에 대한 현상학적 통찰과 반(反)이원론적 인간관이 깔려 있다. 근대 데카르트 이후 서구 철학은 마음(mind)과 몸(body)의 이분법에 기반하여 정신을 주체, 신체를 객체로 보는 경향이 강했다. 그러나 20세기 현상학 철학자들은 이러한 이원론을 비판하며, 신체 그 자체가 지각과 의식의 주체임을 강조했다. 예를 들어, 후설은 인간의 몸을 지각하는 주관적 신체(lived body, embodied subjectivity)와 물리적 대상으로서의 몸(body, physical body)으로 구분했고, 뒤이어 메를로-퐁티는 저서 《지각의 현상학》(1945)에서 "신체는 우리가 세계와 관계 맺는 주체"라고 역설했다(Merleau-Ponty, 1962). 메를로-퐁티에 따르면 인간은 신체를 통해서만 세계를 인지하고 행동할 수 있으므로, 신체와 의식은 분리될 수 없는 하나의 존재론적 실제이다. 이러한 철학적 견해는 소매틱 철학에 큰 영향을 주었는데, 소매틱스가 추구하는 1인칭 경험의 중시와 몸-마음의 불가분성은 현상학적 신체관과 일맥상통한다. 실제로 한나는 현상학과 실존주의 철학을 전공한 후 소매틱 이론을 전개했고, 그의 초기 저작에서 인간 해방을 위한 몸의 자각을 사유한 바 있다(Hanna, 1970). 현대 철학자 중에는 리처드 슈스터만(Richard Shusterman)이 소매틱 철학을 계승하여 '신체미학

(somaesthetics)'이라는 개념을 주창하기도 했다. 이는 몸의 감각적 경험과 단련을 철학의 한 영역으로 연구하자는 제안으로, 몸-마음의 통합적 접근을 철학적으로 심화시킨 사례이다(Shusterman, 2008). 요컨대 소매틱 개념은 '전인적 인간관'과 '몸의 주체성'을 강조한 철학적 전통에 뿌리를 두고 있으며, 이는 소매틱 이론의 이론적 토대가 된다.

소매틱 사상의 형성에는 19세기 후반부터 20세기에 이르는 다양한 신체문화 운동과 사상적 흐름이 존재한다. 19세기 말 유럽에서는 산업화 시대의 경직된 신체관에 대한 반발로, 신체를 자연스럽게 단련하고 자각하는 운동이 나타났다. 대표적인 예로, 프랑수아 델사르트(François Delsarte)나 에밀 자크-달크로즈(Émile Jaques-Dalcroze), 베스 멘젠디크(Bess Mensendieck) 등은 전통적인 군대식 체조의 엄격함 대신 호흡, 움직임, 촉각을 통한 내적 자각에 중점을 둔 교육을 추구했다. 이들은 신체 내부로부터의 표현을 강조하며, 예술가와 일반인들이 자신의 감각 신호에 귀 기울여 움직임을 만들어 내는 접근을 도입했다. 이러한 유럽의 짐나스틱(Gymnastik) 운동은 당시 철학적 흐름이었던 '심신 일원론(마음과 몸의 통합을 중시하는 사조)'과도 맥을 같이하며 서구 소매틱 교육의 초석이 되었다.

20세기 초에 이르면, 현대무용의 탄생과 더불어 몸에 대한 새로운 인식이 예술과 교육 분야 전반에서 부상한다. 미국에서는 이사도라 던컨과 같은 선구적 무용가들이 자연스러운 신체 해방을 주장했고, 독일에서는 엘자 긴들러(Elsa Gindler)가 일상 동작과 호흡을 섬세하게 탐구하는 신체 교육을 전개했다. 같은 시기 오스트레일리아 태생의 연극 배우 F. M. 알렉산더(Frederick Matthias Alexander)는 무대에서 목소리가 자주 쉬는 자신의 문제를 계기로 '잘못된 신체 습관이 발성에 미치는 영향'을 연구하기 시작했다. 그는 거울을 보며 자세와 움직임을 관찰한 끝에, 머리·목·척추의 정렬을 개선하고 불필요한 긴장을 제거함으로써 목소리 문제를 해결할 수 있음을 발견했고 이를 체계화하여 훗날 '알렉산더 테크닉(Alexander Technique)'을 창안했다(Alexander, 1932). 이처럼 20세기 전반에는 신체 자기인식과 습관 교정을 통한 개인적 성장을 모색하는 시도들이 등장했다. 긴들러의 신체인식 수업은 이후 샬로트 셀버(Charlotte Selver) 등에 의해 미국에 전파되어 감각 인식(Sensory Awareness) 운동으로 발전했고, 알렉산더의 기법은 연극·무용 교육뿐 아니라 일반인의 자세 교정법으로까지 확산되었다.

20세기 중반 이후, 소매틱 개념은 더욱 다양하게 발전했다. 제2차 세계대전 전후로 신경과학과 심리학의 발달, 동양의 심신수련에 대한 관심 증가, 인본주의 심리학의 대두 등이 맞물리면서, 몸과 마음의 관계를 새롭게 조명하는 여러 방법론이 등장한다. 이스라엘의 물리학자 출신 무술가 모셰 펠든크라이스(Moshé Feldenkrais)는 무릎 부상 치료 경험을 바탕으로 신경생리학적 원리에 입각한 움직임 재교육 방법을 개발했고, 1949년 저서 《몸과 성숙한 행동(Body and Mature Behavior)》을 통해 학습을 통한 신체기능 향상 이론을 제시했다(Feldenkrais, 1949).

한편, 미국의 생화학자 아이다 롤프(Ida Rolf)는 신체의 결합조직(fascia)을 손으로 재조정하여 몸의 정렬을 바로잡는 기법을 창안했는데, 이것이 유명한 롤핑(Rolfing) 또는 구조 통합(Structural Integration) 요법이다. 롤프는 중력장 속에서 신체 구조의 균형을 찾는 것이 건강과 웰빙에 핵심적이라 보았으며, 10회기의 단계적 수기치료와 움직임 교육을 통해 만성 통증과 자세 불균형을 개선하고자 했다(Rolf, 1977).

1960~70년대에는 '인간 잠재력 운동(Human Potential Movement)'의 영향으로 심신수련과 자기성장에 대한 관심이 높아지면서, 오늘날 소매틱으로 분류되는 기법들이 하나의 문화적 흐름으로 모이기 시작했다. 요가, 태극권 등 동양의 전통 수행법도 서구에 널리 보급되어 몸-마음 수련의 중요성을 일깨웠고, 게슈탈트 치료나 프리츠 펄스(Fritz Perls)의 심리치료 등에서도 신체적 자각을 활용하기 시작했다. 이러한 배경에서 철학자 토마스 한나는 1970년대 중반 기존의 다양한 신체기반 기법들을 포괄하는 개념으로서 '소매틱스'를 제창했다(Hanna, 1976). 그는 1977년 미국 캘리포니아에 소매틱 연구소를 설립하고 같은 해 전문 학술지인 《소매틱스: 신체 예술과 과학 저널(Somatics: Magazine-Journal of the Bodily Arts and Sciences)》을 창간하여, 소매틱 분야를 체계화하고 학제 간 연구를 도모했다. 이 시기 인본주의 심리학자들과 대체의학 분야에서도 몸과 마음의 통합을 중요한 주제로 다루었는데, 예컨대 아브라함 매슬로우나 칼 로저스의 영향을 받은 심리치료사들은 '신체 느낌에 대한 알아차림'을 치료 과정에 도입했다. 또한 정신분석가 출신인

빌헬름 라이히(Wilhelm Reich)는 "심리적 억압은 신체의 만성 긴장으로 나타난다"고 보고, 감정 해소를 위해 근육의 경직을 풀어 주는 신체기법을 개발했다(Reich, 1949). 그의 신체심리치료(somatic psychotherapy) 접근은 당시 주류에서는 이단시되었으나, 이후 몸을 통한 심리치료의 효시로 재평가된다. 라이히의 제자인 알렉산더 로웬(Alexander Lowen)은 이러한 사상을 발전시켜 바이오에너제틱스(Bioenergetics)라는 심신치료 체계를 확립했다. 로웬은 호흡과 신체 움직임을 활용하여 감정을 표현하고 해방시키는 방법을 개발함으로써 정신치료에 신체를 통합하는 실천을 구체화했다(Lowen, 1975).

이처럼 19세기 후반부터 20세기 후반까지 철학, 예술, 의학, 심리학 등 다양한 분야에서 '몸과 마음의 관계에 대한 새로운 이해'가 축적되었고, 이것이 소매틱 이론의 형성과 발전에 밑거름이 되었다. 소매틱 철학은 근대의 이원론적 인간관을 넘어 인간을 몸-마음이 통합된 유기적 존재로 조명했으며, 이러한 패러다임 전환은 교육, 치료, 예술 전반에 걸쳐 큰 영향을 미쳤다. 20세기 후반에 이르러 '소매틱'이라는 용어 아래 모인 여러 기법들은 서로 이론을 공유하고 영향을 주고받으며 하나의 학제적 영역으로 자리 잡았다. 다음 글에서는 이러한 소매틱 분야를 개척한 대표적 이론과 창시자들의 사상 및 업적을 살펴본다.

2) 소매틱의 주요 이론과 실천가

토마스 한나: 소매틱스 개념의 창안과 철학적 기초

　토마스 한나(Thomas Hanna, 1928~1990)는 소매틱스 개념을 명확히 정의하고 이론적 토대를 마련한 철학자이자 신체 교육자이다. 그는 미국에서 철학 교수로 재직하며 실존주의와 현상학을 연구했고, 1970년대에 들어 몸과 마음의 통합에 대한 학제적 관심을 바탕으로 '소매틱스(Somatics)'라는 용어를 학술적으로 소개했다. 1976년 한나는 저널 《소매틱스》 창간호에 〈The Field of Somatics〉라는 논문을 게재하여 소매틱스를 새로운 연구 분야로 선포했으며, 이후 소매틱스라는 개념이 전 세계적으로 통용되기 시작했다(Hanna, 1976). 한나는 소매틱 교육을 이론화하면서, 기존의 신체 훈련이나 치료 접근들이 공통으로 추구하는 바가 몸의 자각과 자기조절 능력의 향상임을 지적하고 이를 하나의 범주로 묶었다.

　한나의 철학적 기초에는 현상학적 인간관과 해방 의지가 깔려 있다. 그는 몸의 주체성을 옹호한 메를로-퐁티 등의 철학에 공감하며, 1960년대에 저술한 《반란하는 몸들: 소매틱 사고 입문(Bodies in Revolt: A Primer in Somatic Thinking)》(1970)에서 인간의 자유와 사회 변혁을 '몸의 각성'으로부터 모색했다(Hanna, 1970). 이 저작에서 한나는 현대 문명이 인간의 신체를 객체화하고 통제함으로써 생기는 소외를 비판하고, 각자가 자신의 살아 있는 몸(소마)에 대해 자각을 되찾을 때 정신적·육체적 해방이 가능하다고 주장했다. 이러한 철학을 바탕으로 한나는 소매틱스를 "자신의 몸을 내부에서 느끼고 제어하는 능력을 회복시키는 교육"으로 개념화했다. 그는 특히 '소마'와 '몸(body)'의 구분을 강조했는데, '소마'란 '고유감각과 자기 인식이 있는 생명체로서의 나 자신'을 가리키며, '몸(body)'은 '타자가 바라보는 객체적 몸'을 뜻한다(Hanna, 1986). 전자는 1인칭 경험의 영역이고 후자는 3인칭 관찰의 영역으로, 전통 과학은 후자만을 다루어 왔지만 소매틱스는 전자를 탐구한다는 것이다. 한나에 따르면 인간은 누구나 자신의 소마에 대한 학습능력과 변화능력을 지니고 있으며, 이를 계발함으로써 더욱 건강하고 자유로운 상태로 성장할 수 있다(Hanna, 1988).

1970년대 이후 한나는 철학적 논의를 실천으로 발전시키는 작업에 몰두했다. 그는 의학 및 생리학 지식을 수용하여 '임상 소매틱 교육(Clinical Somatic Education)'이라는 구체적인 기법을 개발하고 가르쳤다. 한나가 제시한 핵심 개념 중 하나는 '감각-운동 기억상실(sensory-motor amnesia)'로, 잘못된 자세나 반복된 스트레스 등으로 인해 신경계가 특정 근육 패턴을 무의식적으로 긴장된 상태로 굳혀 버리는 현상을 말한다(Hanna, 1988). 이렇게 굳어진 패턴이 만성 통증이나 운동 제한의 원인이 되는데, 문제는 사람이 그 긴장을 자신의 의지로 제어하지 못한다는 점이다. 한나는 이를 뇌가 그 부위의 감각과 움직임을 '잊어버린' 상태에 비유하며, 소매틱 교육을 통해 신경계가 다시 배울 수 있다고 보았다. 그가 고안한 방법은 천천히 의식적인 움직임을 반복하면서 해당 근육의 감각을 회복하고, 점차 이완과 수의를 되찾게 하는 운동이다. 예를 들어 등의 만성 긴장으로 굽은 자세의 경우, 등을 의도적으로 수축시켰다 풀기를 천천히 반복하여 뇌가 등 근육의 움직임과 이완감을 다시 인식하도록 훈련한다. 이러한 기법으로 한나는 많은 만성 통증 환자들의 자세와 움직임이 개선될 수 있음을 임상적으로 입증했다. 그는 나이가 들면서 몸이 굳고 약해지는 것은 자연적 현상이 아니라 학습된 무기력에 불과하다고 주장하며, 올바른 소매틱 교육을 받으면 노년층도 젊은 시절보다 더 유연하고 활력 있는 움직임을 회복할 수 있다고 강조했다(Hanna, 1988).

이렇듯 토마스 한나는 철학, 생리학, 심리학을 아우르는 통합적 시각으로 소매틱스를 정의하고 체계화했다. 그의 공헌으로 인해 소매틱스는 단순한 대체요법이나 운동법을 넘어 인간에 대한 새로운 접근 방식으로 인식되기 시작했다. 한나의 이론은 훗날 많은 소매틱 실천가들에게 공통 언어와 개념 틀을 제공하여, 서로 다른 방법론 간의 대화와 협력을 촉진시키는 기반이 되었다.

모셰 펠든크라이스: 신경과학적 접근과 움직임 학습 이론

모셰 펠든크라이스(Moshe Feldenkrais, 1904~1984)는 신체 움직임을 통한 학습에 집중하여 소매틱스 분야에 과학적 기반을 마련한 인물이다. 그는 우크라이나 태생으로, 젊은 시절에 물리학 박사 학위를 받고 프랑스에서 핵공학자 겸 유도 무술가로 활동했다. 스포츠 부상을 입은 것을 계기로 의학의 한계를 느낀 펠든크라이스는 인체의 움직임을 개선함으로써 스스로 치유하는 방법을 탐구하기 시작했다. 1940년대 후반 그는 자신의 경험과 과학 지식을 결합하여 '펠든크라이스 메소드(Feldenkrais Method)'를 개발했고, 1949년 저서 《몸과 성숙한 행동》을 통해 그 이론적 토대를 공개했다(Feldenkrais, 1949). 이 방법은 신경생리학, 생체역학, 심리학을 통합한 혁신적인 접근으로서 오늘날 소매틱 교육의 대표적 방법 중 하나가 되었다.

펠든크라이스 이론의 핵심은 "생각, 감정, 지각, 움직임은 상호 밀접하게 연결되어 있다"는 것이다. 그는 신체 움직임이 단순한 육체적 활동이 아니라 뇌의 학습과 직접 연관된 과정이라고 보았다. 실제로 펠든크라이스는 "움직임은 뇌의 언어"라고 말하며, 움직임에 대한 자각을 높이는 것이 곧 뇌가 자신을 재조직하는 수단이라고 강조했다(Feldenkrais, 1981). 우리가 무의식적으로 행하는 자세와 동작 하나하나는 뇌 속에 학습되어 자리 잡은 신경 패턴의 표현이며, 잘못 학습된 움직임 습관을 교정하려면 뇌에게 새로운 감각 경험을 제공하여 스스로 다른 패턴을 채택하도록 해야 한다는 것이다. 펠든크라이스는 이 같은 원리를 실천하기 위해 두 가지 교육 형태를 고안했다. 하나는 교수자가 손으로 환자의 몸을 부드럽게 유도하여 새로운 감각-운동 경험을 제공하는 기능 통합(Functional Integration)이고, 다른 하나는 여러 사람이 언어 지시를 들으면서 직접 동작을 수행하는 '움직임을 통한 알아차림(Awareness Through Movement)' 수업이다. 특히 이 수업에서는 아주 느리고 소소한 동작들을 반복 수행하며 자신의 감각에 집중하는데, 이를 통해 평소 인식하지 못했던 사소한 차이와 움직임의 느낌을 알아차리게 된다. 예를 들어, 앉은 자세에서 평소와 다르게 고개 돌리기를 여러 각도로 천천히 해 보면서 목의 긴장, 허리의 느낌을 세밀하게 느껴 보도록 하거나, 한 방향으로만 눕고 일어나는 동작을 반복하게 하여 좌우 신체 사용의 차이를 깨닫게 하는 식이다. 차이를 느끼는 것 자체가 학습이라는 것이 펠든크라이스의 철학으로, 그에 따르면 "학습이란 감각할 수 있는 차이를 구별하는 능력"이다. 이렇게 감각의 해상도를 높이면 뇌는 더 나은 움직임 경로를 발견하고 불필요한 긴장을 버릴 수 있으며, 그 결과 기존의 비효율적 습관이 보다 효율적인 새로운 습관으로 대체된다고 보았다(Buchanan & Ulrich, 2001).

펠든크라이스 메소드는 신경가소성(neuroplasticity) 개념을 행동에 적용한 선구적인 사례로 평가된다. 오늘날 뇌과학은 반복된 경험이 뇌의 신경회로를 재편성한다는 사실을 밝혀냈는데, 펠든크라이스는 이미 수십 년 전에 의식적인 움직임 경험의 반복을 통해 뇌를 재훈련할 수 있다는 아이디어를 실천에 옮긴 것이다. 그는 정형화된 운동(drill)이 아니라 호기심과 탐색을 통해 배우는 방식을 중요시했는데, 이는 기계적인 연습보다 심상화와 자기 감각에 기반한 연습이 더 큰 효과를 낸다는 현대 운동 학습 이론과도 부합한다. 펠든크라이스는 이러한 접근을 통해 만성 통증이나 운동 장애의 완화, 자세 교정, 신체 수행능력 향상 등의 효과를 보고했다. 예컨대 만성 요통 환자에게 등과 골반을 미세하게 움직이며 인식하도록 훈련시켜 통증이 감소하거나, 무용수나 음악가의 긴장된 움직임 패턴이 개선되어 기량이 향상되는 사례들이 보고되었다. 그의 제자들과 동료들에 의해 전 세계로 전파된 펠든크라이스 메소드는, 현재 재활치료, 무용 교육, 음악 연주 교습, 스포츠 트레이닝, 직업 환경 인간공학 등 다양한 분야에서 활용되면서 그 유효성을 인정받고 있다. 무엇보다 펠든크라이스는 "의식적 자기 인식을 통해 신체를 변화시킬 수 있다"라는 소매틱스의 핵심 원리를 과학적으로 설명하고 체계화했다는 점에서, 소매틱 분야에 큰 획을 그은 이론가로 평가된다.

보니 베인브리지 코헨: 몸-마음 센터링(BMC)과 심리-생리적 접근

보니 베인브리지 코헨(Bonnie Bainbridge Cohen, 1941~)은 신체 발달 과정과 해부학적 체험을 바탕으로 몸과 마음의 연계를 탐구한 소매틱 교육의 선구자이다. 무용가이자 작업치료사(Occupational Therapist) 였던 코헨은 무용수들의 부상 재활과 영유아 발달 치료 등에 관여하면서, 인간 발달 단계에서 나타나는 신체와 심리의 통합에 관심을 갖게 되었다. 그녀는 1973년 미국에 '몸-마음 센터링(Body-Mind Centering, BMC)' 교육기관을 설립하고, 이후 40년 넘게 전 세계 워크숍을 통해 BMC 교육을 전파하며 소매틱 탐구의 새로운 영역을 개척했다. 코헨이 개발한 BMC는 해부학, 생리학, 발달심리학을 통합한 경험적 연구 방법으로서, 신체 각 부분의 느껴지는 경험을 통해 심신의 연결을 깨닫게 하는 것을 목표로 한다(Cohen, 1993).

BMC의 접근법은 '몸으로 배운다'는 소매틱스의 모토를 아주 구체적으로 구현한다. 코헨은 인간의 몸을 여러 체계(system)로 구분하여 접근하는데, 뼈대와 관절로 이루어진 골격계, 근육과 근막의 근육계, 내장 장기의 내장계, 뇌신경과 자율신경의 신경계, 혈액과 림프 등의 체액계 등 여러 생리적 시스템 각각에 주의를 기울이는 탐색 기법이 특징이다(Cohen, 1993). 학습자는 지도자의 안내에 따라 특정 신체 시스템에 집중하면서 움직이거나, 해당 기관을 손으로 만지거나, 소리를 내는 등의 활동을 통해 그 시스템을 '몸으로 체화(embody)'해 보는 경험을 한다. 예를 들어 근육계의 움직임에 집중하는 세션에서는 온몸의 근육에 힘을 줬다가 빼면서 근육의 촉감과 긴장-이완을 느끼고, 이어서 골격계에 집중할 때는 뼈가 지니는 무게감과 지지력을 의식하면서 움직임을 수행한다. 이렇게 하면 근육 위주의 움직임과 골격 중심의 움직임이 느낌과 효과 면에서 어떻게 다른지 직접 체험하게 된다. 또 다른 예로 발달동작 세션에서는 참가자가 바닥에 누워 영아기의 기본 움직임(예: 구르기, 기어가기, 좌우로 몸통 흔들기) 등을 따라 하며, 어릴 적 신체 발달 단계에서 획득한 움직임 패턴과 심리적 안정감의 상관성을 탐색한다. 이러한 체화된 탐구를 통해 얻게 되는 것은 자신의 신체 각 부분과 움직임에 대한 미묘한 감각 인식의 증가이며, 코헨은 이를 바탕으로 심신의 자기조절 능력과 심리적 변화가 뒤따른다고 보았다. 실제로 내장 기관의 움직임(예: 소화기관의 리듬)에 주의를 기울이는 수련을 통해 정서적으로 안정감을 찾거나, 초기 발달동작을 재경험함으로써 내담자의 트라우마 치유를 돕는 등 심리치료적인 효과도 보고되었다.

코헨의 BMC는 신체를 매개로 한 학습과 치유를 매우 폭넓게 적용한다. 초기에는 무용수와 공연자들의 신체 훈련에 혁신을 가져와 현대무용계에 큰 영향을 주었고, 이후 유아 발달 교육, 특수교육 및 작업치료, 요가와 명상 수련, 심리치료 등 다양한 분야에서 응용되었다. 예컨대 물리치료사는 BMC 원리를 활용하여 환자에게 관절 운동을 가르칠 때 뼈의 움직임 느낌을 상기시켜 주고, 명상 지도자는 호흡과 함께 체액의 흐름을 이미지화하여 심신 이완을 돕는 식이다. BMC의 심리-생리적 접근은 몸의 구조와 기능, 그리고 심리적 경험을 통합적으로 이해한다는 점에서 소매틱 철학을 구체화한 사례로 평가된다. 코헨은 "마음은 바람 같고 몸은 모래와 같다. 바람이 어떻게 부는지 알고 싶다면 모래의 움직임을 보라"는 비유로 몸-마음의 관계를 설명했는데, 이는 곧 몸을 통해 심리를 읽고 변화시키는 것이 BMC의 핵심임을 보여 준다. 그녀의 작업은 소매틱스가 인간 발달의 모든 측면—신체적, 정서적, 인지적—에 걸쳐 적용될 수 있음을 제시하며, 몸과 마음의 경계를 허무는 통합적 치료 및 교육 모델을 제시했다는 의의를 지닌다(Cohen, 1993).

프레데릭 머티어스 알렉산더: 알렉산더 테크닉과 신체 습관의 재구성

F. M. 알렉산더(Frederick Matthias Alexander, 1869~1955)는 잘못된 신체 습관의 교정을 통해 몸의 기능과 건강을 향상시킬 수 있음을 밝혀낸 선구자로서, 그의 이름을 딴 알렉산더 테크닉(Alexander Technique)은 오늘날까지 널리 실천되는 대표적 소매틱 기법이다. 알렉산더는 오스트레일리아 출신으로 1890년대에 연극배우 활동을 하던 중, 공연 도중 목소리가 쉬어버리는 발성 문제로 큰 어려움을 겪었다. 의료적 처치로도 해결되지 않자, 그는 자신의 발성 습관과 자세를 면밀히 관찰하

기 시작했다. 거울 앞에서 실험을 거듭한 끝에 알렉산더는 말을 할 때 자신도 모르게 목과 몸을 긴장시키는 습관이 목소리에 악영향을 준다는 것을 깨달았다. 그리고 이러한 무의식적 긴장 패턴을 억제하고 머리와 척추의 균형을 바로잡는 것만으로도 발성이 개선됨을 발견했다(Alexander, 1932).

알렉산더는 자신의 경험을 바탕으로 전반적인 자세와 움직임의 재교육 시스템을 개발했다. 그는 1900년대 초 런던으로 이주한 뒤 배우, 가수, 의사 등을 대상으로 자신의 방법을 가르치며 점차 입소문을 얻었다. 1910년대에는 의료계의 관심을 받아 호흡 곤란이나 근골격계 통증을 호소하는 환자들이 그의 교육을 받기도 했다. 1920~30년대에 걸쳐 알렉산더는 네 권의 책을 저술하여 자신의 기법을 이론적으로 정리했는데, 그중 《자기의 사용(The Use of the Self)》(1932)은 그의 철학과 실천을 잘 요약한 주요 저작이다.

알렉산더 테크닉의 핵심은 습관적으로 굳어 있는 나쁜 자세와 동작의 패턴을 의식적으로 '끊고', 새로운 방향으로 자기조절을 하는 것이다. 그는 이를 가리켜 '억제와 방향성(inhibition and direction)'이라는 개념으로 설명했다. 억제란 무엇인가의 동작을 하기 전에 무의식적으로 나타나는 긴장 반응을 멈추는 것이다. 예컨대 컴퓨터 작업을 오래 한 사람은 일어서려고 할 때 목을 움츠리고 허리를 젖히는 버릇이 있을 수 있는데, 이를 먼저 알아차리고 시도하지 않는 것이 '억제'에 해당한다. 그런 다음 방향성은 이완된 상태에서 머리-목-등뼈가 가장 길고 균형 잡힌 정렬로 뻗어나가도록 의도를 두는 것을 말한다. 이러한 과정을 통해 몸의 무게가 효율적으로 지지되고 움직임에 불필요한 긴장이 개입되지 않도록 유도한다(Alexander, 1932). 알렉산더는 특히 머리와 목의 관계를 중요시하여, "머리가 척추 위에서 앞으로-위로 자유롭게 놓일 때 몸 전체의 협응(coordination)이 개선된다"라고 강조했다. 그가 말한 '올바른 사용(use)과 오용(misuse)'이라는 개념은 인간이 자신의 몸을 어떻게 쓰느냐에 따라 기능과 건강이 달라진다는 것을 뜻한다. 나쁜 사용 습관(예를 들어 한쪽으로 몸을 기울이는 습관, 과도하게 힘을 주는 습관 등)은 시간이 지나며 만성 통증이나 호흡 곤란, 성대 장애 등을 초래하지만, 의식적인 재교육을 통해 좋은 사용 습관을 들이면 이러한 문제를 예방하거나 교정할 수 있다는 것이다.

알렉산더 테크닉의 효과는 초기에는 성악가나 배우의 발성·호흡 개선으로 주목받았으나, 곧 일반인의 자세 교정과 통증 완화에도 응용되었다. 현대의 연구들은 이 기법이 만성 요통이나 파킨슨병 환자의 자세 안정 등에 유의미한 도움을 준다는 결과를 보고하기도 했다. 알렉산더 자신은 당시 정신과 신체의 통합을 역설하며, 신체 교육을 단순한 육체 훈련이 아닌 '심신 전체의 재조직 과정'으로 보았다. 그는 "정신적 긴장 없이 신체만 이완할 수 없고, 신체의 나쁜 습관을 고치지 않고 마음의 평온을 이루기 어렵다"고 말하며 심리와 생리의 상호작용을 거듭 강조했다. 이런 이유로 그의 테크닉을 가르칠 때도 학생의 주의집중과 마음가짐을 매우 중시하여, 몸을 느끼는 방식의 변화가 곧 행동의 변화를 이끈다고 보았다.

오늘날 알렉산더 테크닉은 공연예술 분야(연극, 성악, 기악, 무용 등)에서 소매틱 훈련의 표준처럼 활용되고 있으며, 물리치료나 작업치료 영역에서도 보조적인 자기관리 기법으로 도입되고 있다. 전 세계에 알렉산더 테크닉 교사 양성 프로그램이 운영될 정도로 체계화되어 있으며, 수십 년의 실천을 통해 그 효과와 한계도 비교적 문서화가 잘되어 있다. 알렉산더의 가장 큰 공헌은 '몸의 사용습관을 의식화하여 변화시킬 수 있다'는 개념을 확립한 것이다. 이는 이후 등장한 많은 소매틱 기법—예컨대 앞서 설명한 펠든크라이스나 요가 치료 등—에도 영향을 준 선구적인 아이디어로 평가된다. 그의 연구를 통해 몸-마음 습관의 변형이 인간 성장과 치유의 중요한 열쇠임이 널리 알려졌고, 이는 소매틱스 전반의 발전에 기여한 핵심 사상이라고 할 수 있다.

기타 주요 이론가들의 개념과 연구

이외에도 소매틱 철학과 실천의 발전에 기여한 다양한 이론가들과 방법들이 존재한다. 대표적으로 몇 가지를 소개하면 다음과 같다.

① **엘자 긴들러**(Elsa Gindler, 1885~1961)
독일의 신체 교육 선구자로, 일상적 움직임과 호흡에 대한 섬세한 주의집중 연습을 통해 자기 인식의 확대를 추구했다. 그녀는 특별한 체조 동작을 가르치기보단 자신의 몸에서 일어나는 미묘한 느낌을 관찰하는 법을 강조했고, 이러한 접근은 나중에 감각 인식(Sensory Awareness) 운동으로 발전하여 소매틱 심리치료에도 영향을 주었다. 긴들러의 제자들

은 긴들러의 원리를 미국 등에 전파하며 소매틱스의 국제적 확산에 기여했다.

② **마벨 엘스워스 토드**(Mabel Elsworth Todd, 1880~1956)

미국의 무용 해부학자이자 교육자로, 1937년 저서 《생각하는 몸(The Thinking Body)》을 통해 신체 움직임에 대한 심상(이미지)과 의식의 역할을 설파했다. 토드는 몸을 움직일 때 그 움직임을 머릿속으로 그려보고 의도를 주는 것만으로도 근육의 동원 패턴이 달라진다고 주장하여, 무용수와 운동선수들에게 심상 훈련의 중요성을 일깨웠다. 그녀의 이론은 제자였던 룰루 스웨이가드(Lulu Sweigard)에 의해 '이디오키네시스(Ideokinesis)' 기법으로 구체화되었는데, 이는 여러 가지 역학적 이미지(예: 척추가 길어지는 이미지 등)를 상상함으로써 자세와 정렬을 교정하는 방법이다. 이러한 토드와 스웨이가드의 작업은 현대 무용훈련과 재활운동에 큰 영향을 미쳤다(Todd, 1937).

③ **아이다 롤프**(Ida P. Rolf, 1896~1979)

앞서 언급한 롤프 박사는 소매틱 분야에서 신체 구조와 중력의 관계를 탐구한 인물이다. 그는 인체를 지지하는 근막(fascia)에 만성적인 긴장이 쌓이면 몸의 정렬이 무너지고 통증이 유발된다고 보고, 이를 손으로 풀어 주고 몸의 정렬을 재조정하는 교정법을 고안했다. 이 롤핑(Rolfing) 또는 구조통합 기법은 신체를 10개 부위로 나누어 단계적으로 정렬을 개선하는 프로그램으로 발전되었으며, 몸의 구조 변화가 심리 상태에도 긍정적 변화를 가져올 수 있다고 강조함으로써 전인적 치유 개념을 내포했다(Rolf, 1977). 롤프의 아이디어는 현대 수기치료와 움직임 교육(필라테스 등)에 많은 영향을 주었다.

④ **샬로트 셀버**(Charlotte Selver, 1901~2003)

긴들러의 제자로서, 1930년대 후반부터 미국에서 감각 인식(Sensory Awareness) 운동을 이끈 인물이다. 셀버는 '지금-여기에서 느껴지는 감각'에 깊이 주의를 기울이는 간단한 연습을 통해 참가자들이 자신의 몸 상태와 주변 환경을 있는 그대로 받아들이도록 지도했다. 예를 들어 서 있기, 걷기, 물건 들기 같은 평범한 동작을 매우 천천히 하면서 그때마다 온몸의 감각(발바닥의 접지감, 근육의 긴장 등)을 느껴 보도록 하는 식이다. 이러한 훈련은 과거나 미래에 대한 생각에서 벗어나 현재의 신체 감각에 몰입함으로써 심신의 안정과 자기 자신과의 친밀감을 높여준다. 셀버의 감각 인식 수업은 이후 명상법과 심리치료 기법에도 영향을 미쳐, 마인드풀니스(mindfulness) 등의 흐름과도 상통하는 면을 보인다.

⑤ **빌헬름 라이히**(Wilhelm Reich, 1897~1957)

오스트리아 출신의 심리학자로, 정신분석에서 출발하여 신체를 통한 심리치료의 개념을 처음으로 제시한 인물이다. 라이히는 환자들의 근육 긴장 패턴에 주목하여, 정신적 갈등으로 인한 억압이 몸의 만성적 긴장—그는 이를 "신체 갑옷"이라고 불렀다—으로 나타난다고 보았다. 그는 이 신체 갑옷(body armor)을 풀어 주는 것이 치료에 필수적이라 여겨, 숨을 깊게 쉬거나 소리를 지르는 등의 신체적 표현 기법을 활용했다. 이는 당시로선 급진적인 접근이었지만, 이후 소매틱 심리치료의 효시가 되었다(Reich, 1949). 라이히의 사상은 인간을 에너지의 흐름으로 보고 그 막힘을 해소한다는 점에서 신체와 정신을 통합적으로 이해한 초기 사례이며, 그의 제자들과 후학들에 의해 다양한 형태의 신체중심 치료법으로 발전되었다.

⑥ 알렉산더 로웬(Alexander Lowen, 1910~2008)

라이히의 영향을 받아 바이오에너지틱스(Bioenergetics)라는 심신 치료 기법을 확립한 미국의 정신과 의사이다. 로웬은 인간이 어린 시절부터 감정을 억압할 때 신체에 긴장이 형성되고 호흡이 얕아지며 활력이 떨어진다고 보고, 이러한 억압을 풀기 위해 호흡을 깊게 하고 온몸을 움직이는 다양한 운동을 개발했다. 그는 발끝부터 머리까지 떨기, 활처럼 몸 굽히기 등의 독특한 운동을 통해 환자가 억눌린 감정 에너지를 방출하도록 유도했으며, 이 과정에서 울음이나 분노 등의 감정 표출이 자연스럽게 일어나도록 장려했다. 로웬의 바이오에너지틱스는 심리치료에 신체 표현과 움직임을 본격적으로 도입함으로써, 이후 많은 치료사들이 몸을 통한 감정 치유를 고려하게 만든 계기가 되었다(Lowen, 1975). 이는 소매틱 철학이 심리치료 영역까지 확장된 중요한 사례로 평가된다.

이 밖에도 소매틱 분야에는 수많은 기법과 이론가들이 존재하며, 각기 독자적인 접근을 발전시켜 왔다. 예를 들면, 밀튼 트레이거(Milton Trager)의 트레이거 기법(리드미컬한 수동적 움직임을 통한 신경계 재교육), 이르엠가르드 바르테니에프(Irmgard Bartenieff)의 바르테니에프 기본운동(무용 동작 분석과 재활의 결합), 에밀리 콘라드(Emilie Conrad)의 Continuum 운동(원초적 파동 움직임을 통한 탐색) 등 다양하다. 현대에 이르러서는 소매틱 심리학(Somatic psychology)이라는 하위 분야가 형성되어, 피터 레빈(Peter Levine)의 소매틱 경험(Somatic Experiencing, 트라우마 치료)이나 보디내믹(Bodynamic) 등의 접근이 심리치료계에서 활용되고 있다. 이처럼 여러 갈래로 분화된 소매틱 기법들은 각각의 맥락에서 발전했지만, 그 공통 분모는 '신체에 대한 의식적 경험이 개인의 변화와 치유를 이끄는 핵심 열쇠'라는 신념이다. 소매틱 이론가들은 저마다 다른 경로로 몸-마음의 연결을 탐구했지만 궁극적으로 인간을 전체론적으로 이해하려는 노력이라는 점에서 철학적으로 상통한다고 볼 수 있다.

이처럼 소매틱 이론과 실천은 철학, 신경과학, 심리학 등 여러 학문적 조류가 합류하여 이루어진 통합적 패러다임으로서, 20세기 인문학과 과학에 새로운 시각을 제공해 왔다. 소매틱 철학은 인간을 몸과 마음, 나아가 환경까지 연결된 총체로 바라보는 관점을 제시함으로써, 근대 사유의 한계였던 이분법적 구획을 넘어선다. 이러한 관점에서는 신체적 경험이 곧 주관적 의미를 지니며, 의식과 움직임, 감정과 생리가 끊임없이 상호작용하는 동적 과정으로 인간을 이해하게 된다(Shusterman, 2008). 소매틱의 등장은 다양한 실천 분야에도 영향을 주어, 교육자들은 학습자들의 신체 체험을 중시하게 되었고 치료자들은 환자의 몸의 느낌에 귀 기울이기 시작했으며 예술가들은 자신의 몸을 표현의 도구이자 영감의 원천으로 재발견하게 되었다. 현대에 들어 마인드풀니스 명상, 통합 의학, 전인적 교육 등에서 찾아볼 수 있는 몸-마음 통합 경향은 이러한 소매틱 사상의 연장선에 있다.

궁극적으로 소매틱 연구는 '내 몸에 대한 알아차림이 곧 자기 자신을 아는 길'임을 일깨워 준다. 몸을 객체화하거나 간과하지 않고 내재적 감각에 깨어 있을 때, 인간은 스스로의 가능성을 확장하고 균형을 되찾을 수 있다는 것이다. 이러한 메시지는 분절화되고 추상화되기 쉬운 현대 삶 속에서 몸의 중요성을 환기시키며, 자기이해와 치유의 새로운 지평을 열어 준다. 소매틱 철학과 그 실천들은 앞으로도 다양한 학문 영역과 접목되어 발전할 것이며, 인간에 대한 총체적 이해와 성장에 기여하는 통합적 학문으로서 의미를 지닐 것이다.

2. 몸의 인식과 움직임 탐구

1) 감각과 움직임의 상관관계

신경과학적 연관성

신체 감각과 움직임은 신경계에서 밀접히 통합되어 작용한다. 뇌는 움직임을 계획하고 실행할 때 항상 감각 입력(시각, 전정감각 등뿐만 아니라 고유수용감각(proprioception)을 함께 활용한다. 특히 고유수용감각은 근육, 건, 관절 등에 분포한 감각수용기를 통해 우리 몸의 위치와 움직임을 감지하는 일종의 '내부 감각'이다. 이를 흔히 여섯 번째 감각이라고도 하며, 무용수들이 눈을 감은 상태에서도 신체의 각 부분 위치를 정확히 파악하고 조정할 수 있게 해 주는 능력이다. 실제로 무용수에게 고유수용감각이 없다면 가장 단순한 동작조차 매 순간 시각에 의

존하여 확인해야 할 것이고, 원활한 움직임이나 군무에서의 조화도 불가능할 것이다. 신경과학적으로 볼 때, 움직임 중에 발생하는 방대한 고유수용성 감각 신호는 척수와 뇌의 여러 부위(피질 및 피질하 구조)에 전달되어 처리된다. 이 통합적 신호처리를 통해 우리는 의식적으로 자신의 움직임을 느끼고 조정할 수 있을 뿐 아니라, 무의식적으로도 자세 유지와 협응을 수행하게 된다. 요컨대 감각 피드백은 움직임의 정확성과 안정성을 보장하는 신경학적 기반이며, 움직임을 배우고 세련되게 다듬는 과정에서도 핵심적인 역할을 한다.

고유수용감각과 신체 인지

고유수용감각과 신체 자기인식(body awareness)은 무용수의 기량 향상에 필수적인 요소다. 무용수들은 반복적인 훈련을 통해 근육의 긴장도, 관절 각도, 움직임 궤적 등의 미세한 차이를 느끼고 조절하는 능력을 발달시킨다. 이러한 감각 인지는 무용 학습에서 일종의 내재적 피드백 시스템으로 작용하여, 동작 습득을 가속화하고 부상 예방에도 기여한다. 예를 들어, 무용수들은 동작을 연습할 때 단순히 외형적 형태를 따라 하기보다는 각 동작이 몸에 줄 수 있는 감각적 느낌에 집중함으로써 더 깊이 배우게 된다. 심지어 다른 무용수가 움직이는 모습을 쳐다볼 때조차, 무용수는 자신의 몸으로 그 동작을 느끼며 내부적으로 모방함으로써 배우는 경향이 있다. 이런 '운동 감각 공감(kinesthetic empathy)' 능력 덕분에 무용수는 타인의 시연을 단순히 시각적으로만

이 아니라 신체 감각적으로도 받아들여 내면화할 수 있고, 이는 곧 움직임 학습과 기억에 긍정적인 영향을 미친다. 연구에 따르면 이렇게 감각 인지를 동반한 학습은 순전히 외부 동작 형태에 집중하는 것보다 운동 학습 효과를 높이고, 결과적으로 더 빠르고 정확하며 표현력 있는 움직임을 구현하게 한다.

현대무용과 즉흥춤 교육에서는 이러한 감각과 움직임의 통합을 강조하는 교수법이 두드러진다. 수업 현장에서 무용수들은 종종 바닥에 누워 눈을 감은 채 자신의 몸 구석구석이 느끼는 감각에 주의를 기울이는 연습을 하곤 한다. 예컨대, 피부가 바닥에 닿는 지점을 하나씩 이동시키며 온몸의 피부 감각을 깨우는 동작을 수행하거나, 근육의 미세한 긴장과 이완 변화를 느끼면서 움직이는 식의 훈련이다. 이러한 감각 집중 움직임은 겉보기엔 즉흥적인 탐색처럼 보이지만, 사실상 신체 내 감각 자각을 높이기 위한 체계적 연습법이며, 무용수로 하여금 눈을 뜨고 정상적으로 움직일 때보다 자신의 신체 존재감을 더욱 뚜렷하게 인식하게 해 준다. 또한 서로의 신체를 촉각적으로 느끼는 즉흥 듀엣 등도 활용되는데, 한 무용수가 다른 무용수의 몸을 천천히 만지거나 서로 기대어 움직임에 대응하는 연습을 통해 촉각과 고유수용감각을 동시에 활성화한다. 이런 감각 지각 중심의 트레이닝을 꾸준히 받은 무용수들은 고유수용감각 능력이 유의미하게 향상된다는 연구 결과가 있다. 다시 말해 감각과 움직임을 통합한 학습은 무용수의 신체 자기인식 향상과 동작 숙련도에 직접적인 기여를 한다. 이는 신경과학적으로도 설명되는데,

감각 자극에 집중하는 행위는 뇌의 감각과 운동의 신경 동기화(neural synchrony)를 증진시켜 학습과 협응을 돕는 것으로 보고된다(Dance on the Brain: Enhancing Intra- and Inter-Brain Synchrony - PMC). 요약하면, 현대춤과 즉흥춤에서는 감각을 통한 움직임 학습이 중시되며, 이를 통해 무용수는 자신의 신체를 더 깊이 이해하고 정교하게 사용할 수 있게 된다.

2) 소매틱 기반의 현대무용 훈련

소매틱 1자적 경험으로 신체를 인식하는 방식을 의미한다. 즉, 소매틱 관점에서는 신체를 객관적 객체가 아닌 내면에서 느껴지는 살아 있는 존재로 여기며, 움직임을 단순한 물리적 동작이 아닌 체험적 과정으로 본다. 이러한 철학을 토대로 한 소매틱 트레이닝은 무용을 비롯한 신체 예술 교육에 광범위하게 응용되고 있다. 특히 현대무용 분야에서는 20세기 후반 이후 소매틱 교육이 크게 확산되어, 무용수들이 내적인 감각 인지와 신체 정렬, 효율적 움직임 패턴 등에 집중하도록 돕는 다양한 기법들이 개발되었다. 소매틱 접근은 무용수로 하여금 자신의 몸을 보다 예민하게 느끼고 반응하게 함으로써 보다 개성적인 움직임 어휘를 개발하도록 돕는다는 점에서 전통적인 기술 위주의 훈련과 구별된다.

앞서 살펴본 알렉산더 테크닉, 펠덴크라이스 메소드, 보디-마인드

센터링 등은 각각 고유한 원리와 실천을 통해 무용수의 신체 사용 방식에 변화를 이끌어 내는데, 공통적으로 과도한 긴장 해소, 자세 및 움직임 습관 재교육, 신체 인지 향상을 목표로 한다. 예를 들어, 펠덴크라이스 메소드는 '움직임을 통한 알아차림(Awareness Through Movement)'을 모토로, 매우 느리고 소소한 동작들을 반복하면서 몸의 사용 습관을 깨닫고 보다 효율적인 새로운 패턴을 학습하도록 한다. 이러한 접근은 불필요한 힘의 소모를 줄이고 움직임을 최소 노력으로도 수행할 수 있게 하며, 결과적으로 무용수의 움직임이 더 유연하고 자유로워지도록 도와준다. 알렉산더 테크닉은 일상적 자세와 움직임에서의 나쁜 습관을 교정하여 골격의 정렬과 균형을 개선하는 데 중점을 둔다. 무용수들은 알렉산더 테크닉을 통해 목과 어깨의 만성적 긴장이나 불균형적인 자세를 인지하고 완화함으로써, 동작 수행 시 보다 안전하고 효율적인 자세를 취할 수 있다. 보디-마인드 센터링은 해부학적 신체 지식을 체험적으로 적용하는 방식을 취하는데, 발달심리학적 움직임 발달 단계나 신체의 각 시스템(골격계, 내장기관, 액체계 등)을 탐구하면서 다양한 신체 체계의 감각을 일깨우고 이를 움직임과 연결한다. 예컨대 BMC 세션에서는 참가자가 유아기의 기는 동작, 물의 흐름 같은 이미지를 통한 움직임 등을 경험하면서 자신의 움직임이 신체 내부의 다양한 요소와 어떻게 연계되는지 깨닫게 한다. 이 밖에도 바르테니에프 기본원리(Bartenieff Fundamentals), 이디오키네시스(Ideokinesis), 키네틱 인식(Kinetic Awareness) 등 여러 소매틱 접근법이 현대무용에 도입되어, 각각 호흡과 신체 중심 연결, 심상적 동작 재훈련, 느린 움직임을 통한 긴장 패턴 인식 등의 방식을 통해 무용수의 몸 사용에 대한 이해를 높이는 데 기여하고 있다.

소매틱 훈련의 효과는 무용수의 신체 기량과 건강 양 측면에서 보고되고 있다. Green(2002)의 연구에 따르면, 소매틱 기법을 접한 무용수들은 자신의 습관적 긴장 패턴을 인식하고 개선함으로써 보다 이완되고 통합된 움직임을 하게 되며, 이는 곧 춤 수행의 질적 향상으로 이어진다. 불필요한 긴장이 줄어든 상태에서는 관절 가동범위와 근육 효율성이 높아져 움직임의 유연성 및 민첩성이 증가하고, 에너지 소모는 줄어들어 지속성이 향상된다. 또한 이러한 훈련은 만성 통증이나 부상 위험을 낮추고, 부상 발생 시에도 신체 인지 능력이 뛰어난 무용수일수록 재활과 복귀가 빠르다는 보고도 있다. 무엇보다 무용수들은 소매틱 접근을 통해 자신의 몸을 객관적 대상이 아니라 주관적 파트너로 받아들이게 되며, 이는 춤을 추는 과정에서 몸과 마음의 연결을 깊게 하여 예술적 표현력을 높여준다.

포스트모던 안무가들에 의해 활성화된 즉흥춤에서도 소매틱 원리가 자연스럽게 활용된다. 즉흥적 움직임 창작은 정해진 동작을 반복하기보단 현재의 신체 감각에 반응하여 순간적으로 움직임을 선택하는 과정이기 때문에 무용수의 내적 감각에 대한 몰입이 매우 중요하다. 20세기 후반 현대무용계에서는 접촉즉흥(contact improvisation), 릴리즈 테크닉(release technique) 등의 등장과 함께 전통적인 테크닉 수업과 소매틱/즉흥 수업의 경계가 더욱 유연해졌다. 특히 1970년대 트리샤 브라운(Trisha Brown) 등의 안무가들은 힘을 빼고 중력에 몸을 맡기는 동작, 움직임을 '풀어놓는' 접근을 탐색했는데, 이는 알렉산더 테크닉이나 펠덴크라이스 등의 소매틱 원리를 창작과 훈련에 접목시킨 사례로 볼 수 있다. 무용가이자 교육자 조안 스키너(Joan Skinner)가 개발한 Skinner Releasing Technique(SRT)와 같은 기법은 시적인 이미지와 터치 등을 활용하여 무용수의 긴장을 이완시키고 보다 즉흥적인 움직임 흐름을 유도했는데, 이 역시 소매틱 철학에 기반한 즉흥 훈련으로 잘 알려져 있다. 오늘날 많은 현대무용 안무 작업에서 안무가들은 리허설 초기 단계에 무용수들과 함께 소매틱 탐색 세션을 갖는다. 이를 통해 무용수들이 각자의 몸 상태를 느끼고 긴장을 풀면서, 작품의 주제와 관련된 신체 감각이나 이미지를 자유롭게 즉흥적으로 표현해 보는 시간을 가진다. 이렇게 몸의 내적 느낌에 귀 기울이는 즉흥 과정은 안무 창작에 참신한 아이디어를 제공할 뿐만 아니라, 무용수 각자가 자신의 독자적 움직임 어휘를 발견하는 데에도 도움을 준다. 요컨대 즉흥춤과 소매틱 접근은 상호보완적이며, 모두 몸의 자기인식과 순간의 선택을 중시하기 때문에 함께 결합하여 교육 현장 및 창작 현장에서 활용될 때 시너지 효과를 발휘한다.

소매틱 교육은 현재 전 세계 여러 무용 교육기관에서 적극 활용되고 있다. 대학 무용과 커리큘럼에는 알렉산더 테크닉이나 요가, 필라테스처럼 소매틱 성격을 띠는 과목이 정규 과목으로 개설되거나 워크숍 형태로 이루어지는 추세이다. 일부 프로그램에서는 이러한 소매틱 수업이 무용 테크닉 수업과 통합되어 진행되기도 한다. 예를 들어, 정규 현대무용 테크닉 시간에 수업을 시작하기 전에 짧은 호흡 명상이나 보디 스캔(body scan)으로 몸의 감각을 깨우고, 동작 학습 중간중간에 잠깐 멈추어 느껴보는 시간을 갖는다. 또한 수업 후반에 바닥에서의 이완이나 자유 즉흥으로 그날 익힌 움직임을 자기 몸에 맞게 소화시키는 시간을 주기도 한다. 이러한 방식은 무용수들이 끊임없는 동작 수행으로 몰아붙이는 전통 훈련에서 벗어나, '멈추고 느끼는 여백' 속에서 오히려 효율적인 학습이 일어날 수 있음을 보여 준다. 실제 IADMS(국제무용의학협회) 보고서에 따르면, 소매틱 접근은 무용수들에게 감각 조율 능력(sensory attunement)과 자기주도적 움직임(self-organizing movement) 능력을 길러 주어 무용 훈련의 질을 높이는 한편, 신체 혹사의 위험을 줄이는 긍정적 효과가 있다고 한다. 무용수 스스로 자신의 몸 상태와 움직임 방식을 섬세하게 인지하고 조절할 수 있게 되면, 교수자의 구두 지시에만 의존하지 않고도 자기 몸에 필요한 변화와 수정을 해나가는 주체적 학습자가 될 수 있기 때문이다. 결론적으로, 현대무용 훈련에서 소매틱 기법의 도입은 기술 향상뿐만 아니라 신체와 마음의 조화를 이루는 전인적 성장에 기여하며, 이는 예술가로서 무용수의 역량을 풍부하게 확장시키고 있다.

3) 신체-정신 연결의 철학적 의미

현상학에서는 몸과 마음의 이분법을 넘어, '살아 있는 몸(lived body)'으로서의 주체를 강조한다. 특히 메를로-퐁티는 우리의 신체가 단순한 물질 객체가 아니라 주체적인 지각의 중심임을 역설했다. 그는 "신체적 구현(embodiment)은 우리가 세계와 관계하는 존재론적 조건"이라고까지 표현하며, 데카르트식의 이원론을 비판하고 몸을 통해서만 비로소 세계를 경험할 수 있다고 보았다. 메를로-퐁티에 따르면 인간은 자신의 몸을 외부에서 객관화하여 인식하는 것이 아니라, 움직임을 경험하는 과정에서 비로소 자기 몸을 지각하게 된다. 다시 말해, 우리가 움직이고 작용하는 행위 자체가 곧 자신이 주체임을 의식하게 하는 토대가 된다는 것이다. 이러한 사유는 무용에 깊은 통찰을 제공하는데, 춤추는 사람은 테크닉을 단순히 머릿속으로 계산하여 수행하는 것이 아니라 몸이 곧 생각하고 느끼는 주체로서 즉각적으로 움직임을 "이해한다"는 메를로-퐁티의 지적은 무용수의 경험과 정확히 부합한다. 실제 현대춤에서는 동작 하나하나가 안무가의 의도를 전달하는 기호인 동시에, 무용수 자신의 존재 방식을 드러내는 실존적 표현으로 간주된다. 현상학적 철학은 이처럼 주체로서의 신체 개념을 통해, 무용 동작의 의미를 해석할 때 동작의 기교나 외형만이 아닌 무용수의 체화된 경험을 고려해야 함을 시사한다. 메를로-퐁티의 영향으로 등장한 무용 현상학자들(예: 손드라 프라리(Sondra Fraleigh), 맥신 쉬츠-존스톤 등)은 춤을 '움직이는 몸'의 학문으로 탐구하며, 무용수의 주관적 신체 경험을 기술하고 분석하는 작업을 이어 왔다. 그들은 한결같이 춤을 '살아 있는 신체의 움직임 경험'으로 정의 내리면서, 무용에서 몸과 마음, 주체와 객체의 경계가 어떻게 허물어지는지를 보여 준다. 예컨대, 프라리는 무용수를 "움직임을 통해 세계와 교섭하는 존재"로 묘사하며, 춤추는 행위 자체가 무용수로 하여금 스스로를 인식하고 세계와 관계 맺게 하는 실존적 사건이라고 해석한다. 이렇듯 현상학적 신체 개념은 현대춤과 즉흥춤에서 몸의 주체성과 움직임의 의미를 이해하는 데 핵심적인 철학적 프레임을 제공한다.

현대춤과 즉흥춤에서는 흔히 "몸이 곧 나 자신"이라는 인식이 강조된다. 이는 철학자들이 말하는 신체 주관성(bodily subjectivity)의 개념과 맥을 같이한다. 무용수에게 있어 신체는 단지 표현을 위한 도구가 아니라, 감각하고 생각하고 결정하는 존재 그 자체다. 움직임의 창작이나 수행 과정에서 무용수는 자신의 신체 감각, 감정, 기억 등 내적 경험을 통합하여 동작을 만들어 낸다. 이러한 맥락에서 움직임의 의미는 단순히 사전에 정의된 동작 어휘에 있지 않고, 동작을 수행하는 존재의 상황과 의도에 따라 다르게 생성된다. 예를 들어 즉흥춤에서 한 무용수가 팔을 들고 손바닥을 펴는 동일한 동작도, 그 순간 무용수가 느끼는 내적 상태나 주의집중의 방향에 따라 전혀 다른 느낌과 의미를 지닐 수 있다. 철학자 슈스터만은 이런 맥락을 뒷받침하듯이, 현대 문화에서 "솜에스테틱 전환(somaesthetic turn)이 일어나고 있다"고 설명한다 (Shusterman, 2012). 이는 인간이 자신의 몸을 바라보는 방식이 과거의 이분법적 관점을 넘어 몸-마음의 통합적 이해로 전환되고 있음을 뜻한다. 슈스터만의 솜에스테틱 이론은 미학과 철학에서 몸의 중요성을 역설하며, 예술가가 자신의 신체감을 세밀하게 연마함으로써 더 풍부한 표현과 인식을 얻을 수 있다고 주장한다. 그는 전통적 이원론이 설정한 '육체 vs 정신', '감각 vs 이성'의 구분을 넘어서기 위해 몸의 경험을 탐구하고 향상시키는 실천이 필요하다고 보았는데, 이러한 주장은 무용수들이 수년간 소매틱 훈련 등을 통해 몸의 감각을 단련하는 예술적 실천과도 일맥상통한다. 다시 말해, 춤에서 움직임의 의미는 무용수의 몸이 지닌 감각적·인지적 경험의 총체가 투영된 결과이며, 춤추는 몸 자체가 의미의 창조적 주체가 된다.

또한 무용에서 몸-정신의 연결은 단순히 무용수 개인의 체험에 그치지 않고, 작품의 창작 및 감상 전반에 철학적 함의를 준다. 무용수의 신체적 경험(예: 특정 감정 상태에서 추는 춤, 혹은 독특한 움직임 습관으로 인한 개성적 표현 등)은 그가 무대 위에서 펼치는 춤의 스타일과 분위기를 좌우한다. 이는 관객의 해석에도 직접적인 영향을 미치는데, 관객들 또한 자신의 몸을 통해 춤을 직관적으로 느끼며 해석하기 때문이다. 메를로-퐁티는 지각자와 대상의 경계를 모호하게 만드는 개념으로 '얽힘(chiasm)'이나 '살(flesh)'의 개념을 들며, 우리의 의식이 타인의 몸과 상호 침투하는 경험을 설명한 바 있다. 무용 공연에서도 관객은 시각적 관찰에 머무르지 않고, 무용수의 움직임을 보며 마치 자신이 움직이는 양 감각적 공감을 일으킨다. 이러한 운동감각적 공감(kinesthetic empathy)

덕분에 관객은 춤을 보며 느끼는 체험을 하고, 그로부터 작품에 대한 의미 해석이나 감정적 반응을 끌어낸다. 다시 말해, 춤의 의미는 무용수의 신체 경험과 관객의 신체 공감 사이의 상호작용 속에서 형성된다. 철학자이자 무용 이론가인 셰리 터클(Sherry Turkle)은 "무용수의 몸은 공연예술에서 관객과 소통하는 주체이며, 그 소통은 이성적 언어가 아닌 신체적 감각 언어를 통해 이루어진다"라고 논한 바 있다(Bieszczad, 2021). 이는 몸-정신의 연결이 단순히 개인 내부가 아니라 사회적, 상호주관적 맥락에서도 의미를 지니며, 춤을 통한 커뮤니케이션 역시 몸의 지각적 경험 교류임을 시사한다.

이처럼 몸과 마음의 관계에 대한 철학적 담론은 무용의 미학과 실천을 이해하는 데 중요한 지적 토대를 제공한다. 메를로-퐁티의 현상학이 몸의 주체성을 강조했다면, 프래그머티즘 철학 전통의 슈스터만은 몸의 심미적 수양을 강조함으로써 예술과 일상의 경계를 허물었다. 한편, 허버트 드레이퍼스(Hubert Dreyfus)는 메를로-퐁티와 하이데거 철학을 바탕으로 숙련된 신체 활동에 관한 통찰을 제시했다. 드레이퍼스는 인간이 어떤 기술을 달인 수준으로 익히게 되면, 그 행동은 더 이상 일일이 의식적 규칙에 의존하지 않고 몸에 밴 직관적 지식으로 이루어짐을 강조했다. 그의 능숙한 대응(skillful coping) 이론에 따르면, 전문 무용수가 무대에서 움직일 때 머리로 동작 하나하나를 계산하기보다는 상황에 대한 몸의 순간적 판단과 감각적 피드백에 따라 유연하게 반응한다는 것이다. 드레이퍼스는 전통적인 정보처리적 인간관을 비판하며,

인간의 지식은 논리적 규칙이나 뇌 속의 표상으로 완전히 환원될 수 없는 체화된 지혜를 포함한다고 보았다. 이러한 주장은 춤에서 안무를 외워 추는 것이 아니라 즉흥적으로 창작하거나 해석하며 추는 상황에서 특히 공감된다. 즉흥춤에서 무용수는 사전에 입력된 정보를 꺼내 쓰는 것이 아니라, 그 순간의 음악, 공간, 타인과의 관계를 몸으로 직감하고 이에 따라 새로운 움직임을 창조해 내는데, 이는 드레이퍼스가 말한 체화된 지성이 작동하는 한 예라 할 수 있다. 더 나아가 드레이퍼스는 전문가의 성장 과정을 분석하며, 초보자 단계에서는 규칙과 이론에 의존하지만 최고 경지에 이르면 몸이 곧 알아서 행하는 무아지경에 이른다고 설명하는데, 무용수들이 오랜 훈련 끝에 테크닉을 완전히 자기 것으로 만들고 무대에서 흐름(flow) 상태를 경험하는 것과 일맥상통한다. 이처럼 철학자들의 몸-정신 관련 이론(메를로-퐁티의 현상학, 슈스터만의 솜에스테틱, 드레이퍼스의 체화된 지성 등)은 현대춤과 즉흥춤의 심층적 의미를 해석하는 데 다양한 관점을 제공한다. 요컨대, 몸의 인식과 움직임 탐구라는 주제는 단순히 무용 기교의 문제가 아니라, 인간 존재에 대한 철학적 물음과 연결되어 있다. 춤에서 몸과 마음은 분리될 수 없는 한 개체의 두 측면이며, 움직임은 그 연결을 보여 주는 역동적 표현이다. 무용예술은 이러한 철학적 통찰을 몸으로 실천하는 장이라고 할 수 있을 만큼 몸의 인식과 움직임에 관한 탐구는 무용의 미학, 교육, 창작 모든 영역에서 풍부한 담론을 형성하고 있다.

3. 치유와 춤: 소매틱의 응용

1) 소매틱과 심리치료

　소매틱(Somatic) 접근은 개인이 자신의 몸을 내부 감각으로 느끼고 인식하는 것을 강조하는 치료적 방식이다. 이 관점에서는 몸이 단순한 물리적 객체가 아니라 주체적 경험과 감각의 매개체로 작용한다고 본다. 인간의 감정과 기억이 신체에 저장될 수 있으며, 특정한 신체적 경험이 정서적 반응과 연결된다는 점에서 소매틱 접근은 심리치료에서 몸과 마음의 통합적 치유를 추구하는 다양한 기법의 기초가 된다. 소매틱 접근의 핵심 개념은 심리적 경험이 신체적 감각으로 표현될 수 있으며, 반대로 신체 움직임을 조절함으로써 감정과 정서를 변화시킬 수 있다는 점이다. 이를 바탕으로 소매틱 기반의 심리치료는 개인이 자신의 신체 감각을 주의 깊게 관찰하고, 움직임과 감각을 활용하여 감정적 균형을 회복하도록 돕는다. 이러한 원리는 무용/동작 치료(Dance/Movement Therapy, DMT), 표현예술치료(Expressive Arts Therapy), 소매틱 경험요법(Somatic Experiencing, SE) 등의 심리치료 방식에서 중요한 역할을 한다.

먼저, 소매틱 접근이 심리치료에서 실용적으로 적용된 대표적인 사례가 바로 무용/동작 치료(Dance/Movement Therapy, DMT)이다. 무용/동작 치료는 1940년대 미국에서 시작된 치료적 접근법으로 몸의 움직임을 통해 감정, 인지, 신체, 정서, 사회적 측면을 조율하는 것을 목표로 한다. 인간은 언어 이전에 몸의 움직임으로 감정을 표현했고, 현대 심리학에서도 이러한 신체적 표현이 감정 조절과 깊이 연결되어 있다고 본다. 이 치료법에서는 개인이 자신의 몸을 움직이며 내면의 감정을 표현할 수 있도록 유도한다. 말로 풀어내기 어려운 트라우마나 정서적 어려움도 신체 움직임을 통해 드러나고, 이를 다룸으로써 정서적 해소와 치유가 이루어진다. 트라우마, 불안, 우울증을 겪는 사람들은 종종 신체적으로 긴장하거나 특정한 자세를 반복적으로 유지하는 경향이 있는데, 무용/동작 치료는 이러한 신체 패턴을 탐색하고 변화시키는 과정을 통해 심리적 균형을 회복하도록 돕는다.

무용/동작 치료는 단순히 신체를 움직이는 행위를 넘어, 움직임이 감정과 깊이 연결되어 있다는 이해를 바탕으로 한다. 인간은 감정을 언어로 표현하기도 하지만, 신체적 움직임을 통해 감정을 표현하고 조절할 수도 있다. 실제로 우리가 불안할 때 몸이 긴장하거나, 기쁠 때 자연스럽게 춤을 추듯 움직이는 것은 감정이 신체와 밀접하게 연결되어 있다는 증거다. 따라서 무용/동작 치료에서는 신체의 움직임이 단순한 신체 활동이 아니라 감정을 반영하고, 이를 조율하며, 궁극적으로 치유를 돕는 과정이라고 본다. 우선, 신체 움직임과 감정은 서로 긴밀하게 연결되어 있다. 특정한 움직임 패턴은 개인의 감정 상태를 반영하며, 신체의 움직임을 변화시키는 과정에서 감정도 함께 조절될 수 있다. 예를 들어 우울한 상태에 있는 사람들은 종종 어깨를 움츠리고 몸을 수축하는 경향이 있으며, 불안감을 느끼는 사람들은 몸을 경직시키거나 작은 움직임을 반복할 수 있다. 반대로, 몸을 더 개방적으로 움직이고 자유로운 표현을 유도하면 감정적 변화가 자연스럽게 따라오기도 한다. 무용/동작 치료에서는 이러한 원리를 바탕으로, 신체적 움직임을 의도적으로 조정하고 확장하는 과정에서 감정적 안정과 균형을 찾을 수 있도록 돕는다. 또한, 몸은 감정을 기억한다. 인간은 감정을 단순히 심리적인 차원에서만 경험하는 것이 아니라, 신체적으로도 각인할 수 있다. 트라우마를 경험한 사람들의 경우, 그 기억이 특정한 신체적 긴장이나 자세로 남아 있는 경우가 많다. 예를 들어, 충격적인 사건을 겪은 후 몸이 무의식적으로 움츠러들거나 특정한 부위가 만성적으로 긴장될 수 있다. 이는 감정이 단순히 정신적인 영역에 머무르는 것이 아니라 몸에 깊이 새겨질 수 있다는 점을 보여 준다. 무용/동작 치료는 이러한 몸의 긴장을 해소하는 과정에서 감정적으로도 해방감을 느끼도록 돕는다. 치료 과정에서 개인은 자신의 몸에 쌓인 긴장과 패턴을 자각하고, 점진적으로 이를 풀어내는 움직임을 통해 신체와 감정의 균형을 찾게 된다. 이와 더

불어 움직임을 통한 자기 탐색이 가능하다. 인간은 종종 자신의 감정을 언어로 표현하는 데 한계를 느낀다. 그러나 몸의 움직임을 통해 감정을 표현하면 언어로 설명하기 어려운 감정적 경험도 자연스럽게 드러나고 정리될 수 있다. 무용/동작 치료에서는 개인이 자신의 신체적 표현을 탐색하는 과정을 통해 감정을 인식하고, 이를 보다 능동적으로 변화시킬 수 있도록 한다. 움직임을 통한 자기 탐색은 단순히 감정을 인지하는 데 그치지 않고, 자신이 무의식적으로 사용하던 신체 표현 방식을 인식하고, 보다 건강하고 조화로운 방식으로 변화시키는 기회를 제공한다.

소매틱 기반 심리치유 기법 중 또 다른 사례로는 표현예술치료(Expressive Arts Therapy)가 있다. 이는 예술적 창작 활동과 소매틱 접근을 결합한 심리치료 방식으로, 미술, 음악, 춤, 연극, 글쓰기 등 다양한 예술 형식을 활용하여 개인의 심리적, 정서적, 신체적 치유를 촉진하는 것을 목표로 한다. 이 치료법은 단순히 예술을 감상하거나 창작하는 것을 넘어, 예술적 표현을 통해 감정을 탐색하고 심리적 균형을 회복하는 과정을 중요하게 여긴다. 표현예술치료에서는 인간이 감정을 단순히 언어로만 표현하는 것이 아니라, 신체 움직임이나 창작 활동을 통해 보다 직접적이고 자연스럽게 드러낼 수 있다고 본다. 따라서 개인이 그림을 그리거나 춤을 추거나 연극적 역할극을 수행하는 과정에서 자신의 내면을 탐색할 수 있도록 유도한다. 예술을 통해 감정을 표현하는 것은 말로 설명하는 것보다 더욱 직관적이고 원초적인 방식으로 이루어질 수 있으며, 이를 통해 개인은 내면의 감정을 보다 깊이 이해하고 다룰 기회를 갖게 된다. 표현예술치료는 신체 움직임과 예술적 표현이 밀접하게 연결되어 있음을 기반으로 한다. 예를 들어, 몸을 움직이는 과정에서 자연스럽게 감정이 표현될 수도 있으며, 그림을 그리거나 조형 작업을 하면서 무의식적으로 억눌려 있던 감정이 드러나기도 한다. 이처럼 예술적 창작 과정은 단순한 활동이 아니라 개인의 감정과 내면을 보다 깊이 탐색할 수 있는 중요한 도구로 작용한다.

마지막 사례로, 소매틱 경험 요법(Somatic Experiencing, SE)은 신체 중심 심리치료 기법 중에서도 특히 트라우마 치료에 초점을 맞춘 접근법이다. 미국의 생리학자이자 심리학자인 피터 레빈(Peter A. Levine)에 의해 개발된 이 치료법은 트라우마가 단순한 심리적 기억이 아니라 신경계와 신체에 깊이 각인될 수 있으며, 이를 해소하기 위해서는 신체 감각을 적극적으로 활용해야 한다는 개념을 바탕으로 한다. 소매틱 경험 요법의 핵심 원리는 신체 감각(interoception)을 활용하여 트라우마와 관련된 생리적 반응을 점진적으로 해소하는 것이다. 트라우마 경험을 한 사람들은 종종 특정한 상황에서 신체적으로 과민 반응을 보이거나, 반대로 감각이 둔화되는 경험을 하게 된다. 예를 들어, 외상 후 스트레스 장애(PTSD)를 겪는 사람들은 갑작스러운 소리나 특정한 공간에서 근육이 과도하게 긴장하거나 심박수가 급격히 증가하는 반응을 보일 수 있다. 반면, 일부 사람들은 심리적 충격을 완화하기 위해 감각을 차단하고 몸이 마비된 듯한 느낌을 경험하기도 한다. 소매틱 경험 요법에서는 이러한 신체적 반응이 트라우마와 연결되어 있음을 이해하고, 점진적으로 신경계의 균형을 회복하는 과정을 거친다. 치료 과정에서 내담자는 자신의 신체 감각을 세밀하게 탐색하고, 작은 변화들을 인식하며, 과거의 충격적인 경험과 관련된 생리적 반응을 서서히 해소해 나간다. 이를 통해 트라우마가 남긴 긴장과 불안을 신체적으로 완화할 수 있도록 돕는다.

2) 장애와 춤: 신체적 다양성과 포용적 춤 실천

전통적으로 예술무용, 특히 발레 등에서는 무용수의 신체에 대한 엄격한 규범이 존재했다. 키가 크고 균형 잡힌 근육과 유연성을 갖춘 이상적 신체만이 무대에 오를 수 있다는 암묵적 규칙은 오랜 기간 장애를 지닌 사람들을 무용의 영역 밖으로 밀어내는 결과를 낳았다. 이러한 능력주의(ableism)는 장애를 비정상으로 간주하여 교정의 대상으로 보고, 무용계에서도 전문성의 조건으로 비장애 신체를 요구해 왔다. 그러나 20세기 후반에 들어 현대무용과 공동체 무용 등이 발달하면서 다양한 몸을 무용의 영역으로 포용하려는 움직임이 일어났다. 1980년대에 영국의 안무가 볼프강 스탄게(Wolfgang Stange)가 세계 최초의 장애인-비장애인 통합 무용단을 창단했고, 1991년에 영국의 칸도코 무용단(Candoco Dance Company)이 설립되어 장애 무용수와 비장애 무용수가 함께 활동하는 전문 무용단의 시대를 열었다. 이후 미국의 AXIS 무용단 등 여러 나라에서 통합무용단들이 생겨났고, 무용계 전반에도 '모든 몸은 춤출 수 있다'는 인식이 서서히 퍼져나갔다. 이러한 포용적 무용의 흐름은 최근 더욱 확산되어, 무용수의 신체적 조건을 다양하게 인정하는 안무 작업과 공연들이 세계 곳곳에서 선보이고 있다. 예컨대, 오스트리아 안무가 도리스 울리히(Doris Uhlich)의 작품 〈Every Body Electric〉(2018)은 전원 장애인 무용수들로 구성된 공연으로, 각기 다른 몸들이 만들어 내는 진동과 에너지를 주제로 삼아 무대 위에 신체 다양성의 미학을 강렬하게 보여 주었다. 무대 위에서 크고 작은, 때로는 떨리고 경련하는 다양한 움직임의 몸들이 엄숙하면서도 아름답게 관객과 에너지를 교류하는 이 작품을 보며 비평가는 "무용 역사에서 이 지점까지 오는 데 참으로 오랜 시간이 걸렸다"는 소회를 밝히기도 했다(Väättäinen, 2023). 이렇듯 오늘날 무용계는 이제 신체적 다양성을 수용하고, 장애를 무용의 한계가 아닌 또 다른 예술적 자원으로 바라보는 단계에 접어들었다.

포용적 무용 환경에서 장애 무용수들은 춤을 통해 자신들의 주체성과 창의성을 강렬하게 경험하고 표출한다. 한 예로 뉴욕의 '인피니티 무용단(Infinity Dance Theater)'은 휠체어를 사용하는 무용수들을 포함해 장애인과 비장애인이 함께 공연하는 단체로, 클래식 발레와 현대무용을 통합한 작품 활동을 펼치고 있다. 이 단체를 이끈 키티 런(Kitty Lunn)은 전직 발레리나로서 척추 부상을 입어 휠체어를 사용하게 된 뒤에도 "몸속에서 춤이 터져나오듯 솟구치기 때문에" 장애 이후에도 춤을 멈출 수 없었다고 고백한다(Martin, 2014). 그녀가 춤으로 복귀하는 과정에서 가장 큰 장애물은 오히려 주변의 편견과 거부감이었다. 1990년대 그녀가 휠체어를 타고 발레 수업에 참여하려 했을 때, 일부 교사와 학생들은 휠체어 무용은 "진짜 춤이 아니다"라는 태도로 그녀를 배척했다. 그러나 런은 이에 굴하지 않고 자신의 방식으로 발레 움직임을 "같은 동작을 다르게 할 뿐"이라며 재창조했다. 그녀는 휠체어를 탄 몸으로도 춤의 본질을 구현할 수 있음을 보여 주기 위해, 앉은 상태에서 상체와 팔의 움직임으로 다리 동작을 대체하는 등 고전춤 어법을 창의적으로 변형했는데, 이를 두고 "우리는 같은 것을 하고 있지만, 방식이 다를 뿐이다"라고 말한 바 있다(Martin, 2014). 이러한 사례는 장애 무용수들이 예술의 주체로서 얼마나 창의적 잠재력을 발휘할 수 있는지를 드러낸다.

또 다른 사례로, 다운증후군을 지닌 영국의 무용수 젠 블랙웰(Jen Blackwell)은 전문 무용 교육을 받기 위해 10여 년을 노력했으나 적절한 기회를 얻지 못하자 스스로 '댄스 신드롬(DanceSyndrome)'이라는 단체를 2009년에 설립했다. 이 단체는 지적장애를 가진 이들도 다양한 무용 장르를 소화할 수 있다는 것을 입증하고, 장애인 무용수가 비장애인 예술가들과 협업하며 역할 모델이 될 수 있음을 보여 주는 활동을 펼치고 있다. 블랙웰처럼 주체적으로 무용단을 이끌거나 안무, 창작에 참여하는 장애 예술가들이 늘어나면서, 그들은 더 이상 치료나 교육의 객체가 아니라 예술 창조의 주체로 인정받고 있다. 이러한 맥락에서 장애 무용수들은 춤을 통해 자신의 목소리와 예술적 비전을 표출하며, 관객들로 하여금 새로운 미적 경험을 하게 한다. 즉, '장애는 하나의 개성'으로서 작품의 일부가 되고, 각 무용수의 독특한 움직임 어휘가 무용예술의 지평을 넓히는 창의적 원천이 되고 있다.

장애인이 춤추는 모습을 무대에서 보는 일은 단지 개인적 성취를 넘어서, 사회적·철학적 의미를 지닌다. 사회적으로 볼 때, 포용적 무용은 장애에 대한 편견을 깨고 진정한 의미의 문화적 포용을 실천하는 예술 활동이다. 무용수와 관객 모두에게 '인간의 다양성이 곧 정상'이라는 메시지를 체화하게 함으로써 무용계와 더 넓은 사회에 존재하는 능력주의적 관념을 비판적으로 성찰하게 만든다. 한 비평가는 "현대 무용에서 노련한 장애 무용수들의 공연을 보는 것만으로도 우리는 무의식 중에 가지고 있던 '무대 위 무용수는 완벽해야 한다'는 고정관념을 재고하게 된다"고 말한다(Sakaguchi, 2019). 철학적 측면에서는, 장애 무용을 통해 예술에서 신체의 정체성에 관한 중요한 논의가 부상한다. 철학자 조슈아 홀(Joshua M. Hall)은 "장애인 무용은 장애를 지닌 안무가와 무용수들에게 더 큰 주체성을 부여하고, 그들의 장애를 가진 신체 자체가 작품의 정체성 일부로서 가지는 의미를 증대시킨다"고 지적한다. 다시 말해, 전통적으로 예술에서 무용수의 신체는 추상적 미의 구현 수단으로 여겨져 왔으나, 장애 무용에서는 각 무용수의 구체적이고 특수한 신체 경험이 예술의 본질적인 요소로 인정된다. 이러한 변화는 예술 철학적으로 자율적 예술가 주체로서의 장애인을 부각시키며, 그들의 작품이 동등한 예술적 가치와 독창성을 지님을 선언하는 것이다. 결과적으로 포용적 무용은 장애를 단순한 주제가 아니라 예술적 힘과 가능성의 원천으로 대우함으로써 장애 담론의 지평을 넓힌다. 나아가 미학적 차원에서 볼 때, 포용적 무용은 "장애가 가져오는 차이가 예술을 풍부하게 만드는 창조적 요소"임을 보여 준다. 장애 무용수들의 동작은 종종 기존의 안무 문법을 벗어나지만, 바로 그 이질적인 일탈이 새로운 아름다움과 표현을 창출한다. 예를 들어 척수 장애로 빠른 회전이나 도약이 어려운 무용수가 음악에 맞춰 상체를 미세하게 흔들거나 휠체어 바퀴를 리드미컬하게 돌릴 때, 우리는 그 느리고 미묘한 움직임 속에서 젊은 무용수가 낼 수 없는 독특한 긴장과 몰입을 느끼게 된다. 이런 경험은 미에 대한 고정관념을 깨고 다른 유형의 아름다움을 인식하게 하는데, 이를 가리켜 학자들은 '장애 미학(disability aesthetics)'이라고 부르기도 한다.

3) 노년기와 춤: 웰빙과 신체 인식

나이가 들면서 인간은 신체적으로 다양한 변화를 겪는다. 근력이 약화되고 유연성이 줄어드는 등 노화에 따른 신체기능 저하는 피할 수 없지만, 이러한 변화에 대처하는 방식으로 춤과 움직임이 중요한 역할을 할 수 있다. 노년기에 접어들면 많은 이들이 자신의 몸을 낯설게 느끼거나 자신의 신체 이미지를 상실하는 경험을 한다. 이때 춤은 다시금 자기 몸과 친숙해지고 긍정적으로 인식하도록 돕는 수단이 된다. 춤을 추는 행위는 단순한 운동을 넘어, 현재의 내 몸이 할 수 있는 것에 집중하게 하고 순간의 움직임에 깨어 있게 하며, 이를 통해 노년층은 노화로 변모한 자신의 신체와 새로운 관계를 맺을 수 있다. 예를 들어, 한 고령 무용수는 "이제 젊을 때처럼 높이 뛸 수 없지만, 천천히 움직이는 동작 속에서 오히려 더 깊은 표현이 가능하다는 것을 깨달았다"라고 말한다. 실제로 노년 무용수들은 젊은이들과 동일한 동작을 추구하기보다, 자신들만의 속도와 움직임 방식으로 춤을 체화한다. 이 과정에서 몸에 대한 감각이 예민해지고, 작은 제스처 하나에도 삶의 경험이 녹아드는 신체 인식의 심화가 이루어진다. 안무가 콜린 코너(Colin Connor)는 50대 이상의 무용수들과 작업하며 "현대의 무용은 젊음과 새로움에 치중하는 경향이 있지만, 나는 오랫동안 쌓여 온 관계와 성숙함의 표현력에 끌렸다"고 밝힌 바 있다(Perron, 2017). 그는 나이 든 무용수들과의 작업을 통해 세월이 축적된 신체의 독특한 물리적 친밀감을 무대에 드러내고자 했다고 한다. 이처럼 춤은 노화 과정에서 발생하는 신체적 변화에 새로운 의미를 부여하고, 나이가 들며 생기는 신체와의 거리감을 좁히는 역할을 한다.

춤에 참여하는 것은 노년층의 자아정체성을 재확립하고 사회적 유대감을 높이는 데 긍정적인 영향을 준다. 젊은 시절부터 춤을 춰 온 전문 무용수든, 나이가 들어 처음 춤을 배우는 일반인이든, 춤추는 행위는 자신을 표현하는 하나의 방식이 된다. 나이 들면서 은퇴나 역할 변화 등으로 정체성의 혼란을 겪을 수 있는데, 춤은 내 안의 여전히 '창조적인 사람'을 깨움으로써 새로운 정체성을 형성하거나 잃었던 정체감을 회복하도록 돕는다. 2020년 실시된 한 질적 연구에서는 발레를 취미로 추는 60~80대 여성들을 인터뷰했는데, 대부분이 "정기적으로 발레를 하는 것이 자신들의 자아 개념의 핵심 부분이며, 자기표현의 방식"이라고 응답했다(Pines & Giles, 2020). 또한 그들은 발레 수업에 참여함으로써 신체적·정신적 건강이 향상되고 노화로 인한 변화에 보다 긍정적으로 대응하게 되었다고 밝혔다. 특히 흥미로운 점은, 이들이 발레 모임을 매우 사회적인 활동으로 인식하여 함께 수업받는 사람들과 가족과도 같은 유대를 느낀다는 것이었다. 이는 춤이 노년층에게 공동체 감각과 소속감을 제공한다는 의미이다. 실제로 커뮤니티 댄스나 사교댄스 프로그램에 참여한 노인들은 외로움과 소외감이 감소하고, 동년배 친구들과의 교류를 통해 삶의 활력을 얻는다는 보고가 많다. 파트너와 함께 추는 사교춤은 사회적 모임으로서 기능하며, 노인들이 서로 교류하고 우정을 쌓으며 소속감을 느끼도록 해 준다는 연구 결과도 있다. 이처럼 춤은 노년층의 정신적 웰빙에 필수적인 사회적 연결망을 형성하고, 참여자들의 공동체 의식을 고취시킨다. 또한 춤은 자아 인식(self-awareness)과 자존감에도 영향을 준다. 나이가 들수록 주변에서 "늙었다"는 시선을 받으며 위축되기 쉽지만, 춤을 통해 자신의 몸이 아직 표현하고 창조할 수 있음을 경험하면 자기 존중감이 크게 향상된다. 많은 시니어 무용수가 "춤을 출 때만큼은 나이가 문제 되지 않고, 내가 여전히 아름다운 무언가를 만들어 낼 수 있는 존재임을 느낀다"고 말한다. 결국 춤은 노년층에게 "나는 누구인가"에 대한 긍정적 대답을 찾아주는 활동인 셈이다. 이는 곧 노년기의 정체성 상실을 방지하고 주체적인 삶의 태도를 유지하는 데 도움을 준다.

심신의 건강과 활력을 부여하는 노년기의 춤은 철학적으로도 여러 가지 함의를 담고 있다. 우선, '춤춘다'는 행위의 정의를 재고하게 한다. 현대무용의 거장 이본느 레이너(Yvonne Rainer)는 80세의 나이로 MoMA에서 신작 공연을 올리며, 자신은 이제 더 이상 기교적인 춤을 추지 않지만 무대 위에서 '존재하는 것' 그 자체를 하나의 예술로 여긴다고 밝히기도 했다. 그녀는 "노년의 몸은 그 자체로 하나의 독자적 세계이며, 더 이상 젊었을 때처럼 점프하지 못한다고 해서 열등하거나 부족한 것으로 평가되어서는 안 된다"라고 말한다. 이 발언은 나이가 든 몸에 대한 사회의 고정관념에 도전장을 내밀며, 예술에서 신체의 가치를 새롭게 정의한 것으로 평가된다. 즉, 노년의 춤은 젊은이의 춤과 다른 형태의 아름다움과 의미를 지니며, 그 자체로 충분한 가치가 있다는 인식인 것이다. 또한 노년 무용수들의 존재는 일시적인 젊음의 미학을 넘어 지속성과 삶의 통찰을 담은 미학을 제시한다. 예컨대, 70대 안무가 마츠 에크(Mats Ek)와 그의 아내 아나 라구나(Ana Laguna)는 함께 무대에 올라 60~70대의 몸으로도 깊이 있는 춤 작품을 선보였는데, 비평가들은 그들의 춤에서 세월이 빚어낸 "지혜와 원숙미"를 읽어 냈다(Perron, 2017). 이렇듯 노년기의 춤은 시간의 축적을 보여 주는 예술이 된다. 춤은 본래 찰나적 예술(performing art)로서 현재 순간에만 존재하고 사라지지만, 나이 든 무용수의 춤에는 그가 살아온 시간의 층위가 겹쳐져 있다. 한

번의 손짓, 한 번의 걸음걸이에 수십 년 삶의 기억과 느낌이 스며들어, 관객은 그 깊이를 직감적으로 느끼게 된다. 이러한 경험은 몸의 존재론에 대한 성찰로 이어지기도 한다. 철학자 메를로-퐁티가 말했듯 인간은 "몸을 통해 세계를 지각하고 존재한다"고 할 때, 노년 무용수의 춤은 변화한 몸으로도 세계와 관계 맺고 존재함을 강렬하게 증언한다. 이는 나이가 들수록 쇠퇴만을 이야기하는 현대 사회에 몸의 지속적 성장과 변화 가능성을 일깨워 주는 철학적 메시지라고도 할 수 있다.

VI
포스트휴머니즘과 춤

1. 포스트휴머니즘의 개념과 무용학적 의미

1) 포스트휴머니즘의 정의와 철학적 흐름

포스트휴머니즘(Posthumanism)은 인간 중심적 세계관을 넘어 인간과 비인간의 관계를 재고하는 철학적 흐름으로 정의된다. 간단히 말해 '인간 이후'를 모색하는 것으로, 더 이상 인간을 자율적이고 이성적인 절대 기준으로 삼을 수 없을 때 제기되는 질문들과 그에 대응하는 접근 방식이라 할 수 있다. 이를 통해 "인간이란 무엇인가?", "인간성의 범위는 어떻게 규정되는가?"와 같은 근본적인 물음을 제기하며 인간 중심주의(humanism)의 전제들을 비판적으로 검토한다. 예를 들어, 데카르트식 이분법(정신과 신체의 분리)이나 생물학적 본질주의에 기반한 전통적인 인간 개념을 해체함으로써, 인간을 둘러싼 경계(인간/동물, 인간/기계 등)를 허무는 시도를 한다. 이러한 관점에서 포스트휴머니즘은 인간

본위의 보편성을 해체하고, 인간과 비인간(동물, 기계, 환경 등) 간의 상호 연결성과 의존성을 강조한다. 로지 브라이도티(Rosi Braidotti)는 '포스트휴먼'이라는 개념이 결코 인류의 종말이나 유토피아적 해방만을 의미하지 않으며, 오히려 인간이라는 범주의 한계를 성찰하는 "비판적 실천"임을 강조한다(Braidotti, 2013). 요컨대 포스트휴머니즘은 낙관이나 비관의 이분법을 넘어, 현재 진행중인 기술적·생물학적 변화 속에서 인간 주체의 개념을 재구성하려는 철학적 흐름이다.

포스트휴머니즘 담론에는 다양한 학자들이 기여해 왔으며, 각자의 관점에서 인간과 기술, 생명에 대한 새로운 시각을 제시한다. 브라이도티는 《포스트휴먼(The Posthuman)》(2013) 등을 통해 인간 중심주의에 대한 페미니즘적 비판을 심화시키며, 인간을 특별시 해 온 전통적 'Man' 개념이 실은 특정 권력과 특권을 반영한 산물이라고 지적한다. 브라이도티는 '생명 중심(zoe-centric)' 관점을 주창하여 인간을 포함한 모든 유기체적 삶의 연속성과 '종(trans- species)의 연대'를 강조하고, 포스트휴먼 주체를 관계적이며 육체적이고 상호 연결된 존재로 정의한다. 그녀에 따르면 포스트휴먼 주체는 더 이상 경계 지어진 개별적 개인이 아니라 "초월적 의식에 국한되지 않고, 관계적이고 체화(embodied)된 존재"로 이해되어야 한다. 이러한 브라이도티의 관점은 포스트휴머니즘이 인간 신체의 초월이나 탈육화를 추구하는 것이 아니라, 오히려 물질성과 유한성을 인정하는 윤리적 태도임을 나타낸다.

한편, 영문학자 캐리 울프(Cary Wolfe)는 포스트휴머니즘을 인간 이후 등장하는 어떤 '신인류'에 대한 상상이 아니라, 인문주의 이후(after humanism)의 문제들을 다루는 방식으로 정의한다. 그는 《포스트휴머니즘이란 무엇인가?(What is Posthumanism?)》(2010)에서, 기존의 휴머니즘과 기술적 트랜스휴머니즘 모두 인간중심적 사고를 강화하는 경향이 있다고 비판한다. 울프에 따르면 전통적 휴머니즘이든 미래 지향적 트랜스휴머니즘이든 '해방된 진정한 자아'를 찾는 점에서 유사하며, 이는 모두 인간을 특별한 존재로 상정하는 휴머니즘의 연장선일 뿐이다. 따라서 그는 포스트휴머니즘을 인간/비인간 경계를 문제시하며, 인간을 지식의 절대 기준으로 삼는 태도를 거부하는 비판적 사유로 제시한다.

도나 해러웨이(Donna Haraway)는 1985년의 '사이보그 선언(Cyborg Manifesto)'을 통해 일찍이 사이보그를 포스트휴먼 담론의 상징적 존재로 내세웠다. 해러웨이의 사이보그는 유기체와 기계, 자연과 문화의 경계를 교란시키는 '혼종적 존재'로서, 여성주의적 관점에서 가부장적 이분법을 전복하는 정치적 은유였다. 그녀는 인간과 비인간(특히 기계, 동물)의 구분이 모호해지는 현대에 사이보그가 "우리의 사회적·신체적 현실을 허구적으로 그려낸 지도" 역할을 한다고 설명한다. 이후 해러웨이는 '반려종(companion species)' 개념을 통해 인간과 다른 생명체 간의 공존과 상호 형성을 강조하기도 했는데, 이는 인간 정체성이 타자(동물, 기술)와의 관계 속에서 만들어진다는 포스트휴먼 관점을 뒷받침하고 있다.

N. 캐서린 헤일즈(N. Katherine Hayles)는 저서 《우리는 어떻게 포스트휴먼이 되었는가(How We Became Posthuman)》(1999)에서 사이버네틱스와 정보기술 발달로 나타난 탈육체화 경향을 분석하며, 초기 사이버 문화 담론이 신체의 소멸을 환상적으로 추구한 것을 비판했다. 그녀는 '신체의 소멸(erasure of embodiment)'이 전통적인 자유주의적 인간관과 사이버네틱 포스트휴먼 담론 모두에서 공통적으로 나타나는 문제라고 지적한다. 다시 말해, 인간을 순수한 정신으로 보고 물질적 몸을 부차화하는 태도가 인간중심주의와 기술유토피아 양쪽에 존재한다는 것이다. 헤일즈는 이러한 경향을 경계하면서 정보와 신체의 균형을 강조하는 포스트휴머니즘을 제안한다. 그녀의 관점에서 포스트휴먼이란 인간과 기계의 융합 속에서도 인간의 체화성과 유한성을 인정하며, 기술에 대한 비판적 이해를 동반하는 존재 방식이다. 이를 통해 헤일즈는 포스트휴먼 담론이 육체 없는 지성에 대한 환상이 아니라, 물질적 신체성과 기술의 상호작용을 숙고해야 함을 일깨운다.

2) 춤의 포스트휴먼적 논의: 인간, 비인간, 기술의 관계

이러한 포스트휴먼적 논의는 무용학에도 새로운 시각을 제공한다. 전통적으로 무용은 인간 신체의 예술로 인식되어 왔으나, 포스트휴머니즘은 춤을 인간-비인간의 혼합적 산물로 바라보게 한다. 현대무용 이론가들은 춤이 단순히 인간 무용수 개인의 표현이 아니라, 다양한 비인간 요소(기술, 오브제, 환경)와 어우러진 아상블라주(assemblage)에 의해 생성됨을 지적하고 있다. 실제로 힐러리 버건(Hilary Bergen)은 춤을 연구하며 "춤은 신체를 포함하지만 신체에 국한되지 않은 아상블라주에 의해 생산되며, 이러한 방식으로 춤은 인간 신체를 초월한다"고 말한다(Bergen, 2022). 예컨대 무용 공연에서 조명, 무대 기술, 영상, 알고리즘 등이 결합되어 만들어 내는 총체적 움직임은 더 이상 인간 무용수의 신체에만 국한되지 않는다는 것이다. 이는 춤추는 신체의 확장으로 볼 수 있는데, 기술을 통해 무용수의 신체적 한계를 넘어 새로운 형태의 움직임과 감각을 창출할 수 있게 된다.

무용에서 인간과 기술의 융합은 포스트휴먼적 신체 개념을 실험하는 장이 된다. 무용수는 센서, 의수족, 로봇 팔 등의 기술을 착용하거나 상호작용함으로써 마치 사이보그와 같은 존재가 되어 무대에 서기도 한다. 이러한 사이보그적 퍼포먼스는 인간 신체의 경계를 확장하고 전통적인 신체 개념에 도전장을 내밀며, 무대 위에서 인간/기계의 융합을 시각화한다. 예를 들어 오스트레일리아의 퍼포먼스 아티스트 스텔락(Stelarc)은 로봇 팔을 자신의 몸에 부착하거나 원격조종으로 신체를 움직이게 하는 실험을 통해 '인체의 디자인을 업그레이드'하는 예술을 선보였는데, 이는 인간 신체의 개념이 기술로 인해 어떻게 변모할 수 있는지를 극단적으로 보여 준다.

또한 무용에 내재된 기술성도 포스트휴머니즘적 관점에서 재조명된다. 춤 테크닉 자체를 일종의 기술(technicity)로 보는 시각에 따르면, 반복적 훈련과 움직임 패턴으로 이루어진 춤은 본래부터 인간-비인간(신체와 테크닉 장치)의 협업이라 할 수 있다. 버건은 춤이 한편으로 인간의 창조적 자기표현 통로이지만 동시에 '신체의 기술성(technicity)'으로서 인간의 범주에 의문을 제기한다고 말한다(Bergen, 2022). 예컨대, 발레에서 무용수들이 철저히 기계적인 동작의 일치를 추구할 때, 그 광경은 인간 신체의 표현성과 기계적 규율 사이의 긴장을 드러낸다. 이는 인간 무용수가 오히려 기계처럼 행동하도록 훈련되는 아이러니로, 군무(corps de ballet)의 동시성과 규칙성은 인간/기계의 경계를 묘하게 흔든다. 이처럼 무용은 오래전부터 '무용하는 기계'의 이미지를 소환해 왔으며(예: 고전발레 속 인형 캐릭터, E.T.A.호프만의 올림피아), 현대의 첨단 기술과 결합한 춤은 이러한 경향을 한층 현실화하고 있다.

결국 포스트휴머니즘 시대의 무용은 인간, 비인간, 기술이 얽힌 복합적 실천으로 이해된다. 이는 무용 창작과 향유에서 주체의 개념이 분산된다는 것을 의미한다. 안무가는 더 이상 단독 창조자가 아니라 알고리즘이나 인공지능과 협업하고, 무용수의 신체는 센서나 프로그래밍된 오브제와 상호작용하며, 관객조차도 가상현실 속 아바타로 참여하는 등, 무용의 주체가 인간 개인에서 '네트워크적 존재'로 확장된다. 이러한 변화 속에서 무용학적 의미도 진화하여 진정성, 원본성, 소유권과 같은 전통 개념들이 도전받고, "인간의 시작과 끝은 어디인가"라는 질문이 무용을 통해 탐색되고 있다.

2. 포스트휴머니즘 시대의 춤 실천 사례

1) 인공지능(AI)과 알고리즘을 활용한 춤

현대의 무용 창작자들은 인공지능과 알고리즘을 새로운 안무 도구로 활용하며 포스트휴먼 시대의 예술 실천을 실험하고 있다. 앞의 장에서 언급한 것처럼 대표적으로 영국의 안무가 웨인 맥그리거(Wayne McGregor)는 구글 예술과 문화연구소와 협업하여 'AI 기반 안무 보조 시스템'을 개발했다. 그는 지난 25년간 자신의 작품 영상 수백 시간을 AI에 학습시켜, 인공지능이 그의 춤 스타일을 익히도록 했다. 그 결과 만들어진 도구는 무용수의 현재 자세를 인식해 다음에 올 가능성이 높은 동작 몇 가지를 실시간으로 화면에 제시하는 시스템으로, 맥그리거는 이를 창작에 활용했다. 이 'Living Archive' 프로젝트는 안무가의 아카이브를 기반으로 AI가 독자적인 움직임 시퀀스를 생성해 내는 실험으로서, AI와 인간 안무가의 공동작업 형태를 띤 것이라 할 수 있다. 맥그리거는 이러한 기술이 "어떻게 항상 신선한 동작을 창조할 것인가"라는 안무의 오래된 질문에 대한 새로운 도전이라고 설명하며, 대규모 데이터와 예측 알고리즘을 통해 창작의 영감을 얻고자 했다. 그가 개발한 AI 안무 도구는 실제 무대 작품에도 적용되어, 안무 과정에서 무용수와 함께 즉흥적으로 동작을 만들어 나가는 데 사용되었다. 이처럼 AI는 안무가의 창작 파트너로 등장함으로써, 과거 인간의 고유 영역으로 여겨진 예술창작 과정에 비인간 지능이 참여하는 포스트휴먼적 양상을 보여 준 사례이다.

사실 알고리즘을 활용한 춤 창작은 완전히 새로운 개념은 아니다. 이미 20세기 중반부터 안무가들은 확률, 규칙 기반 구성 등 '절차적 창작법'을 도입해 왔으며, 1960년대에는 컴퓨터를 이용한 무작위 춤 시퀀스 생성 실험도 있었다. 예를 들어 1964년 피츠버그 대학의 잔 비먼(Jeanne Beaman)과 폴 르바서(Paul LeVasseur)는 컴퓨터 프로그램으로 시간, 방향, 움직임 유형 등을 조합한 무작위 안무를 생성한 선구적 사례를 남겼다. 또한 현대무용의 거장 머스 커닝햄은 우연성과 알고리즘을 적극 활용한 안무 기법으로 유명하다. 그는 1990년대에 'LifeForms'라는 초기 컴퓨터 안무 소프트웨어를 사용하여 새로운 동작 어휘를 실험했고, 1999년 작품 〈BIPED〉에서는 무용수의 움직임을 모션캡처로 추출해 가상 캐릭터로 무대에 투사하는 시도를 선보였다.

이러한 역사적 맥락에서, 오늘날의 AI 안무는 최신 기술을 활용한 알고리즘 창작의 연장선에 있지만 질적으로 다른 단계에 진입했다고 볼 수 있다. 머신러닝 기반의 AI는 단순한 확률적 조합을 넘어 기존 데이터를 통해 학습하고 스타일을 모방하거나 새로운 변이를 생성할 수 있기 때문이다. 이에 따라 안무가는 자신의 스타일을 외부 지능에 '이식'하여 바라보는 색다른 관점을 얻거나, 예측하지 못한 움직임 제안을 통해 창작의 편견을 깨뜨릴 수 있다. 그러나 동시에 예술적 주체성과 창의성의 경계에 대한 철학적 질문도 제기된다. 안무가 맥그리거 역시 AI와 작업하면서 "춤이 AI에 의해 발전되는 것은 한계가 있다. 결국 AI도 인간이 부여한 전제에 따라 만들어지기 때문"이라고 언급하며, AI가 제시한 움직임을 최종적으로 선택하고 맥락화하는 것은 인간 무용수와 안무가의 몫임을 시사했다. 요컨대, AI와 알고리즘의 도입은 안무의 도구와 개념을 확장시켰지만, 예술적 판단과 의미 부여의 역할에서 인간의 개입이 새로운 형태로 계속 필요함을 보여 주는 것이다.

2) 로봇과 퍼포먼스

포스트휴먼 시대의 무대에는 산업용 로봇이나 안드로이드 같은 로봇 배우들이 등장하여 인간 무용수와 나란히 공연하는 사례도 늘고 있다. 이러한 인간-기계 공존 퍼포먼스는 기술적 성취뿐 아니라 인간성과 기계성의 경계를 탐구하는 예술로 주목받고 있다. 대만의 안무가 황이(Huang Yi)는 〈Huang Yi & KUKA〉라는 작품에서 산업용 로봇 팔(arm)과 2인무를 추며 큰 반향을 일으켰다. KUKA라는 이름의 이 로봇 팔은 원래 공장 자동화에 쓰이지만, 황이는 직접 로봇을 프로그래밍하여 마치 무용수처럼 섬세한 움직임을 구현해 냈다. 그는 한 인터뷰에서 "1분 분량의 안무를 프로그래밍하는 데 약 10시간이 걸린다"고 밝히며, 로봇과의 춤을 위해 방대한 시간의 코딩 작업이 필요함을 언급했다. 안무를 짜고 코드로 입력하는 창작-프로그래밍의 왕복 과정에서, 그는 종종 "문제가 코딩에 있는 것이 아니라 내가 무엇을 춤추고 싶은지 아직 깨닫지 못한 데 있다는 걸 알게 된다"고 말했다. 이 말은 인간 안무가의 예술적 구상과 로봇의 기술적 구현 사이에 상호 피드백이 일어난다는 의미이다. 실제로 황이는 안무를 구상한 뒤 로봇을 움직여 보면 새로운 영감이 떠오르고, 그러면 다시 안무를 수정하는 식으로 인간과 기계의 협업적 창작을 진행했다고 설명한다. 완성된 공연에서 그는 로봇과 마주 앉아 서정적인 듀엣을 추는데, 로봇 팔의 기계적 정밀함과 인간 무용수의 유연성이 조화를 이루며 관객에게 독특한 감성을 전달한다. 이 작품은 기계가 단순 도구를 넘어 무대 위 파트너로 기능할 수 있음을 보여 주었고, 인간-기계 관계에 대한 철학적 성찰을 불러일으켰다. 관객들은 로봇의 움직임에서 의외의 생명성을 느끼고, 인간 무용수는 로봇과 교감하며 마치 서로 대화하듯 춤을 이어가는 광경에서 미래적 아름다움을 발견한다. 〈Huang Yi & KUKA〉는 세계 여러 도시에서 공연되며 기술과 예술의 융합 가능성을 시연했고, 인간과 로봇의 공존이라는 포스트휴먼 시대의 한 풍경을 무대화한 대표 사례로 평가받는다.

일본의 로봇공학자 히로시 이시구로(Hiroshi Ishiguro) 역시 인간과 로봇의 경계를 실험하는 예술 프로젝트에 참여해 왔다. 그는 인간과 닮은 안드로이드 로봇을 개발한 것으로 유명한데, 2017년에는 프랑스 미디어 아티스트 저스틴 에마드(Justine Emard)의 작품 〈Co(AI)xistence〉에 자신의 연구팀이 만든 로봇 '알터(Alter)'를 제공하여 무용 공연을 선보였다. 이 작품에서는 일본의 무용가 모리야마 미라이(Moriyama Mirai)와 로봇 알터가 무대에서 함께 존재(co-existence)한다. 알터 로봇은 사람과 비슷한 형태의 하드웨어(강철 골격과 얼굴 마스크)를 지녔지만 움직임 원리는 인간을 모방한 것이 아닌, 도쿄대 이케가미 연구실이 개발한 인공 신경망 기반의 독자적 동작 생성 알고리즘에 따라 작동한다. 즉, 알터는 주변 환경 데이터를 스스로 분석해 자율적인 몸짓과 소리를 생성할 수 있는 일종의 원시적 인공생명으로 설계되었다. 공연에서 모리야마는 이 로봇과 마주하여 즉흥적인 움직임 대화를 나누는데, 이는 사전에 안무된 동작을 로봇이 따라 하는 것이 아니라 로봇이 실시간 생성하는 움직임에 인간 무용수가 반응하며 서로 교감을 이루는 형태를 보여 주었다. 작품 설명에 따르면, "모리야마의 신체는 로봇 알터의 특이성에 의해 다시 배움을 얻는다"고 한다. 다시 말해 인간 무용수가 로봇의 예측 불가능한 활력에 몸을 맡기고 새로운 움직임 양식을 습득해 간다는 뜻이다. 실제로 공연에서 인간과 로봇은 빛이 가득한 실험실과 어둠 속 가상공간 두 장면에 걸쳐 몸짓의 대화를 이어 가는데, "각기 다른 감각을 지닌 인간과 로봇이 자신들의 신체 언어로 대화한다"는 묘사가 성립된다. 로봇은 딥러닝을 통해 무용수와의 만남으로부터 학습하여 자신의 움직임 표현을 발전시키고, 무용수는 로봇의 움직임에 영감을 받아 자신의 신체 표현을 변모시킨다. 이처럼 〈Co(AI)xistence〉는 과학적 실험과 예술 퍼포먼스의 경계를 넘나들며, 숫자 데이터와 인간 움직임 간 인터페이스를 창조해 낸 사례로 평가된다. 이 작품은 관객들로 하여금 '생명'의 정의를 다시 생각하게 만드는데, 무대 위 로봇의 존재감이 묘하게 인간적이고 동시에 이질적으로 다가와 포스트휴먼 시대 인간성과 타자성의 교차를 체험하게 한다.

이 외에도 로봇과 함께하는 무용/공연의 예는 꾸준히 늘고 있다. 예를 들어, 디지털 홀로그램 가수이자 댄서인 하츠네 미쿠(Hatsune Miku)는 전 세계 팬들 앞에서 완전히 가상의 신체로 콘서트를 펼치고 있으며, 보스턴 다이내믹스(Boston Dynamics)의 이족보행 로봇 아틀라스(Atlas)와 로봇견 스폿(Spot)은 인터넷에 공개된 영상에서 인간처럼 음악에 맞춰 춤을 추어 큰 화제를 모았다. 비록 보스턴 다이내믹스의 사례는 예술 공연이라기보다 기술 시연이지만, 관객들은 로봇들이 음악 리듬에 맞춰 군무를 펼치는 모습에서 미래 무용의 한 단면을 연상케 했다. 이러한 현상들은 로봇이 단순한 도구를 넘어 무용의 주체로 부상하고 있음을 보여 주며, 포스트휴먼 무용의 가능성과 쟁점을 실감하게 한다. 인간 무용수와 로봇의 듀엣은 미학적으로도 새로운 아름다움을 창출하지만 동시에 "과연 로봇도 예술적 주체가 될 수 있는가?", "인간의 감정 이입은 어디서 발생하는가?" 등의 질문을 제기한다. 요컨대 로봇과 퍼포먼스의 결합은 예술과 기술, 인간과 비인간의 공존을 무대라는 공간에서 실현함으로써, 포스트휴머니즘 담론을 체화하는 중요한 예술적 실천이라 할 수 있다.

3) 가상현실(VR), 증강현실(AR), 아바타, 인터랙티브 퍼포먼스

디지털 가상공간과 현실 세계의 경계를 허무는 VR/AR 기술은 무용의 창작과 감상 방식에도 혁신을 불러일으키고 있다. 가상현실 무용은 관객이 VR 헤드셋을 착용하고 가상공간 안에서 무용 공연을 경험하는 형태로, 무용수의 움직임이 3D 모션캡처로 기록되어 가상 아바타로 구현되거나 미리 제작된 VR 안무 세계에 관객이 직접 참여할 수 있다. 스위스의 안무가 질 조뱅(Gilles Jobin)의 작품 〈VR_I〉는 이러한 VR 무용의 선도적 사례로, 세계 최초로 완전한 몰입형 가상현실에서 구현된 현대무용 작품으로 알려져 있다. 〈VR_I〉에서는 한 번에 5명의 관객이 VR 기기를 착용하고 가상공간에 들어서게 되는데, 각 관객은 자신의 움직임을 충실히 따라 하는 아바타로 표현되어 가상 세계 속을 자유롭게 이동할 수 있다. 관객 아바타들 주변으로는 안무가가 미리 만들어 놓은 5명의 가상 무용수 아바타가 함께 존재하며, 관객들은 마치 무용수가 된 것처럼 가상 공연에 능동적으로 참여하게 된다. 이 작품에서는 광활한 사막, 도시 풍경, 산악 지대의 로프트 등 여러 초현실적 무대 배경이 펼쳐지고, 관객들은 서로를 바라보고 상호 작용하면서 동시에 가상 무용수들의 춤을 다양한 각도에서 감상할 수 있다. 〈VR_I〉는 현실의 물리적 한계를 넘어 관객을 무용 세계 안으로 순간이동함으로써 공연예술의 몰입감과 상호작용성을 극대화한 사례이다. 이를 통해 안무가는 현실에 대한 인식과 신체 감각을 새로운 방식으로 질문하며, 무용 예술이 가상공간에서 어떻게 구현되고 수용될 수 있는지를 탐구했다. 2018년 베네치아 비엔날레와 선댄스 영화제 등에서 소개된 이 작품은 기술과 예술 협업의 성공적 예로 평가받으며, 이후 여러 VR 무용 프로젝트에 영감을 주었다.

증강현실(AR) 기술도 무용에 창의적으로 활용되고 있다. AR은 현실 공간 위에 디지털 영상이나 3D 객체를 겹쳐 보여 주는 기술로, 관객이 스마트폰이나 AR 안경을 통해 자신의 눈앞 현실에 무용수 혹은 무용 영상이 출현하게 한다. 2020년 미국 필로볼러스(Pilobolus) 무용단과 멜리사 페인터(Melissa Painter)의 MAP Design Lab은 《YouDanceWeDance》라는 AR 프로젝트를 선보였는데, 이는 관객이 스마트폰 앱을 통해 세계적인 무용수들의 춤을 자신의 거실 탁자 위에 3D 홀로그램으로 불러올 수 있는 경험을 제공했다. 이 AR 안무는 사용자가 감상 각도를 자유롭게 바꾸거나, 여러 감정 테마에 따라 춤 동작을 선택해 볼 수 있게 설계되었다. 예컨대 기쁨, 슬픔, 분노 등의 테마를 고르면 그에 맞는 무용수가 나타나 공연하는 식이다. 이로써 관객은 단순히 무용을 보는 것을 넘어 증강된 현실에서 무용을 배치하고 조작하는 새로운 경험을 하게 된다. 이러한 시도는 공연예술의 탈장소화를 보여 주는데, 더 이상 극장이나 무대에 직접 가지 않아도 관객 각자의 현실 공간이 곧 공연장이 될 수 있음을 의미한다. 특히 코로나19 팬데믹 시기에는 이러한 원격/가상 무용 체험이 더욱 주목받아, 여러 무용가들이 Zoom이나 VRChat 같은 플랫폼에서 아바타 공연, 온라인 인터랙티브 춤 등을 실험하기도 했다. AR 무용은 교육 분야에서도 응용되어, 안무가나 교사가 증강현실로 무용 동작을 가르치거나 함께 춤추는 프로그램이 개발되는 등 무용 훈련 방식에도 변화를 주고 있다.

디지털 아바타 무용도 흥미로운 영역이다. 이는 인간 무용수가 센서를 달고 추는 동작을 실시간 3D 아바타로 표현하거나, 혹은 완전히 가상의 캐릭터가 무용수 역할을 하는 것을 가리킨다. 전자의 예로, 한 무용수가 모션캡처 슈트를 입고 공연하면 무대 스크린이나 온라인 가상 세계에 그의 아바타가 동일한 춤을 추는 식의 퍼포먼스를 생각할 수 있다. 이러한 방식으로 한 걸음 더 나아가면 원격지에 있는 무용수의 움직임 데이터를 전송받아 다른 공간에 홀로그램으로 투영하는 일도 가능하다. 이미 일부 기술 예술 행사에서는 홀로그램 무용수가 등장해 현실 무용수와 듀엣을 추는 실험이 이루어졌고, 이는 공간적 제약을 넘어선 텔레-프레즌스(tele-presence) 춤으로 언급된다. 한편, 가상의 무용수의 대표 사례인 하츠네 미쿠는, 비록 가수가 주된 정체성이지만 퍼포먼스 면에서 디지털 아바타 예술가의 가능성을 보여 주었다. 미쿠의 춤 동작은 모션캡처된 인간 안무가의 창작이 투영된 것이지만, 관객에게는 물리적 실체 없는 홀로그램 댄서가 현실의 무대에서 공연하는 광경으로 다가온다. 이러한 경험은 "실재하는 신체 없이도 감동적인 춤 공연이 가능하다"는 다소 철학적인 의문을 자아내며, 무용의 개념을 다시 생각해 보게 한다. 더 나아가 최근에는 AI 기술로 가상의 안무가도 실험되고 있다. 예를 들어, 일부 디지털 예술 프로젝트에서는 인간 안무 없이 AI가 생성한 움직임을 가진 CG 캐릭터들이 무용 영상을 만들어 내는데, 이는 장차 완전한 디지털 무용단의 출현 가능성까지도 상상하게 한다.

인터랙티브 무용 기술 역시 포스트휴먼 무용 사례에서 빼놓을 수 없다. 여기에는 관객의 참여나 무용수의 동작 데이터가 실시간으로 공연에 반영되는 형태의 작품들이 포함된다. 예를 들어, 무용수의 신체에 부착된 센서가 움직임에 따라 음향이나 영상 효과를 실시간으로 변화시키는 공연은 1990년대부터 이어져 온 뉴미디어 무용의 한 흐름이었다. 미국의 트로이카 랜치(Troika Ranch) 그룹은 무용수 동작을 컴퓨터가 인식하여 조명과 영상이 반응하도록 한 인터랙티브 공연을 선보였고, 캐나다의 '믹스드 리얼리티' 공연들에서는 관객이 휴대폰을 통해 공연 전개에 영향을 주는 실험도 있었다. 이러한 상호작용 기술은 무용을 고정된 안무의 재현이 아닌 실시간 생성되는 이벤트로 변화시켜, 무용수-기술-관객이 한데 어우러지는 참여형 예술을 구현한다. 나아가 인공지능 관객(AI 관객)이 표정을 분석해 무용수에게 피드백을 주거나, 관객이 VR 속 아바타로 등장해 무대 서사에 참여하는 등, 공연의 경계가 유연해지는 미래도 모색되고 있다.

이처럼 다양한 사례들은 오늘날 춤이 포스트휴먼 기술들과 만나 끊임없이 변모하고 있음을 보여 준다. 무용수의 신체는 더 이상 유기적 살과 뼈로 이루어진 인간만을 의미하지 않으며, 센서로 확장되고 아바타로 복제되며 로봇과 교감하는 유동적 매체로 탈바꿈하는 것이다. 이러한 변화 속에서 안무의 개념도 진화하여, 창작 주체는 분산되고 작품은 열린 구조를 갖게 된다. 동시에 무용예술은 기술에 대한 철학적 질문을 제기하는 실천이 되었다. 인간과 기계의 경계, 가상과 현실의 경계, 육체성과 비물질성의 경계를 아슬아슬하게 넘나드는 춤 작품들은 우리에게 몸의 의미, 움직임의 본질, 그리고 인간다움의 정의를 다시 생각해 보게 만든다. 그리하여 포스트휴머니즘과 춤의 융합은 단순한 기술 응용을 넘어 예술을 통한 존재론적 탐구로 자리 잡고 있으며, 이러한 총체적 탐색을 통해 춤은 새로운 지평으로 나아가고 있다.

3. 생태환경과 춤

포스트휴먼 시대는 생태학적 관점에서 인간과 자연의 경계를 넘어서 예술이 어떻게 확장될 수 있는지도 탐구한다. 특히 최근 대두된 Blue Humanities(블루 인문학 또는 물 인문학), 여성학을 기반으로 하는 에코페미니즘과 이러한 이론을 바탕으로 비인간 존재(자연, 동물, 해양 등)를 주체로 포함하는 예술 작업에 관한 학문적 논의가 진행되고 있다. 이 글에서는 영미권 연구를 중심으로 블루 인문학과 에코페미니즘 이론, 그리고 비인간 주체와 예술 작업을 소개하며 자연-인간 경계를 허무는 새로운 무용예술의 가능성을 모색한다.

1) Blue Humanities와 춤의 유동

Blue Humanities란 인문학 연구의 중심을 육지가 아닌 '바다'로 이동시키는 학제적 흐름이다. 문학학자 스티브 멘츠(Steve Mentz)는 Blue Humanities를 "문화사의 궤적을 육지 중심이 아닌 해양 중심으로 놓는" 시도로 정의한다(Mentz, 2018). 다시 말해 우리의 행성을 '지구(Earth)'보다 '대양(Ocean)'으로 인식해야 한다는 문제의식으로부터 출발하는 것이다. 멘츠에 따르면, 바다의 "낯설고 압도적인 심해의 압력"은 인간 중심의 익숙한 이야기를 낯설게 하여 새롭게 서술하도록 만든다. 이러한 관점은 환경 인문학의 해양적 전환으로, 생태학적 상상력을 다양성, 유동적 운동, 순환과 교류의 이미지로 확장하고자 한다. Blue Humanities는 해양 환경에 깃든 복잡한 역사—예컨대 노예무역, 제국주의, 항해 등의 서사—를 비판적으로 성찰함과 동시에, 바다의 유동성(fluidity)을 새로운 은유와 사유의 원천으로 삼는다.

이처럼 '물의 인문학'이라 불리는 Blue Humanities는 주로 문학, 역사, 문화연구 분야에서 발전해 왔지만, 그 유동성(fluidity) 개념은 무용과 같은 공연예술에도 시사점을 준다. 스테이시 알라이모(Stacy Alaimo) 등의 학자는 인간 신체와 환경의 경계를 허무는 이론을 전개했는데, 알라이모는 '횡단-신체성(trans-corporeality)' 개념을 통해 인간의 몸이 환경의 물질 흐름과 떼어낼 수 없이 얽혀 있다고 주장한다(Alaimo, 2012). 예컨대 바다에 들어선 인간의 몸은 물, 해류, 수중 생물과 물질적·감각적으로 교류하며, 더 이상 완결된 개체가 아닌 환경과의 연속체로 거듭난다. 이러한 사유는 무용수가 해양 환경 속에서 움직일 때, 그 몸짓 역시 자연과 상호작용 속에 있음을 드러낸다. 실제로 해양 인문학자이자 잠수사인 멜로디 쥬(Melody Jue)는 스쿠버다이빙을 통한 체험이 기존의 육지 중심 사고를 전복한다고 말하며, 물속에서의 감각을 통해 새로운 해석학을 제안한다(Jue, 2020). 이는 물질적으로 잠긴 몸의 시각에서 인간 문화와 매체를 재고하는 것으로, 무용에 있어서도 "물속에서 생각하기(Thinking through Seawater)"라는 그녀의 표현처럼, 바다의 유동성이 춤의 어법이 될 수 있음을 시사한다.

Blue Humanities의 관점에서 '춤의 유동성'을 논한다면, 이는 물의 리듬과 동작을 닮은 춤 혹은 바다를 매개로 한 퍼포먼스를 의미하기도 한다. 현대무용의 선구자 이사도라 던컨 조차도 20세기 초 자연의 동작에 영감을 받아 '파도, 물결, 새의 비행' 등의 이미지를 춤 동작으로 모방했다고 전해진다. 그녀는 인위적인 발레 기법 대신 '인간의 영혼이 자연과 조화롭게 몸을 움직이는 것'을 이상으로 삼았는데, 바닷물의 조수나 수중에서 굴절되는 빛 등 유동하는 자연 현상을 춤의 어휘로 끌어들였다. 이러한 자연 친화적 움직임은 오늘날 Blue Humanities 맥락에서 재해석될 수 있다. 즉, 춤을 통해 바다의 동역학을 표현하거나 해양 환경의 리듬에 몸을 동기화하는 시도가 가능하다. 실제 사례로, 무용수들이 얕은 물이나 해변, 또는 수족관을 무대로 하여 물의 흐름에 몸을 맡기는 퍼포먼스들이 등장하고 있다. 예를 들어, 무용단 Kristin

McArdle Dance는 심해 생물의 발광과 동작에서 영감을 받은 현대무용 작품 ⟨Aqua Borealis⟩를 선보였는데, 어둠 속에서 녹색 불빛을 띤 무용수들이 마치 바닷속을 유영하는 생물처럼 무대에 등장해 팔다리를 빛나게 흔드는 장면이 연출되었다. 이 작품은 해양학자 실비아 얼(Sylvia Earle)의 해설과 함께 진행되어, 관객들이 춤을 통해 빛으로 소통하는 바다 생명체를 간접 체험하도록 했다. 이는 논리적 이성보다는 감각과 정서를 자극하여 바다에 대한 경외와 보호 의식을 불러일으키려는 시도로 기획되었는데, 과학적 해설과 예술적 춤이 결합하여 해양 생태계의 아름다움과 위기를 호소한 사례다. 이처럼 Blue Humanities 담론은 시, 문학뿐 아니라 무용, 공연, 미디어아트에서 물의 유동성과 바다의 내러티브를 예술적으로 풀어낼 수 있는 새로운 가능성의 장을 열고 있다.

또 다른 측면에서, Blue Humanities는 해양 환경 그 자체와 교감하는 예술을 지향한다. 예술가들이 바다를 단순한 배경이 아니라 능동적 파트너로 간주하기 시작하면서, 현대무용과 퍼포먼스 아트에도 해양 생태계와의 상호작용이 중요하게 부각된다. 예컨대 세계적인 미디어 아티스트 조안 조나스(Joan Jonas)는 ⟨Moving Off the Land II⟩(2019)라는 작품에서 '바다와 그 생물들을 기리는 다층적 퍼포먼스'를 선보였다. 조나스는 전 세계 수족관과 해안에서 직접 촬영한 비디오 영상과 해양생물학자 데이비드 그루버(David Gruber)가 제공한 심해 영상들을 겹쳐 투사하고, 자신은 무대 위에서 물고기와 신화적 바다 생명체를 몸짓으로 표현했다. 그녀는 움직임, 라이브 드로잉, 낭독, 음악을 한데 엮어 신화와 현실이 교차하는 수중 세계를 무대에 불러 냄으로써, 관객들이 심해 생명체의 시각으로 본 새로운 이야기를 경험하도록 했다. 비평가는 조나스의 작품이 "바다를 시적이고 토템적이며 생태적인 존재로 바라보게 하며, 문화 속 바다의 역할을 재조명한다"고 언급한다. 이러한 예술 실천은 Blue Humanities의 핵심 정신—인간 중심 서사를 넘어 바다의 관점에서 사고하기—을 공연예술로 구현한 사례라 할 수 있다. Blue Humanities는 바다의 유동성을 통해 인문학과 예술의 지평을 확장하는 담론이며, 춤과 퍼포먼스 분야에서도 물의 움직임과 해양의 서사를 창의적으로 수용하는 방향으로 나아가고 있다. "바다는 살아 있다(The ocean is alive)"는 메시지가 무대 위에서 실제 몸짓으로 형상화되고, 인간 무용수의 신체는 심해의 압력과 리듬을 느끼고 표현하는 매개체가 되어간다. 이러한 유동적 춤은 자연과 문화의 이분법을 허물고, 포스트휴먼 시대의 새로운 예술적 상상력을 보여 준다.

2) 에코페미니즘과 춤의 정치

에코페미니즘(Ecofeminism)은 여성주의와 생태학적 관점을 통합한 사상으로, 여성에 대한 억압과 자연환경에 대한 억압이 밀접하게 연결되어 있다는 주장에 기반한다. 이 용어는 1974년 프랑스 작가 프랑수아즈 도본(Françoise d'Eaubonne)이 저서 《페미니즘 아니면 죽음(Le

Féminisme ou la Mort》에서 처음 사용했으며, 이후 1970년대 후반부터 제2세대 여성운동과 환경운동의 교차 지점에서 부상했다. 에코페미니스트들은 가부장적 사회에서 여성과 자연이 모두 지배와 착취의 대상이 되어 왔음을 지적하며, 두 대상의 해방이 상호 의존적이라고 주장한다. 다시 말해 인간 사회의 남성 중심적 지배 구조가 여성에 대한 차별뿐만 아니라 자연 파괴로도 이어졌다고 보고, 이러한 '지배의 논리(logic of domination)'를 비판한다. 특히 서구 전통 철학이 정신을 육체보다 우위에 두고 이성은 남성에, 자연과 육체는 여성에 연관시키며 종속시켜 온 이분법적 사고를 에코페미니즘은 문제시한다. 에코페미니즘 사상가들은 인간/자연, 남성/여성의 이분법을 넘어 모든 생명에 대한 상호 존중과 돌봄의 윤리를 강조하며, 여성과 자연 모두에 대한 탈위계적 관계를 지향하는 것이 특징이다.

에코페미니즘은 등장 이후 다양한 흐름으로 발전해 왔다. 일부는 마리아 미스(Maria Mies)나 반다나 시바(Vandana Shiva)처럼 식민주의와 자본주의가 여성과 제3세계 환경을 이중으로 착취하는 현실을 고발하며 대안적 생태 공동체를 모색하는 사회적·사회주의적 에코페미니즘(물질주의 에코페미니즘)으로 이어졌다(Mies & Shiva, 1993). 다른 한편으로 스타호크(Starhawk)나 캐롤 크리스트(Carol Christ) 등의 영적·문화적 에코페미니즘은 여신(女神) 숭배와 자연에 대한 영적 연결을 통해 생태계 회복과 여성의 힘을 강조한다(Starhawk, 1979). 이들은 종교나 의식에서 대지의 모신(Mother Earth)을 재조명하고, 현대 문명이 억압한 자연에 대한 경외심을 되살리려 했다. 이 외에도 자유주의적 관점에서 환경정책에 여성의 목소리를 높이는 리버럴 에코페미니즘 등 여러 분파가 존재하며, 1990년대 이후에는 에코페미니즘 내부에서도 본질주의 논쟁(여성성을 자연과 동일시하는 경향에 대한 비판)이 등장하여 보다 교차성에 기반한 발전적 논의가 이루어졌다. 그럼에도 에코페미니즘의 근본 취지는 '여성과 자연은 모두 존중받아야 한다'는 윤리로 요약될 수 있다.

역사적으로 에코페미니즘은 학술 이론인 동시에 풀뿌리 운동의 형태로 나타났다. 예를 들어 1970년대 인도의 칩코 운동(Chipko movement)에서는 히말라야 산간 지역 여성들이 나무를 끌어안고 벌목을 막아 냈는데, 이는 여성들이 생계를 위해 의존하는 숲을 지키기 위한 비폭력 저항이었다. 이 사건은 여성과 자연이 협력하여 가부장적 개발 논리에 맞선 상징적인 사례로 종종 언급된다. 서구에서는 1980년대 영국의 그린엄 커먼 여성 평화캠프가 핵무기 배치에 항의하며 장기간 캠핑과 시위를 벌였고, 이 역시 생태 파괴와 군사주의에 맞선 여성들의 연대라는 점에서 에코페미니즘적 실천으로 해석된다. 이런 운동들은 이후 학자들에게 영감이 되어, 캐롤린 머천트(Carolyn Merchant)의 《자연의 죽음(The Death of Nature)》(1980), 발 플럼우드(Val Plumwood)의 《페미니즘과 자연 지배(Feminism and the Mastery of Nature)》(1993), 카렌 워렌(Karen Warren)의 《에코페미니즘: 여성 문화 자연(Ecofeminism: Women Culture Nature)》(2018) 등 핵심 저작을 통해 에코페미니즘의 철학적 기반이 다져졌다. 머천트는 근대 과학과 산업화가 자연을 여성적으로 타자화하여 지배한 과정을 비판했고, 플럼우드는 이성/자연의 이원론을 마스터 모델(master model)로 규정하여 생태계 파괴와 여성 억압의 근원이 되는 사고방식을 분석했다. 요컨대, 에코페미니즘은 자연에 대한 태도를 재검토함과 동시에 여성에 대한 태도를 변화함으로써 인간과 자연의 관계를 평등하고 지속가능하게 재구성하려는 이론적·실천적 움직임이라 할 수 있다.

춤과 몸의 정치성: 페미니즘 및 환경적 관점에서의 논의

춤은 인간의 몸을 매개로 하는 예술인 만큼, 사회문화적 맥락에서 신체에 부여된 의미와 정치성에서 자유로울 수 없다. 페미니즘 관점에서 춤과 신체는 오랫동안 중요한 담론의 대상이 되어 왔다. 전통적으로 여성의 몸은 무용에서 주로 심미적 객체나 성적 대상으로 여겨졌고, 발레 등의 장르에서는 특정한 몸매와 동작만을 우아함으로 규정하며 여성 신체를 규율해 온 것은 이제 잘 알려진 사실이다. 20세기 초 등장한 현대무용은 이러한 억압적 규범에 대한 반발로서, 여성 무용가들이 자기 신체에 대한 주체적 표현을 추구한 운동이었다. 예컨대 현대무용의 어머니로 불리는 이사도라 던컨은 빅토리아 시대의 엄격한 무용 규칙을 거부하고 맨발로 자연스러운 움직임을 펼침으로써 '자유로운(body free) 춤'의 개념을 열었는데, 이는 여성 신체의 해방과 자연스러운 표현을 예찬한 혁명적 행보였다. 그녀는 산업화와 빅토리아 시대의 위선에 대응하여 자연과 조화된 신체와 영혼의 연결을 강조했고, 이러한 사상은 여성 춤이 단순한 오락이나 미적 대상이 아니라 인간 해방의 매개가 될 수 있음을 처음으로 천명한 사례라 할 수 있다.

이처럼 춤에서 몸의 정치성(body politics)을 자각하려는 시도는 이후 많은 여성 무용가에게 이어졌다. 1960~70년대에는 제2세대 페미니즘 영향으로 현대무용과 퍼포먼스 아트에서 여성들이 자신의 경험과 감정을 몸으로 솔직하게 드러내며 가부장제가 부여한 여성성의 고정관념을 비판하는 작업들이 등장했다. 솔로춤이나 자기 신체를 소재로 한 퍼포먼스는 여성들에게 자신의 몸에 대한 서사권을 되찾는 수단이 되었다. 실제로 무용학자 수잔 포스터는 많은 여성 안무가가 솔로 작품을 통해 사회가 규정한 여성다움의 이미지를 분해하고 새로운 정체성을 만들어 왔다고 지적한다. 이러한 흐름에서 "개인의 사적 경험은 정치적 의미를 가진다"는 페미니즘 슬로건이 춤의 맥락에서도 구현되었다. 무용수의 신체는 단순한 미적 도구가 아니라, 여성으로서의 삶과 억압, 욕망과 저항을 체화하여 보여 주는 정치적 현장이 된 것이다.

환경적 관점에서 볼 때에도 춤과 신체는 중요한 함의를 지닌다. 앞서 언급한 바와 같이 서구 근대 이념은 인간의 이성과 정신을 자연과 신체 위에 군림시키는 경향이 있었다. 이러한 이분법은 남성=문화/정신, 여성=자연/신체라는 도식을 만들어 여성과 자연을 동시에 억압하는 논리를 제공했다. 에코페미니즘은 이 잘못된 위계에 도전하여 신체적 경험과 자연의 가치를 복권시키려 한다. 춤은 바로 몸의 움직임을 예술의 핵심으로 삼기 때문에, 인간 신체의 감각적·직접적 경험을 중시한다. 이는 인간이 자연의 일부로서 체화된 존재(embodied being)임을 인식하게 하는 효과가 있다. 춤추는 행위는 머리로 자연을 이해하는 것이 아니라 몸으로 자연을 느끼고 표현하는 것이므로, 인간-자연 간 분리를 좁히는 역할을 할 수 있다. 실제 퍼포먼스 연구자들은 '안무적 신체(choreographic body)'라는 개념을 통해, 공연예술에서 움직이는 인간의 몸이 관객과 환경 사이의 관계를 매개하고 변화시킬 수 있다고 설명한다. 즉 무용수의 신체는 그저 개인의 몸이 아니라, 무대 공간과 관객, 나아가 주변 환경과 소통하는 매체가 된다는 것이다.

특히 장소특정적 춤이나 야외 퍼포먼스에서는 신체와 자연환경의 관계가 직접적으로 드러난다. 일례로, 현대무용가 안나 할프린(Anna Halprin)은 1960년대부터 무대에서 벗어나 숲이나 바닷가 등 자연환경 속에서 춤추는 워크숍과 공연을 진행하며, 자연과 몸이 교감하는 무용을 개척했다. 그녀의 활동은 관객들로 하여금 일상적으로는 분리되어 있는 무용수의 몸과 자연 풍경을 한데 보도록 함으로써, 몸=자연의 감각을 일깨웠다는 평가를 받는다. 이처럼 춤은 심미적 행위인 동시에 사회·환경적 실천이 될 수 있으며, 무용수가 몸을 통해 발신하는 메시지는 성별 권력부터 생태계에 대한 태도까지 폭넓은 정치성을 내포한다. 페미니즘과 환경의 교차 지점에서 춤은 억압에 저항하고 대안을 모색하는 행동의 예술로 자리매김하게 된 것이다.

그렇다면 구체적으로 춤이 자연과 여성의 관계를 어떻게 표현하느냐는 점을 좀 더 들여다보자. 춤을 통한 자연과 여성의 관계 표현은 다양하게 나타나는데, 이는 때로는 상징적으로, 때로는 신체적 은유를 통해 드러난다. 가부장적 담론에서는 종종 여성과 자연을 동일시하며 '어머니 지구(Mother Earth)'처럼 여성에게 신화적 자연의 이미지가 투사되곤 했다. 에코페미니즘은 이러한 동일시에 내재한 부정적 함의를 비판하면서도, 동시에 그 연결고리를 새로운 의미로 재전유하려는 노력을 보인다. 춤 예술에서 여성 무용수들은 자연의 요소를 몸짓으로 구현하거나, 여성성과 자연 사이의 유사성을 창의적으로 형상화함으로써 이 관계를 표현해 왔다.

신화적·원형적 상징을 활용하는 사례로, 마사 그레이엄(Martha Graham) 등의 현대무용 안무가는 여신, 대지 모신 등의 이미지를 작품에 소환하여 대지의 생명력과 여성의 창조성을 연결 짓곤 했다. 예를 들어 그레이엄의 작품 〈Primitive Mysteries〉(1931)에서는 성모와 토착민 의식의 모티프를 통해 공동체의 생명 순환을 묘사하는데, 여기서 여성 무용수들의 군무는 풍요로운 자연과 모성적 에너지의 상징으로 읽힌다. 이러한 공연은 여성의 신체성을 자연의 주기와 교감시키는 한편 남성 중심 종교가 억압해 온 여성적 영성을 춤으로 복원하려는 시도로 볼 수 있다. 또 다른 방식으로, 무용수의 움직임 질과 형태 자체가 자연과 여성의 관계를 은유하기도 한다. 현대무용 초기부터 이사도라 던컨은 바람, 파도, 나무의 움직임에서 영감을 받은 동작들을 즐겨 사용했고, 자신의 춤을 '자연의 연장선'으로 묘사했다. 그녀의 제스처와 이동은 때로는 나부끼는 나뭇가지나 밀려오는 파도를 연상시켰고, 이는 자연과 합일된 해방된 여성상을 체현한 것이라 평가된다. 이런 자연적 움직임 언어는 이후 수많은 현대무용 레퍼토리에서 계승되어, 여성 무용수가 자연의 대변인처럼 무대에 서는 이미지를 만들어 냈다. 예컨대 무용수의 유연한 척추 곡선은 언덕과 강을 암시하거나, 원을 그리는 동작은 생명의 순환을 상징하면서 여성의 생리적 주기나 달의 주기와도 연결된 해석을 낳았다. 이러한 심상적 표현을 통해 관객들은 여성의 신체 움직임 속에서 자연의 리듬과 형상을 발견하고, 여성과 자연이 분리된 존재가 아니라 조화롭게 어우러질 수 있는 존재임을 느끼게 된다.

페미니스트 퍼포먼스 아트에서도 여성 신체와 자연의 직접적 결합을 보여 준 선구적 작품들이 있다. 쿠바 출신의 예술가 아나 멘디에타(Ana Mendieta)는 1970년대에 자연환경 속에 자신의 나체 실루엣을 남기는 〈Silueta〉 연작 등 '대지-신체 미술(earth-body art)'을 선보였는데, 이는 여성의 몸을 흙·나무·불과 같은 자연 요소와 합일시킨 강력한 이미지를 만들어 냈다. 예를 들어 그녀는 진흙과 풀로 자신의 몸을 뒤덮고 나무와 한 몸이 되거나, 흙바닥에 몸의 윤곽을 파서 불꽃을 채워 넣는 퍼포먼스를 통해 여성=자연의 상징적 서사를 만들었다. 멘디에타의 이러한 작품들은 에코페미니즘적 예술로도 자주 언급되며, 여성과 자연의 긴밀한 관계를 시각적으로 보여 준 사례로 평가된다. 그녀의 신체는 자연의 일부가 됨으로써 고향(자연)에 대한 갈망과 여성의 생명력을 동시에 표현했고, 이는 여성과 자연 모두에 가해진 폭력(망명과 훼손)에 대한 '저항의 제의'처럼도 보였다(Mendieta, 1983).

이렇듯 춤과 퍼포먼스에서 여성의 몸은 때로 자연의 은유로, 때로는 자연 그 자체로 등장한다. 중요한 것은 이러한 표현이 단순히 '여성=자연'이라는 도식을 반복하는 데 머물지 않고, 비판적 맥락을 갖는다는 점이다. 즉, 여성 무용수가 자연을 표상할 때 이는 종종 인간중심주의나 남성중심주의에 대한 반성적 메시지를 수반한다. 가령 어떤 작품에서 여성 무용수가 메마른 나무나 죽어 가는 동물의 이미지를 안무에 담았다면, 이는 여성의 몸을 통해 자연 파괴의 고통을 대변함과 동시에, 자연을 돌보는 것이 곧 여성에 대한 존중과 연결됨을 암시할 수 있다. 반대로 풍요로운 숲이나 흐르는 강물을 닮은 군무를 보여 줄 때는, 여성들이 주체적으로 자연의 생명을 축하하고 보호하는 존재로 그려짐으로써 기존의 수동적 이미지에 도전하게 된다. 이러한 다양한 안무적 상징을 통해 춤은 여성과 자연의 관계를 복합적으로 조명하며, 관객들로 하여금 그 관계의 의미를 재고하게 만드는 역할을 한다.

춤을 통한 생태 메시지 전달은 상징적 표현, 감정적 소구, 현장 체험, 참여적 연대, 매체 융합 등 다양한 방식을 통해 이루어지고 있다. 이는 관객의 인지뿐 아니라 감정과 행동에 변화를 일으킬 수 있다는 점에서, 춤이 환경 교육이나 운동의 한 형태로도 기능할 수 있음을 보여 준다. 실제 연구에서도 무용을 통해 인간이 비인간 자연(non-human nature)에 대한 운동감각적 인식을 발전시킬 때, 생태학적 지식과 가치관이 깊어진다고 지적한다. 이런 맥락에서 춤은 생태철학의 실천적 도구로 간주될 수 있으며, 에코페미니즘이 지향하는 바를 대중에게 전달하는 효과적인 매체임을 알 수 있다.

에코페미니즘-신체 연구 동향

공연의 현장뿐만 아니라, 에코페미니즘과 춤의 교차 지점에 관한 학술 연구는 21세기로 접어들며 점점 활발해지고 있는 분야로, 다양한 관점의 연구들이 존재한다. 먼저 철학적 담론에서는 여성주의 철학과 생태철학의 융합을 다룬 저작들이 이론적 토대를 제공한다. 앞서 언급한 발 플럼우드의 《페미니즘과 자연 지배》나 그레타 가드(Greta Gaard) 등의 저술(1993, 2012)은 여성-자연의 연결고리를 분석하고 에코페미니즘의 윤리적 전망을 제시한다. 이러한 이론들은 몸의 중요성을 역설하며, 추상적 담론을 넘어서 체현된 경험의 영역으로 관심을 확장한다. 가령 카렌 워렌(1997)은 에코페미니즘에서 몸의 경험을 이론화해야 한다고 주장하면서, 춤이나 예술에서 여성의 신체가 수행하는 역할에 주목한다. 이는 "여성의 몸이 억압과 저항의 현장"이라는 페미니즘 논의를 생태철학과 연결시키는 작업이라 할 수 있다.

공연학(Performance Studies) 분야에서는 에코페미니즘적 관점을 무용과 연극, 퍼포먼스에 적용한 연구들이 나타났다. 니젤 스튜어트(Nigel Stewart)는 2010년 논문 〈장소의 얼굴과 함께 춤추다: 환경무용과 생태현상학(Dancing the Face of Place: Environmental Dance and Eco-Phenomenology)〉에서 '환경무용(environmental dance)'이라는 개념을 소개하며, 춤이 어떻게 인간의 운동 감각을 통해 생태 인식을 고취시키는지 분석했다. 그는 메를로-퐁티 등의 현상학 이론을 원용하여, 무용수를 포함한 수행자들의 신체적 경험이 환경적 가치관(axiology) 형성에 기여한다고 설명한다. 이러한 연구는 춤을 단순한 실행이 아니라 생태철학적 실천으로 해석함으로써, 무용과 환경윤리를 접목시킨 사례라 할 수 있다. 한편, 가브리엘 A. 베이커(Gabriel A. Baker)는 석사 논문 및 학술지를 통해 현대무용 창작과 에코페미니즘을 직접 연결시킨 연구를 수행했다(Baker, 2015). 이는 1980년대 반핵 여성운동에 영감을 받은 솔로 창작 과정을 기록한 것으로, 그 과정에서 등장한 주제들(예: 체현된 공포, 익숙한 것의 낯설게 하기 등)을 에코페미니즘 맥락에서 해석한 것이다. 베이커의 연구는 실천 기반 연구(Practice-as-Research) 방법론을 통해 이론과 실천을 결합한 점에서 의의가 있는데, 이는 예술 생산 자체가 하나의 지식 창출 과정임을 보여 준다. 베이커의 사례처럼, 최근에는 무용수나 안무가 본인이 자신의 작품을 연구 대상으로 하여 페미니즘적·생태학적 의미를 분석하는 자기반영적 연구도 늘어나고 있다.

또한 환경예술 이론(Environmental Art Theory)에서도 에코페미니즘과 퍼포먼스의 관련성을 다룬 문헌들이 있다. 1970년대 이후 등장한 대지미술(Land Art)이나 생태예술(Eco-Art) 운동에서 여성 예술가들의 기여를 재평가하는 연구들이 그것이다. 예를 들어 아나 멘디에타의 작업을 에코페미니즘 관점에서 해석한 학위논문들이 있으며, 마리안나 오르로프스키(Marianna Orlofske) 등 학자들은 1970~80년대 여성 퍼포먼스 예술(옷을 벗고 자연과 교감하는 행위 등)이 에코아트의 시초로서 가지는 의미를 조명한다. 옥스포드 백과사전의 한 항목에서는 이를 "신체예술(body-art)에 집중한 퍼포먼스가 정체성 표현의 수단이 되었고, 이들이 생태 예술(eco-art)의 장르에 포함되면서 에코페미니즘 미술로 인식되었다"는 취지로 설명한다. 이러한 맥락에서, 여성 퍼포먼스 예술은 단순한 자기표현을 넘어 환경을 위한 예술적 행동이 되었으며, 이는 오늘날 무용과 공연예술 전반에 영향을 미쳤다고 볼 수 있다.

무용학계에서도 포스트휴먼 담론과 연결된 연구가 진행되고 있다. 이는 인간 중심주의를 넘어 인간-비인간 존재의 연관성을 모색하는 철학 흐름으로, 에코페미니즘과 맥을 같이한다. 예컨대 플로렌스 피츠제럴드-올솝(Florence Fitzgerald-Allsopp)은 2020년 논문에서 들뢰즈와 가타리의 '동물-되기(becoming-animal)' 개념과 도나 하라웨이(Donna Haraway)의 '함께-되기(becoming-with)' 개념에 기대어, 공연예술에서 인간이 동물과 뒤섞이는 변신을 에코페미니즘적 수행으로 해석했다. 그는 종교 의례나 현대 공연에서 인간이 동물의 움직임을 모방하거나 혼합하는 장면이 남성/여성, 인간/동물의 이분법을 교란시켜 치유와 활력의 효과를 낸다고 주장한다. 이러한 연구는 무용을 포스트휴먼적 상상력의 실험장으로 보고, 여성과 자연(동물)의 관계를 재구성하는 예술 실천으로 조명한 흥미로운 사례로 인식된다.

마지막으로, 춤 교육 분야에서도 에코페미니즘적 시각이 도입되고 있다. 2020년대 들어 무용학자들은 무용 교육과정에 생태정의(Eco-Justice) 교육을 통합하자고 제안하고 있으며, 학생들이 춤을 통해 지속가능성, 환경윤리, 성평등의 가치를 함께 배우도록 하는 접근에 관심을 기울인다. 이는 미래 세대의 무용예술가들이 신체 훈련과 기교 습득을 넘어서, 환경과 사회에 대한 책임 의식을 갖춘 시민 예술가로 성장하게 하려는 움직임이다. 이러한 교육적 변화 역시 에코페미니즘이 무용계에 미치는 한 영향이라 볼 수 있다.

종합하면, 에코페미니즘과 춤에 관한 연구는 이론적·실천적·교육적 차원에서 다각도로 이루어지고 있음을 알 수 있다. 학자들은 에코페미니즘 이론을 통해 춤의 의미를 새롭게 해석하고, 무용가들은 창작과 공연으로 그 이론을 현실에 적용하며, 교육자들은 차세대에 그 가치들을 전수하려 노력한다. 이러한 통섭적 연구들은 모두 춤을 인간과 자연을 잇는 행위로 바라본다는 공통점을 가지며, 예술을 통한 사회·환경적 변화 가능성을 모색한다. 에코페미니즘과 춤의 융합은 여전히 발전 중인 영역이지만, 이미 나온 성과들만 보아도 학제 간 담론의 풍부함과 예술 실천의 힘을 확인하게 한다. 이러한 연구 주제는 21세기 환경 위기와 젠더 이슈가 지속되는 한, 더욱 중요한 물음과 의미로 자리할 것이다.

3) 비인간 존재와 춤의 재해석

앞의 절에서 살펴본 Blue humanities와 에코페미니즘처럼 포스트휴먼시대 생태학적 접근은 인간을 특권적 중심에서 내려놓고 비인간 존재들의 주체성과 행위성(agency)을 인정하고 있다. 이러한 관점이 예술에 적용되면서, 자연(물, 해양, 식물)과 동물 등이 예술의 공동창작자나 공연자로 참여하는 실험적인 사례들이 증가하고 있는 점은 시의성을 다분히 띠고 있으며 학문적으로도 주목할 만하다. 전통적으로 무용은 인간 무용수의 움직임을 중심으로 했지만, 이제는 비인간 생명과 물질에까지 무대의 범위를 넓힘으로써, '인류세(Anthropocene)'라고 명명되는 21세기 환경 위기 속 새로운 관계 맺기를 모색하고 있다. 따라서 비인간 존재의 영역을 조금 더 폭넓게 들여다보고자 한다. 예술 현장에서 이는 '인터스피시즈 퍼포먼스(interspecies performance)', 즉 종(種) 간 공연이라는 형태로 나타난다. 영국 미학회(British Society of Aesthetics)에서는 "공연예술에서 인간-동물 조우가 인간 주체성의 한계를 어떻게 도전하는가"를 논하며, "이종 간 퍼포먼스는 종들 사이에 더 큰 친화성과 관계성을 제공한다"고 강조한다. 인간과 동물이 함께 무대에 오르거나, 인간 무용수가 동물의 움직임을 모방하고 교감하는 이러한 시도들은, 인간-동물 이분법을 재고하고 "타자와 함께 됨(becoming-with)"의 감각을 일깨운다. 비인간 존재와의 예술적 상호작용 사례는 다양하다.

현대 안무가들은 동물의 생태와 움직임을 연구하여 작품에 활용하거나, 실제 동물과 함께 공연하기도 한다. 미국의 안무가 제니퍼 몬손(Jennifer Monson)은 'Bird Brain(2000-2005)'이라는 5년짜리 춤 프로젝트를 통해 철새의 이동 경로를 따라가며 춤을 추었다. 그는 무용수들과 함께 철새(오리, 기러기, 물떼새 등)가 이동하는 경로를 따라 북미와 남미 대륙을 종단하며, 각 지점에서 장소특정적(site-specific) 공연을 열었다. 이 프로젝트는 새들의 이주 습성과 생태 환경을 무용 언어로 탐구한 것으로, 새의 비행 패턴, 무리 지어 나는 '군무' 등을 인간의 움직임으로 재현하거나 응용했다. 몬손은 위성추적장치(GPS)와 웹 기술을 활용해 과학자, 환경단체, 지역 학교와 실시간으로 소통하면서, 과학과 예술, 대중을 잇는 참여형 공연을 만들었다. 예를 들면 2002년의 회색고래 경로 투어에서는 실제 회색고래의 이동을 쫓아 해안 지역에서 공연했고, 2004년 북극제비갈매기 투어에서는 해당 새들이 머무는 습지에서 즉흥춤을 선보였다. Bird Brain 프로젝트의 핵심은 '새와 인간의 생물학적이고 비유적인 관계'를 탐구하는 것이었는데, 이를 통해 인간 무용수가 일종의 '이주하는 동물'이 되어 자연의 리듬에 동참하는 새로운 무대 언어를 창조해 냈다고 평가받는다. 이런 작업은 동물이 안무가가 되고 인간이 그 안무를 따라 움직인다는 측면에서, 인간과 비인간의 주체성이 수평적으로 만나는 예술 실천으로 받아들여진다.

또 다른 눈에 띄는 사례로, 퍼포먼스 아티스트 키라 오라일리(Kira O'Reilly)는 자신의 신체를 동물과 함께 놓는 도발적인 작품들을 선보였다. 그중 〈돼지와 함께 잠들기(Sleeping with a Pig)〉(2009)라는 작업에서 그녀는 실제 살아 있는 돼지와 며칠간 우리 안에서 함께 생활하는 행위를 관객에게 공개했다. 이 퍼포먼스는 인간/동물 사이의 경계를 무너뜨리고 교감과 신뢰의 관계를 실험한 것으로 해석된다. 돼지의 일상 리듬에 인간이 자신을 맞추고, 같은 공간을 공유함으로써 나타나는 상호영향이 곧 작품의 내용이 된다. 이러한 '함께 존재하기'를 통한 퍼포먼스는 인간 중심으로만 짜인 드라마가 아니라 양쪽 존재의 예측 불가능한 상호작용 자체를 드러낸다. 마찬가지로, 무용가 시몬 포르티(Simone Forti)는 일찍이 1960년대에 동물원의 동물 움직임을 관찰·모방하는 즉흥춤을 시도했고, 후에 〈동물원 만트라(Zoo Mantras)〉라는 작품으로 발전시켰다. 포르티는 바다사자나 곰의 움직임을 몸에 체화하여, 인간이 동물의 몸짓 언어를 배운다면 어떤 감각이 열리는가를 탐구했다. 이는 공연자가 일시적으로 '동물 되기(becoming-animal)'를 수행함으로써, 인간의 신체성마저 비인간적 생명의 일부로서 재인식하게 만드는 사례라고 할 수 있다.

Blue humanities의 핵심인 해양 및 물과의 예술적 상호작용이 돋보이는 공연으로, 비인간 주체로서 물(Water) 자체를 무대의 행위자로 삼는 시도도 주목된다. 예술가 시갈릿 란다우(Sigalit Landau)는 사해(Dead Sea)에 밧줄을 설치하고 시간이 흐르며 소금 결정이 형성되는 과정을 비디오로 촬영한 '염전의 줄넘기' 작업을 선보였는데, 여기서 물과 소금의 자연 작용이 곧 퍼포먼스가 된다. 무용에서도 물과 함께 추는 춤이란 개념이 등장하는데, 예컨대 무용수들이 얕은 물 속이나 폭포 주변에서 물의 흐름을 활용한 안무를 구성하는 것이다. 환경무용(Eco-dance) 분야에서 활동하는 일부 안무가들은 강, 호수, 바다와 같은 자연 현장에서 춤추며, 물결에 몸을 맡기거나 물과 신체적 접촉을 하면서 자연의 물리력과 조화를 이루는 공연을 만든다. 이러한 작업에서 물은 그저 배경이 아니라, 춤의 리듬과 형태를 빚어내는 파트너가 된다. 물속에서 움직이면 평소와 다른 부력, 저항감, 유동성이 발생하여 무용수의 동작도 새롭게 변형된다. 이처럼 물리적 환경과 신체가 하나의 시스템으로 엮일 때, 관객은 인간의 춤이 곧 자연의 동작처럼 느껴지는 독특한 미감을 경험한다. 무용가이자 프리다이버인 줄리 고티에(Julie Gautier)의 작품 〈AMA〉는 이런 경계를 극적으로 보여 준다. 고티에는 세계에서 가장 깊은 수영풀(Y-40, 수심 40m)에서 숨을 참은 채 수중 공연을 펼쳤다. 이 영상 작품에서 그녀는 물속에서 수 분간 우아하게 회전하고 걸음을 내딛는데, 긴 머리카락과 옷자락이 물결에 흩날리며 만들어 내는 시각적 유희는 마치 무중력 우주 또는 태아가 양수 속에서 움직이는 장면을 연상시킨다. 〈AMA〉는 일본어로 '해녀'를 뜻하며, 작가는 이 작품을 "세계 모든 여성들에게 바친다"고 언급했다. 여기서 물이라는 매체는 여성 무용수의 움직임을 감싸안고 증폭시키면서, 인간의 춤을 초현실적이고 탈인간화된(post-human) 모습으로 변화시킨다. 물과 인간의 동반 퍼포먼스로서 〈AMA〉는 포스트휴먼 예술의 한 단면―인간이 자연의 일부로서 움직일 때 드러나는 새로운 시각―을 잘 보여 준다.

동물이나 물뿐만 아니라 식물, 곤충, 미생물 등도 예술적 상호작용의 주체로 떠오르고 있다. 예를 들어, 덴마크 안무가 메트 잉바르트센(Mette Ingvartsen)는 '인공 자연 프로젝트(The Artificial Nature Project)'에서 무대에 나뭇잎, 물, 빛 등을 대량으로 쏟아붓고 무용수와 뒤섞이게 하여, 인간과 비인간 물질의 경계가 흐려진 공연 공간을 만들었다. 여기서 낙엽이나 물에 반사된 빛이 움직이는 모습 자체가 안무의 일부가 되며, 인간 무용수는 그 변화를 민감하게 따라 반응한다. 또한 영국 안무가 쇼바나 제야신(Shobana Jeyasingh)의 작품 중에는 무용수와 로봇 곤충 드론이 함께 무대에 올라 군집적 움직임을 보여 주는 시도가 있었는데, 이 역시 기술-비인간 존재와 인간의 협업이라는 포스트휴먼적 주제를 탐구한다. 이러한 퍼포먼스들은 비인간 객체들의 자율적 움직임을 적극 수용하고, 인간 행위자가 이에 응답하는 즉흥성을 중요시한다는 공통점이 있다. 포스트휴먼 철학자 제인 베넷(Jane Bennett)이 말한 '사물의 활력(thing-power)'—인간이 아닌 물질도 고유의 효과와 힘을 지닌다는 개념—이 예술로 구현된 셈이다.

지금까지 다양한 사례들은 포스트휴먼 시대의 예술이 인간, 비인간, 환경의 복합적 얽힘 속에서 떠오르고 있음을 보여 준다. 다시 이론으로 돌아가면, 이러한 흐름을 철학적으로 뒷받침하는 것이 바로 포스트휴먼 생태철학이다. 포스트휴머니즘 사상가들은 인간을 분리된 개체로 보지 않고, 광범위한 생태계의 한 요소로 파악한다. 철학자 로지 브라이도티는 이를 '제로(zooe) 중심주의'로 설명하면서, 인간이 모든 생명의 연속선상에 있는 존재임을 받아들이자고 제안한다. 도나 해러웨이 역시 인간과 다른 종들이 맺는 '공생적 얽힘(sympoiesis)'을 강조하며, '함께-만들기(collective creation)'의 윤리를 통해 인류세의 위기에 대응해야 한다고 역설한다. 이러한 철학들은 예술계에 큰 영향을 주어, 춤과 공연예술계에서 비인간에 대한 새로운 감수성을 키우는 토대가 되었다. 부용수나 공연자들은 자기 신체를 확장된 생태계의 일부로 인식하며, 안무의 범위를 인간 심리나 사회적 메시지에 국한하지 않고 환경 전체의 서사로 넓히고 있다(Jensen, 2022).

특히 심해 생태계와 춤의 연결은 포스트휴먼적 상상력을 자극하는 흥미로운 지점이다. 심해는 인류가 가장 덜 탐사한 영역으로서, 낯설고 기이한 생명체들이 살고 있는 미지의 세계다. Blue humanities 연구에서 심해는 흔히 우주 공간에 비견될 만큼 인간에게 이질적인 환경으로 언급되며, 우리의 상상력을 해방시키는 역할을 한다. 안무가 레베카 젠슨(Rebecca Jensen)은 〈심해의 춤(Deep Sea Dances)〉(2017)이라는 작품에서 이러한 심해를 무용으로 표현하려는 시도를 했다. 그녀는 동료 예술가 16명과 함께 심해를 탐구하는 공동 움직임 언어를 개발하고, 멜버른의 Dance Massive 페스티벌에서 즉흥 군무 형태로 보여 주었다. 이 프로젝트의 텍스트에 따르면, 〈심해의 춤〉은 "이해 불가능의 비유로 흔히 쓰이는 심해의 역설, 공포, 희망, 가능성을 탐색"하며, 이분법적 사고를 넘어 다중적인 연결을 지향했다고 한다. 실제 공연에서는 심해 생물들의 느리고 유영하는 움직임, 빛이 없는 공간에서의 감각을 무용수들이 신체로 표현하여, 관객들이 낯선 심해에 대한 공감각적 경험을 하도록 연출되었다고 전해진다. 심해 생태계를 춤으로 옮기는 이러한 시도는, 인간이 경험하지 못한 영역까지 상상으로 포괄함으로써 포스트휴먼적 상상력을 최대치로 확장하는 사례이다. 관객은 인간의 통제 밖에 있는 자연의 일부를 예술적으로 '체험'하면서, 인간 중심의 감각이 상대화되는 것을 느낀다. 이에 대해 알라이모는 심해 생물을 다룬 영상들이 종종 '외계의 것'으로 소비되지만, 오히려 그러한 낯섦이 우리 책임감을 단절시키기도 한다고 지적한다(Alaimo, 2012). 그래서 그녀는 심해 생명체를 미적인 경이로서만 소비하지 않고, 윤리적 상호연결성을 일깨우는 방향으로 예술을 바라본다. 뉴욕에 있는 Aqua Borealis 무용단에서 보여 준 과학적인 심해 발광 생물의 모습과 무용수들의 발광 의상 군무는 아름다움에만 머무는 것이 아니라 해양 보존에 대한 감정적 호소로 이어졌다. 이 공연을 기획한 측은 "사람들은 논리가 아니라 마음이 움직일 때 행동한다"고 강조하면서, 예술이야말로 바다를 위한 행동을 불러일으키는 열쇠임을 밝혔다(Beck, 2012). 이는 포스트휴먼 시대 예술이 단순히 인간의 감상을 넘어, 인간과 비인간 공동의 생존을 위한 윤리적 실천으로 이어질 수 있음을 보여 준다.

포스트휴먼 시대의 생태철학과 춤의 접점은 예술의 외연을 인간에서 자연 전체로 확장하고, 무대의 주체를 다종의 생명과 물질로 다양화하는 방향으로 나타나고 있다. Blue Humanities를 통해 바다의 유동성과 심층적 서사가 춤과 예술의 새로운 모티프로 떠올랐으며, 비인간 주체를 포용하는 예술 실천을 통해 인간은 자연 세계와 공동 창조를 수행하고 있다. 이러한 흐름은 에코페미니즘과 결이 닿으면서도 보다 포괄적 포스트휴먼 관점에서 인간/동물/식물/물질의 경계 허물기를 시도한다는 점에서 특징적이다. 자연과 인간의 이분법을 넘어선 예술은 관객에게 생태계의 일원으로서의 새로운 정체성을 체험하게 하고, 나아가 지속가능한 공존에 대한 사유를 촉진한다. 바다처럼 서로 이어진(interconnected) 세계에서, 춤은 더 이상 인간만의 몸짓이 아니라 지구적 삶의 춤으로 변모하고 있는 것이다.

VII
영미권 주요 무용학자와 비평가

1. 무용학 형성에 기여한 주요 학자

1) 수잔 리 포스터(Susan Leigh Foster)

학문적 배경 및 현재 소속

수잔 리 포스터는 미국 무용학계의 개척적인 인물로, Swarthmore College에서 인류학 학사 학위를 받고 UCLA에서 무용 석사, UC 산타크루즈의 History of Consciousness 프로그램에서 박사 학위를 취득했다. 1981년부터 Wesleyan 대학교 무용과 교수로 재직하다가 1990년 캘리포니아대 리버사이드 캠퍼스(University of California, Riverside) 무용과 학과장으로 부임하여 미국 최초의 비판적 무용학 박사과정을 설립하는 데 기여했다. 2001년부터 UCLA World Arts and Cultures/Dance 학과 교수로 재직했고, 현재 동 대학 저명 석좌교수(Distinguished Professor)로서 연구 활동을 이어가고 있다.

주요 연구 관심사

포스터는 무용 이론과 무용사, 그리고 신체에 관한 역사/담론 이론을 주요 연구 관심으로 삼는다. 춤의 의미 생성과 해석에 관한 선구적인 연구를 해 왔으며, 무용과 신체를 역사적·문화적 맥락에서 분석하는 작업을 주로 수행한다. 특히 무용을 담론(discourse)으로 읽어 내는 비평 이론, 무용의 서사성과 젠더/정치성을 탐구하는 연구로 알려져 있다. 이러한 관심은 포스트모던 무용의 미학, 신체이론(몸의 감각과 공감, 움직임의 지각 등) 그리고 춤과 역사서술의 관계 등에 대한 그녀의 폭넓은 저술에 반영되어 있다.

주요 저서 및 연구 업적

현대 무용학의 중요한 저서들을 여러 권 집필했다. 첫 저서 《춤 읽기: 현대 미국 춤의 몸과 주제(Reading Dancing: Bodies and Subjects in Contemporary American Dance)》(1986)를 통해 현대무용을 해석하는 새로운 방법론을 제시했으며, 이 책으로 무용학 최고 권위의 De la Torre Bueno 상을 수상했다. 이후 《안무와 서사: 발레의 이야기와 욕망의 무대화(Choreography and Narrative: Ballet's Staging of Story and Desire)》(1996), 《자기 서술적 춤: 리처드 불의 즉흥 안무(Dances that Describe Themselves: The Improvised Choreography of Richard Bull)》(2003), 《공감의 안무: 공연에서의 운동감각(Choreographing Empathy: Kinesthesia in Performance)》(2011) 등을 연이어 출판하면서 무용의 서사, 즉흥성과 자기지시성, 무용수와 관객 사이의 운동 공감(empathy)

등에 대한 담론을 발전시켰다. 최근작으로 무용과 노동의 관계 및 무용의 가치평가를 다룬 《춤의 가치: 교환과 선물의 움직임(Valuing Dance: Commodities and Gifts in Motion)》(2019)을 출간하여 춤의 경제적·문화적 가치를 분석했다. 이 밖에도 《역사의 안무(Choreographing History)》(1995), 《신체성(Corporealities)》(1996), 《춤의 세계화(Worlding Dance)》(2009) 등의 무용학 연구 선집을 편집하며 무용 담론의 지평을 넓혔다.

최근 연구 동향

21세기 포스터의 연구는 무용과 노동, 경제 담론의 교차에 초점을 맞추고 있다. 특히 최근 진행한 'Dance and/as Labor' 프로젝트를 통해 무용을 노동의 관점에서 재조명하고, 신자유주의 시대에 춤의 가치와 신체 훈련 담론이 어떻게 변화하는지를 탐구했다. 이 연구는 춤을 물질적 생산물뿐 아니라 비물질적 노동으로 간주하여, 글로벌 자본주의 맥락에서 춤의 거래 가치와 선물로서의 가치를 비교 및 평가한다. 이러한 관심은 2010년대 후반 저서 《Choreographing Empathy》와 《Valuing Dance》에서도 드러나며, 춤의 감각적 경험과 사회경제적 가치 사이의 연결고리를 이론화하고 있다. 또한 포스터는 무용 퍼포먼스 연구 방법론으로서 'Performed Lecture(공연화된 강의)' 형식을 개척, 자신의 강의를 춤과 결합한 새로운 형식으로 발표함으로써 무용 실천과 이론 생산을 접목시키는 시도를 꾸준히 하고 있다.

중요성 및 공헌

포스터는 현대 무용학의 지평을 넓힌 선구자 중 한 명으로 평가된다. 특히 무용을 담론적으로 분석하는 비평 방법을 정립하고, 무용을 통한 지식 생산이라는 개념을 강조함으로써 무용 연구를 인문학의 주류 담론으로 부상시키는 데 기여했다. 그녀의 저작들은 무용을 사회문화적 맥락에서 해석하고 이론화하는 틀을 제공하여, 후속 연구자들이 춤을 텍스트처럼 읽고 해석하는 접근을 취할 수 있게 했다. 예를 들어, 《Reading Dancing》은 춤 비평의 새로운 지평을 열었다는 평가를 받고 있으며, 《민주주의의 몸(Democracy's Body)》(Judson 댄스시어터에 대한 저서)은 포스트모던 무용을 민주주의적 예술로 이해하는 해석 틀을 제공함으로써 동시대 무용사를 재평가하게 만들었다. 또한 비평과 안무 실천을 통합하는 작업을 통해 무용수/안무가와 학자 사이의 간극을 좁혔으며, 무용학 박사과정 설립, 학술지 편집 등을 통해 '비판적 무용학(Critical dance studies)'이라는 학제 분야를 제도적으로 구축하는 데 핵심적인 공헌을 했다. 학술 저술뿐만 아니라 다양한 형태로 무용계에 영향을 미쳤다. 2007년 스톡홀름 대학으로부터 명예박사 학위를 수여받았고, 같은 해 무용학 분야의 리더십 공로를 인정받아 Congress on Research in Dance(CORD)로부터 상을 받았다. 포스터는 램지 버트(Ramsay Burt)와 함께 영국 라반(Laban) 센터에서 발행하는 학술지 《Discourses in Dance》의 공동 창립 편집자로 활동하며 국제적인 무용 담론 형성에 기여했다.

주요 저서 목록

Foster, S. L. (1986). *Reading Dancing: Bodies and Subjects in Contemporary American Dance*. University of California Press.

Foster, S. L. (1996). *Choreography and Narrative: Ballet's Staging of Story and Desire*. Indiana University Press.

Foster, S. L. (2003). *Dances that Describe Themselves: The Improvised Choreography of Richard Bull*. Wesleyan University Press.

Foster, S. L. (2011). *Choreographing Empathy: Kinesthesia in Performance*. Routledge.

Foster, S. L. (2019). *Valuing Dance: Commodities and Gifts in Motion*. Oxford University Press.

Foster, S. L. (Ed.). (1995). *Choreographing History*. Indiana University Press.

Foster, S. L. (Ed.). (1996). *Corporealities: Dancing Knowledge, Culture, and Power*. Routledge.

Foster, S. L. (Ed.). (2009). *Worlding Dance*. Palgrave Macmillan.

2) 안드레 레페키(André Lepecki)

학문적 배경 및 현재 소속

안드레 레페키는 포르투갈 출신으로 문화인류학을 전공한 후 미국 뉴욕대로 유학하여 공연학(Performance Studies) 석사(1995) 및 박사 학위(2001)를 받았다. 현재 뉴욕대학교 티시 예술대학 공연학과 교수로 재직 중이며 학과장 및 연구소 부학장 등을 역임했다. 레페키는 또한 국제적으로 독립 큐레이터로 활동하며 무용과 퍼포먼스 분야의 학술 연구와 실천을 연결 짓는 다양한 프로젝트를 주도하고 있다.

주요 연구 관심사

연구 관심사는 비판적 무용학, 퍼포먼스 이론, 안무와 철학의 교차 지점에 걸쳐 있다. 레페키는 현대무용과 퍼포먼스 예술을 정치적, 미학적 맥락에서 해석하며, 특히 무용과 시각예술의 접점, 무용과 정치철학(예: Deleuze/Guattari 사상)의 접목에 관심이 많다. 춤을 단순한 신체 움직임이 아니라 담론적 실천으로 보고, 움직임의 부재나 침묵, 정지 등의 개념을 통해 권력과 저항의 문제를 탐구했다. 이처럼 무용과 이론, 비평, 큐레이팅을 아우르는 그의 접근은 무용을 넓은 문화적 맥락과 사유의 지형 안에서 다루며, 무용의 정치성과 개념적 안무에 대한 담론을 선도하고 있다.

주요 저서 및 연구 업적

대표 저서로 《소진되는 춤: 퍼포먼스와 움직임의 정치(Exhausting Dance: Performance and the Politics of Movement)》(2006)가 꼽힌다. 이 책에서 그는 현대 공연예술에서 '움직임의 고갈'과 정지의 미학을 논하며, 무용의 정치적 잠재력을 분석했다. 《소진되는 춤》은 13개 언어로 번역될 만큼 국제적으로 영향력 있는 연구로 평가받고 있다. 이후 단독 저서 《특이성들: 퍼포먼스 시대의 춤(Singularities: Dance in the Age of Performance)》(2016)을 통해 퍼포먼스 시대의 춤의 독자성과 이벤트성에 대한 논의를 전개했다. 또한 무용과 퍼포먼스 이론 분야의 중요한 편저를 다수 발간했는데, 《몸의 현존에 대하여(Of the Presence of the Body)》(2004)에서 동시대 무용 이론가들의 논문을 엮어 몸의 존재성에 관한 담론을 제시했고, 《퍼포먼스 속 감각(The Senses in Performance)》(2007)에서는 샐리 베인즈(Sally Banes)와 공동 편집을 통해 공연 속 감각 경험을 조망했다. 이 밖에 《구성의 층위: 춤, 이론, 그리고 세계(Planes of Composition: Dance, Theory and the Global)》(2009)와 《Dance》(2012, Whitechapel Documents of Contemporary Art 시리즈) 등의 편저를 통해 세계화 관점에서 무용 담론을 확장했다. 그의 다층적인 연구 업적은 무용을 다양한 이론적 프레임 속에서 논의할 수 있는 토대를 제공했으며, 이러한 공로로 무용학계의 핵심 이론가로 자리매김하고 있다.

최근 연구 동향

레페키는 2010년대 이후에도 무용과 퍼포먼스의 교차 연구와 큐레이팅 작업을 활발히 이어 왔다. 그는 베를린 하우스 데어 컬투렌 데어 벨트(HKW)에서 2008년과 2009년에 IN TRANSIT Festival의 수석 큐레이터를 맡았고, 런던 헤이워드 갤러리의 전시 'MOVE: Choreographing You'(2010)에서는 1960년대 이후 무용과 시각예술의 아카이브를 공동 기획하는 등 무용의 역사와 현재를 아우르는 전시 기획을 했다. 또한 2010년대 중반에는 바르샤바 근대미술관에서 'Points of Convergence(퍼포먼스와 시각예술의 교차에 관한 강연 시리즈)'와 'Performance in the Museum' 프로젝트를 큐레이팅하며 무용사와 전시 맥락을 접목시킨 작업을 선보였다. 학술적으로는 뉴욕 MoMA, 파리 EHESS, 베를린 Freie Universität 등 세계 유수 기관에서 강연을 했으며, 2015년 스웨덴 스톡홀름 예술대에서 초빙교수로서 '개념과 구성(Concept and Composition)' 연구프로파일 개발에 참여하기도 했다. 이러한 최근 경력은 레페키가 이론 연구뿐 아니라 실제 현대무용 담론을 형성하는 국제적 현장에서 활동하는 학자임을 보여 준다. 현재 그는 무용과 탈식민주의, 환경 및 생명정치와 관련된 퍼포먼스 이론 등 새로운 주제들로 관심을 넓혀 가며 계속해서 출판과 강연 활동을 하고 있다.

중요성 및 공헌

레페키는 현대 퍼포먼스 연구 분야의 핵심 이론가로, 무용을 철학적·정치적으로 성찰하는 담론을 발전시켰다는 점에서 중요하다. 특히 《소진되는 춤》에서 제시한 '정지된 춤'에 대한 통찰은 움직임 중심의 무용 담론에 도전하며, 권력에 저항하는 춤의 가능성을 새롭게 조명한 기념비적 업적으로 평가된다. 그는 무용을 시각예술, 이론, 정치학 등 다방면과 연결함으로써 무용학을 학제적 지평으로 확장시켰다. 또한 편집자로서 여러 앤솔로지 작업을 통해 다양한 문화권의 무용 연구를 하나의 대화로 묶어내는 역할을 함으로써, 서구 중심의 무용 서사가 아닌 다원적 무용사에 대한 인식을 제고했다. 나아가 그의 이론은 퍼포먼스 현장의 예술가들에게도 영향을 미쳐, 안무가들이 자신의 작업을 담론화하고 정치적 맥락에서 생각하도록 고무했다. 레페키의 공헌은 무용비평 어휘를 확장하고, 춤을 사유의 한 형태로 격상시킨 점에 있다. 레페키는 국제학술지 편집과 학회 활동에도 적극적이어서, TDR(The Drama Review) 등 저널의 게스트 에디터를 역임하고 여러 무용학 저널의 편집위원으로 활동했다. 또한 2009년 독일 베를린 Freie Universität의 Interweaving Performance Cultures 연구센터 펠로로 참가하고, 2016년 시드니 비엔날레에서 '소멸의 미래 The Future of Disappearance' 퍼포먼스 프로젝트를 큐레이팅하는 등 연구자이자 기획자로서 국제적인 무대에 기여했다. 그는 2008년 독일 비평가협회(AICA)로부터 Allan Kaprow의 18 Happenings in 6 Parts 재구현 퍼포먼스로 최우수 퍼포먼스상을 수상하며 큐레이터로서도 인정받았다. 아울러 뉴욕, 런던, 홍콩, 리우데자네이루 등지의 미술관과 대학에서 초청 강연을 통해 전세계 무용담론에 영향을 미치고 있다. 이러한 활동을 통해 레페키는 이론과 실천을 연결하는 플랫폼을 구축했고, 그의 사상은 현대무용을 연구하고 만드는 이들에게 지속적인 참조점이 되고 있다.

주요 저서 목록

Lepecki, A. (2006). *Exhausting Dance: Performance and the Politics of Movement*. Routledge.

(Lepecki, A. (2014). 코레오그래피란 무엇인가: 퍼포먼스와 움직임의 정치학 (문지윤 역). 현실문화)

Lepecki, A. (2016). *Singularities: Dance in the Age of Performance*. Routledge.

Lepecki, A. (Ed.). (2004). *Of the Presence of the Body: Essays on Dance and Performance Theory*. Wesleyan University Press.

Lepecki, A. & Banes, S. (Eds.). (2007). *The Senses in Performance*. Routledge.

Lepecki, A. & Joy, J. (Eds.). (2009). *Planes of Composition: Dance, Theory, and the Global*. Seagull Books.

Lepecki, A. (Ed.). (2012). *Dance. Whitechapel: Documents of Contemporary Art Series*. MIT Press.

3) 마크 프랑코(Mark Franko)

학문적 배경 및 현재 소속

마크 프랑코는 미국 출신으로 City College of New York에서 불문학 학사 학위를 받고 컬럼비아대학교에서 불문학 및 로망스어 문헌 석사 및 박사 학위를 취득했다. 원래 프랑스 문학과 비평을 전공한 후, 점차 무용사와 무용이론으로 연구 방향을 전환했다. 그는 전문 무용수로도 활동하여 1970~80년대에 Paul Sanasardo 무용단 등에서 무대에 섰고, 1985년 자신만의 무용단 NovAntiqua를 창단하여 역사와 현대를 아우르는 안무 작업을 선보이기도 했다. 학계에서는 컬럼비아대, 프린스턴대 등에서 불문학을 가르치다 무용학으로 전향한 이후 UC 산타크루즈 교수로 재직하며 시각·퍼포먼스 연구센터를 이끌었고, 현재 미국 Temple

대학교 보이어(Boyer) 음악무용대학의 Laura H. Carnell 석좌교수로서 무용학과를 이끌며 Institute of Dance Scholarship 소장을 맡고 있다. 또한 Freie Universität Berlin, 스톡홀름 DOCH 등 해외 여러 대학에서 방문교수를 지냈다.

주요 연구 관심사

프랑코의 연구는 무용사(특히 근대 및 현대무용사)와 무용 이론 전반을 아우르지만, 특히 정치와 이데올로기, 사회역사적 맥락 속에서 춤을 분석하는 데 중점을 둔다. 프랑스어 문헌 배경을 바탕으로 바로크 시대에서 현대에 이르는 유럽 무용사와 그 이론에 정통하며 북미 현대무용사도 깊이 연구해 왔다. 그의 관심사는 르네상스 및 바로크 무용의 텍스트성부터 20세기 모던댄스의 정치성에 이르기까지 다양하다. 예를 들어 파시즘과 무용의 관계, 1930년대 사회무용의 노동 담론, 마사 그레이엄 등의 안무와 전쟁/사랑의 주제 등 무용과 사회 정치 흐름의 연관성을 탐구해 왔다. 또한 재현(reenactment) 이론에도 관심이 높아, 역사적 춤을 현재에 재구성하는 문제를 학제적으로 다루었다. 전체적으로 보면 프랑코는 춤을 역사, 권력, 정체성의 문제들과 연결 짓는 비판적 시각을 견지하고 있다.

주요 저서 및 연구 업적

프랑코는 다수의 저서를 통해 무용사 연구와 비평이론을 발전시켰다. 초기 저서 《텍스트로서의 춤: 바로크 몸의 이데올로기(Dance as

Text: Ideologies of the Baroque Body)》(1993)는 바로크 무용을 '텍스트'로 읽어 그 이데올로기를 해석한 독창적인 연구로, 무용을 언어적 분석 대상으로 삼았다. 《모더니즘을 춤추다/정치를 공연하다(Dancing Modernism/Performing Politics)》(1995)는 20세기 전반 모던댄스를 정치적 맥락에서 재조명한 저작으로서, 1930년대 무용과 좌파 이데올로기, 1960년대 이후의 포스트모던 무용까지 폭넓게 다루어 큰 영향력을 끼쳤다. 이후 《춤의 노동: 1930년대의 노동, 움직임, 그리고 정체성(The Work of Dance: Labor, Movement, and Identity in the 1930s)》(2002)을 통해 1930년대 미국 무용의 노동과 정체성 문제를 분석했고, 《기적을 향한 여정(Excursion for Miracles)》(2005)에서는 1950~60년대 뉴욕의 실험 무용사를 발굴했다. 2010년대에는 《사랑과 전쟁 속 마사 그레이엄: 작품에 깃든 삶(Martha Graham in Love and War: The Life in the Work)》(2007)을 통해 마사 그레이엄의 작품세계를 역사적 맥락에서 재해석했고, 《세르주 리파의 춤에 나타난 파시즘적 전환(The Fascist Turn in the Dance of Serge Lifar)》(2018)에서는 1930~40년대 프랑스 발레를 통해 무용과 파시즘의 복잡한 관계를 고찰했다. 또한 자신의 주요 논문들을 묶은 《담론의 안무: 마크 프랑코 선집(Choreographing Discourses: A Mark Franko Reader)》(2019)을 출간하여 수십 년 간의 연구 성과를 정리하기도 했다. 편집 작업으로는 무용 재현에 관한 권위 있는 저서 《옥스퍼드 핸드북: 춤과 재연(The Oxford Handbook of Dance and Reenactment)》(2017, 편집)과 《과거를 연기하다: 학문적 경계를 넘는 역사적 퍼포먼스(Acting on the Past: Historical Performance

Across the Disciplines》》(2008, 공동 편집) 등을 출간하여 역사적 공연의 재현 문제에 대한 담론을 주도했다. 프랑코의 다작은 무용을 역사적 문맥 속에서 이론화하는 방법론을 제시했고 그의 연구는 프랑스어, 이탈리아어, 스페인어, 슬로베니아어 등으로 번역되어 국제적으로도 영향력을 발휘했다.

최근 연구 동향

프랑코는 최근까지도 활발한 연구와 편집 활동을 이어오고 있다. 《Dance Research Journal》의 편집장을 9년간 역임하며(2009~2017년) 무용학 학술담론의 발전을 이끌었고, 옥스퍼드 대학출판부의 《Dance Theory》 총서를 창립하여 새로운 이론 연구를 장려하고 있다. 2010년대 후반에는 앞서 언급한 세르주 리파(Serge Lifar)와 프랑스 발레 연구를 심화하여 2020년에 결과서를 출간했고, 자신의 고전 저서들을 개정판으로 잇따라 내놓으며(예: 《Dancing Modernism/Performing Politics》 개정판 2023 예정) 기존 담론을 최신 관점에서 재평가하고 있다. 또한 무용 재현과 기록에 관한 연구를 발전시켜, 무용의 역사를 단순히 보존하는 것을 넘어 현재적 맥락에서 재활성화하는 관점의 학술논의를 주도하고 있다. 최근에는 무용과 퀴어 이론, 포스트모던 이후의 미학 등 새로운 주제도 조망하는 등 연구 스펙트럼을 확대하고 있으며, 국제 학술대회와 편집 작업을 통해 신진 학자들과 협업하여 무용학의 미래 담론을 설계하는 데에도 힘쓰고 있다.

중요성 및 공헌

프랑코는 무용사 연구의 거장으로서, 춤을 역사와 사회 이론의 교차점에서 분석하는 틀을 마련했다는 점에서 중요하다. 그는 무용을 사회사와 연결함으로써 예술작품으로서의 춤이 어떻게 당대의 이념과 권력, 정체성을 반영하고 때로는 거스르는지를 밝혀냈다. 예컨대 그의 연구는 1930년대 무용을 통해 노동자 계층과 예술의 관계를 규명하고, 2차대전 전후 유럽 발레를 통해 예술과 파시즘의 복잡성을 드러냄으로써, 무용사에 대한 비판적 재해석을 시도해 왔다. 또한 학제 간 대화를 중요시하여 무용을 문학이론, 철학, 역사학의 담론과 접목시켰으며, 이를 통해 무용학의 학문적 위상을 높이는 데 기여했다. 그의 저작들은 무용 연구자들에게 이론적 엄밀함과 역사적 통찰을 동시에 갖춘 연구 모델을 제시했고, 그가 제기한 개념들(예: 무용의 반복과 재구성, 신체의 담론성 등)은 후속 연구의 토대가 되었다. 동시에 《Dance Research Journal》 편집장 및 학술총서 기획 등을 통해 연구 공동체를 구축하고 후진을 양성함으로써, 한 개인 연구자를 넘어 무용학 지식공동체의 발전에 기여한 점도 큰 공헌이라 할 수 있다.

주요 저서 목록

Franko, M. (1993). *Dance as Text: Ideologies of the Baroque Body*. Cambridge University Press.

Franko, M. (1995). *Dancing Modernism/Performing Politics*. Indiana University Press.

Franko, M. (2002). *The Work of Dance: Labor, Movement, and Identity in the 1930s*. Wesleyan University Press.

Franko, M. (2005). *Excursion for Miracles: Paul Sanasardo, Donya Vener, and Studio for Dance, 1955-1964*. Wesleyan University Press.

Franko, M. (2007). *Martha Graham in Love and War: The Life in the Work*. Oxford University Press.

Franko, M. (2018). *The Fascist Turn in the Dance of Serge Lifar: French Ballet and the German Occupation*. Oxford University Press.

Franko, M. (2019). *Choreographing Discourses: A Mark Franko Reader*. Routledge.

Franko, M. (Ed.). (2017). *The Oxford Handbook of Dance and Reenactment*. Oxford University Press.

Franko, M. & Richards, A. (Eds.). (2008). *Acting on the Past: Historical Performance Across the Disciplines*. Wesleyan University Press.

4) 램지 버트(Ramsay Burt)

학문적 배경 및 현재 소속

램지 버트는 영국의 무용사학자로, 1994년 영국 Southampton 대학교에서 무용과 젠더에 관한 연구로 박사 학위를 받았다. 그의 박사논문 주제는 영국 뉴댄스(new dance) 운동을 중심으로 한 무용에서 남성성의 표상이었으며, 이후 이 주제를 발전시켜 저서《The Male Dancer》

로 출판했다. 버트는 De Montfort 대학교 무용역사학 교수로 오랫동안 재직했고, 현재 해당 대학의 무용사 명예교수(Professor Emeritus of Dance History)로 있다. 그는 De Montfort 대학교에서 무용, 드라마 & 공연연구 연구소를 설립·운영했으며, 브뤼셀의 P.A.R.T.S.(안느 테레사 드 케이르스마커의 무용학교) 등에서 정기적으로 강의를 하는 등 국제 교육 활동도 활발하게 진행했다.

주요 연구 관심사

버트의 연구는 무용, 젠더, 섹슈얼리티의 교차에 특히 주목한다. 그는 무용수의 신체 표현을 젠더 관점에서 분석하여 무용계에서 남성과 여성의 신체 이미지, 권력 역학 등을 조명해 왔다. 또한 근대성, 인종, 민족성과 무용의 관계에도 관심을 가져, 20세기 초 현대무용에 나타난 원시주의와 인종적 상상력을 비판적으로 검토했다. 더불어 포스트모던 무용과 컨템퍼러리 무용의 미학, 유럽 현대무용의 정치성을 다루는 연구도 수행했다. 예를 들어, Judson Dance Theater의 유산을 분석한 작업이나 유럽 공연무용의 통제 불가능성에 대한 담론(《탈통치하는 춤(Ungoverning Dance)》, 2016) 등은 무용의 혁신성과 탈권위적 성격에 초점을 맞춘 것이다. 버트는 춤을 미학적 실천인 동시에 사회문화적 행위로 보고, 특히 젠더와 문화정체성 측면에서 춤을 탐구하는 데 주력해 왔다.

주요 저서 및 연구 업적

버트의 대표적인 저서는 《남성 무용수: 몸, 스펙터클, 섹슈얼리티(The Male Dancer: Bodies, Spectacle, Sexualities)》(1995)이다. 이 책은 무용 역사 속 남성 무용수의 몸에 투영된 의미를 분석한 획기적인 연구로, 발레부터 현대무용에 이르기까지 남성성의 표현과 관객의 시각을 고찰하여 젠더 기반 무용비평의 초석을 놓았다. 이어서 《이질적 몸: 초기 모던댄스에서의 근대성, "인종", 국가의 재현(Alien Bodies: Representations of Modernity, "Race" and Nation in Early Modern Dance)》(1997)을 통해 20세기 초 현대무용에 나타난 타자화와 인종적 편견의 문제를 조명했고, 《저드슨 댄스 시어터: 수행적 자취(Judson Dance Theater: Performative Traces)》(2006)에서는 1960년대 저드슨 무용그룹의 실험을 역사적으로 재평가하며 포스트모던 무용의 흔적을 탐색했다. 또한 《함께 쓰는 춤(Writing Dancing Together)》(2009, 공동저자 Valerie Briginshaw)에서는 무용비평 글쓰기와 협업의 문제를 다루었고, 《탈통치하는 춤: 컨템포러리 유럽 극장춤(Ungoverning Dance: Contemporary European Theatre Dance)》(2016)에서는 유럽 현대무용의 비규범적 상상력과 정치성을 분석했다. 최근에는 무용과 모더니즘에 관한 공저 《춤, 모더니즘, 그리고 근대성(Dance, Modernism, and Modernity)》(2020, 공저 Michael Huxley)에서 무용과 모더니즘 예술운동의 상관성을 체계화했다. 이 외에도 영국 무용계의 흑인 디아스포라 영향사를 연구하여 크리스티 아데어(Christy Adair)와 함께 편저 《영국 춤: 흑인의 경로(British Dance: Black Routes)》(2017)를 출간, 영국 무용사에서 소외되었던 흑인 예술가들의 역할을 부각시켰다. 이러한 연구 업적을 통해 버트는 젠더와 인종 관점에서 무용사를 비판적으로 재서술하고, 무용미학 논의에 사회문화적 통찰을 불어넣은 것으로 평가된다.

최근 연구 동향

버트는 2010년대에 들어 영국 무용과 아프리카 디아스포라에 관한 2년짜리 연구프로젝트(2013~14, 영국 예술연구위원회 지원)를 수행하여 앞서 언급한 《영국 춤: 흑인의 경로》 전시와 출판을 이끌었다. 또한 최근작 《남성 무용수》의 개정판(2007, 2022)을 통해 현대 무용계 변화에 따른 남성 무용수 담론을 업데이트했다. 그의 연구는 지속적으로 포용성과 다양성의 방향으로 확장되고 있으며, 무용사 서술에서 주변부로 밀려났던 인물들과 흐름들을 발굴·조명하는 데 주력하고 있다. 아울러 버트는 철학과 춤의 관계에도 관심을 보여, 무용을 철학적으로 사유한 무용가들의 전기적 연구나 무용비평에 철학적 개념을 적용하는 글도 발표하고 있다. 퇴임 후에도 활발한 집필과 강연 활동을 이어 가며, 자신의 블로그를 통해 무용사에 관한 소논문을 발표하고 동료들과 지식을 공유하는 등 활발한 학술 소통을 지속하고 있다.

중요성 및 공헌

버트는 젠더/퀴어 관점의 무용사 연구를 개척하여 무용학의 담론 지평을 넓혔다. 《남성 무용수》는 무용계에서 남성성이 어떻게 구성되고 소비되어 왔는지를 분석해 이후 젠더 기반 무용 연구의 길을 열었으며,

《이질적 몸》은 무용에 내재한 인종적 편견을 드러내어 탈식민주의적 무용비평에 기여했다. 그는 이러한 연구를 통해 무용사를 다성적인 이야기로 재구성하려 했으며, 춤을 단지 미적 산물이 아니라 당대의 사회 가치와 권력관계를 반영하는 장으로 보도록 이끌었다. 또한 버트는 포스트와 함께 학술지 《Discourses in Dance》를 창간하여 영미권과 유럽 연구자들의 비평 담론을 교류시키는 장을 만들었다. 이 저널을 통해 무용이론, 철학, 문화비평이 만나는 글들을 발표함으로써 무용학 담론의 수준을 심화하고 국제화를 도모한 공로가 크다. 그의 연구와 편집 활동은 무용학에 비판이론, 젠더이론을 접목하는 흐름을 촉진시켰고, 무용사 연구를 예술사와 문화연구의 중요한 일부로 자리매김하는 데 기여했다.

주요 저서 목록

Burt, R. (1995). *The Male Dancer: Bodies, Spectacle, Sexualities*. Routledge.

Burt, R. (1997). *Alien Bodies: Representations of Modernity, "Race" and Nation in Early Modern Dance*. Routledge.

Burt, R. (2006). *Judson Dance Theater: Performative Traces*. Routledge.

Burt, R. & Briginshaw, V. (2009). *Writing Dancing Together*. Palgrave Macmillan.

Burt, R. (2016). *Ungoverning Dance: Contemporary European Theatre Dance*. Oxford University Press.

Burt, R. & Huxley, M. (2020). *Dance, Modernism, and Modernity*. Routledge.

Burt, R. & Adair, C. (Eds.). (2017). *British Dance: Black Routes*. Routledge.

5) 앤 쿠퍼 알브라이트(Ann Cooper Albright, 1959~)

학문적 배경 및 현재 소속

앤 쿠퍼 알브라이트는 미국의 무용학자이자 무용가로, Bryn Mawr College에서 철학을 전공하여 학사 학위를 받은 후 Temple 대학교에서 무용으로 MFA(1983)를 취득하고, New York 대학교 공연학과에서 박사 학위(1991)를 받았다. 학제 간 배경을 바탕으로 무용과 철학을 잇는 독특한 관점을 형성한 그녀는, 현재 Oberlin 대학교 무용과 교수이자 학과장으로 재직 중이다. 알브라이트는 2019~2020년 구겐하임 펠로에 선출되는 등 연구 역량을 인정받았고, 과거 미국무용사학회(Society of Dance History Scholars) 회장을 역임하며 무용학계 리더십도 발휘했다.

주요 연구 관심사

알브라이트는 무용 실천과 문화이론의 결합에 깊은 관심을 가지고 있다. 무용수로서의 신체 경험과 이론가로서의 분석을 접목하여 현상학, 젠더, 섹슈얼리티, 페미니즘의 관점에서 춤을 탐구해 왔다. 그녀는 무용을 신체성과 정체성의 정치학으로 접근하여 춤추는 몸이 어떻게 사회적 규범을 반영하거나 거스르는지 조명한다. 대표적인 예로 1997년 저서 《차이의 안무: 컨템포러리 댄스 속 몸과 정체성(Choreographing

Difference: The Body and Identity in Contemporary Dance》에서 장애, 인종, 성별 등의 차이가 춤을 통해 표현되는 방식을 분석하며 정체성 정치와 무용의 문제를 제기했다. 또한 접촉즉흥(Contact Improvisation) 등 참여적 춤과 무용 및 움직임 교육에도 관심이 높아, 신체를 통해 배우고 소통하는 방법론을 연구하고 실천한다. 종합하면 알브라이트의 연구 관심은 몸의 지성과 춤의 포괄성에 놓여 있으며, 이는 페미니즘 미학, 신체철학, 커뮤니티 무용 등의 주제로 구체화된다.

주요 저서 및 연구 업적

알브라이트는 이론과 실기를 아우르는 저술 활동을 해 왔다. 첫 저서 《차이의 안무: 컨템포러리 댄스 속 몸과 정체성(Choreographing Difference: The Body and Identity in Contemporary Dance)》(1997)은 현대무용에서 신체 정체성의 문제를 다룬 선구적 작품으로서, 무용을 통해 차이와 정체성을 논한 중요한 연구로 인정받는다. 이후《빛의 흔적: 로이 풀러 작품 속 부재와 현존(Traces of Light: Absence and Presence in the Work of Loïe Fuller)》(2007)에서는 현대무용사 초기 인물인 로이 풀러의 작업을 분석하여 무대 조명과 신체 이미지의 관계를 탐구했고,《근대적 몸짓: 에이브러햄 워코위츠가 그린 이사도라 던컨의 춤(Modern Gestures: Abraham Walkowitz Draws Isadora Duncan Dancing)》(2010)을 통해 이사도라 던컨을 그린 시각예술 작품으로 초기 현대무용의 흔적을 살펴보았다.《몸과 관계 맺기: 신체성의 정치와 시학(Engaging Bodies: The Politics and Poetics of Corporeality)》(2013)

은 신체성의 정치와 미학을 다룬 저술로, 미국 미학회 Selma Jeanne Cohen 상을 수상하며 학계의 주목을 받았다. 2018년 출간된 《착지의 기술: 불안정한 세계에서 발 딛기(How to Land: Finding Ground in an Unstable World)》는 불확실한 시대 속에서 균형과 착지에 대한 철학적 성찰을 담은 책으로, 개인의 신체 경험을 사회적 불안정성과 연관 지어 서술했다. 최신 저서로는 2023년 간행된 《시몬 포르티: 즉흥으로 살아가기(Simone Forti: Improvising a Life)》가 있으며, 이는 포스트모던 무용가 시몬 포르티의 삶과 예술을 탐구한 평전 성격의 연구이다. 이 외에도 알브라이트는 앤 딜스(Ann Dils)와 함께 무용사 논문 모음집 《움직이는 역사/춤추는 문화(Moving History/Dancing Cultures)》(2001)를 편집하여 무용사 교육의 핵심 교재를 만들어 냈고, 데이비드 기어(David Gere)와 함께 《뜻밖의 순간: 춤과 사고 속 즉흥(Taken by Surprise: Improvisation in Dance and Mind)》(2003)을 편집하여 즉흥무용에 관한 담론을 정리했다. 또한 《접촉즉흥과의 만남(Encounters with Contact Improvisation)》(2010)은 무용수들과 공동 집필한 책으로, 접촉즉흥을 직접 체험하고 성찰한 자전적 연구의 한 예이다. 알브라이트의 저술들은 모두 무용수의 체험과 이론적 해석을 오가는 독특한 접근으로서, 체화된 지식(embodied knowledge)을 글로 풀어냈다는 공통점이 있다.

최근 연구 동향

2010년대 이후 알브라이트의 활동은 교육 현장과 지역사회로도 넓어졌다. 그녀는 오버린 지역 중학생들을 위한 방과후 신체 활동 프로그램 'Girls in Motion'을 설립하여, 춤을 통한 소녀들의 자신감 및 신체 인식 향상 프로젝트를 이끌었다. 또한 NEA(National Endowment for the Arts)의 지원을 받아 '가속된 움직임: 새로운 춤 리터러시를 향하여(Accelerated Motion: Towards a New Dance Literacy)'라는 온라인 플랫폼을 공동 구축하여 무용을 인문학적으로 가르치는 교사들을 위한 자료와 전략을 공유하고 있다. 학술적으로는 무용과 무술, 스포츠의 만남—예를 들어 브라질 격투 춤 카포에이라와 퀴어 탱고 등을 비교하는 '차이와 함께하기: 정치, 인식, 그리고 방향 감각의 전복(Partnering Difference: Politics, Perception and Disorientation)' 연구프로젝트를 수행하여, 서로 다른 움직임 체계들이 어떻게 차이를 넘어서 교감하는지 고찰했다. 또한 2022년 무용 창작과 이론교육을 접목한 'Critical Mass: CI@50' 이벤트를 기획하여 접촉즉흥 50주년을 기념하는 국제 워크숍을 진행하는 등 실천적 연구도 지속하고 있다. 최근에는 지속가능성, 환경과 신체 등의 주제에도 관심을 가지며, 춤을 통한 지속가능성의 철학에 대해 사유를 전개하고 있다.

중요성 및 공헌

알브라이트의 공헌은 무용 실천과 이론의 경계를 허문 것으로 요약된다. 그녀는 직접 춤추고 가르치는 무용가의 감각을 이론화하여, 몸에 대한 철학적 담론이 무용의 실제 경험과 만나게 했다. 이를 통해 현상학적 무용 연구나 체현된 페미니즘 비평 등 새로운 접근법을 제시했으며,

무용학에 여성주의와 퀴어 이론을 도입한 선도적인 연구자로 평가된다. 특히 《차이의 안무》는 무용계에서 다양성과 포용성 담론을 촉발시켰고, 《몸과 관계 맺기》를 비롯한 저작들은 무용수의 몸을 통해 사회적 규범과 정치성을 논하는 틀을 제공했다. 또한 알브라이트는 교육과 지역사회 프로그램을 통해 춤이 교육적·치유적 힘을 지닌다는 것을 입증하며, 무용을 통한 사회적 실천의 중요성을 보여 주었다. 그녀의 융합적 접근은 학계에 새로운 연구 모델을 제시했을 뿐 아니라, 무용수와 관객들이 자신들의 신체 경험을 성찰하도록 이끄는 실천적 철학으로서도 영향력을 발휘한다.

주요 저서 목록

Albright, A. C. (1997). *Choreographing Difference: The Body and Identity in Contemporary Dance*. Wesleyan University Press.

Albright, A. C. (2007). *Traces of Light: Absence and Presence in the Work of Loïe Fuller*. Wesleyan University Press.

Albright, A. C. (2010). *Modern Gestures: Abraham Walkowitz Draws Isadora Duncan Dancing*. Wesleyan University Press.

Albright, A. C. (2013). *Engaging Bodies: The Politics and Poetics of Corporeality*. Wesleyan University Press.

Albright, A. C. (2018). *How to Land: Finding Ground in an Unstable World*. Oxford University Press.

Albright, A. C. (2023). *Simone Forti: Improvising a Life*. University of

California Press.

Albright, A. C. & Dils, A. (Eds.). (2001). *Moving History/Dancing Cultures: A Dance History Reader*. Wesleyan University Press.

Albright, A. C. & Gere, D. (Eds.). (2003). *Taken by Surprise: Improvisation in Dance and Mind*. Wesleyan University Press.

Albright, A. C. (Ed.). (2010). *Encounters with Contact Improvisation*. Wesleyan University Press.

6) 수잔 매닝(Susan Manning)

학문적 배경 및 현재 소속

수잔 매닝은 미국의 저명한 무용사학자이다. 컬럼비아대학교에서 박사 학위를 받았으며, 현재 노스웨스턴대학교 영문과·연극과·퍼포먼스 연구과의 버건 에반스 인문학 석좌교수(Bergen Evans Professor)로 재직 중이다. 영어와 연극, 공연학에 걸쳐 공동 임용되어 있으며 학과장 등을 역임했다. 매닝은 독일어권과 미국의 근현대 무용사를 전문으로 하며, 특히 무용을 인문학적 맥락에서 연구하기 위해 전통 학과(영문학 등)를 기반으로 무용 연구를 수행해 왔다. 2004~2008년에는 미국 무용사학회(Society of Dance History Scholars) 회장을 지내 학계에서의 리더십도 발휘했다.

주요 연구 관심사

매닝의 연구 관심은 근대 무용사이며, 그중에서도 독일과 미국의 모던댄스 전통을 심도 있게 파고들었다. 그녀는 무용을 모더니즘 예술의 일부로 보고, 연극, 문학, 시각예술과의 비교를 통해 무용의 역사적 위상을 분석해 왔다. 특히 바이마르 독일의 표현주의 무용(마리 비그만 등)과 미국의 흑인 모던댄스(캐서린 던햄, 펄 프리머스 등) 간의 교류와 대비를 연구하여 무용과 젠더, 인종의 문제에 천착했다. 예를 들어 그녀의 저서들은 백인 유럽 모던댄스와 아프리카계 미국인 무용의 상호작용을 조명하고, 무용에 담긴 민족주의와 정체성 담론을 분석했다. 또한 매닝은 전위 예술과 무용의 관계에도 관심이 많아, 무용을 아방가르드 퍼포먼스의 한 형태로 보며 20세기 아방가르드 운동 속에서 춤의 역할을 탐구했다. 이는 안무 드라마투르그로 활동하며 동시대 안무가와 협업하는 실천으로도 이어져, 현대 작품을 역사적 맥락에서 비평하는 작업도 수행해 왔다.

주요 저서 및 연구 업적

대표 저서로 《엑스터시와 악령: 마리 비그만의 춤(Ecstasy and the Demon: The Dances of Mary Wigman)》(1993, 2006(2판))이 있다. 이 저서는 독일 표현주의 무용가 마리 비그만의 작품을 환희와 악령이라는 주제로 해석하여, 모던댄스가 1920~30년대에 어떻게 근대주의적 신체에서 파시즘적 신체로 변모해 갔는지를 논증한 기념비적 연구다. 두 번째 저서 《모던댄스와 흑인 춤: 움직이는 인종(Modern Dance, Negro

Dance: Race in Motion)》(2004)은 1930년대부터 1950년대까지 뉴욕 무용계에서 백인 모던댄스와 흑인 공연무용 간의 관계를 탐구한 책으로, 인종과 무용에 관한 심층 연구로 높이 평가된다. 이 저서는 미국 공산주의 문화운동이 활발했던 1930년대(일명 '붉은 10년')부터 매카시즘 시기의 1950년대까지를 다루며 예술과 정치, 인종 문제가 춤을 통해 어떻게 드러났는지 분석했다. 매닝은 또한 전시 기획에도 참여하여 2008년 파리 국립무용센터(CND)에서 'Danses noires/blanche Amérique' 전시를 큐레이팅하고 동명의 카탈로그를 저술했는데, 이 작업에서는 플레시 대 퍼거슨 시기부터 오바마 당선까지 아프리카계 미국인 공연무용의 역사를 전시 형태로 담아내 큰 반향을 일으켰다. 편저 작업으로는 《새로운 독일 무용학(New German Dance Studies)》(2012, 공편자 Lucia Ruprecht)을 통해 베를린 장벽 붕괴 이후 독일과 외부 학자들의 최신 무용사 연구를 종합했고, 《무용학의 미래(Futures of Dance Studies)》(2020, 공편자 Janice Ross, Rebecca Schneider)를 통해 향후 무용학의 방향성을 조망하는 젊은 학자들의 글을 엮어 냈다. 또한 《Routledge 모더니스트 댄스 백과사전(Routledge Encyclopedia of Modernist Dance)》을 편찬하여 무용 모더니즘의 범위를 확장하고 재정의하려는 작업을 진행해 왔다. 매닝의 이러한 출판 업적들은 무용학 지식의 체계화와 혁신 모두에 기여한 것으로, 그녀가 다룬 주제들의 범위와 깊이에서 학계의 존경을 받고 있다.

최근 연구 동향

매닝은 2010년대에도 활발히 연구프로젝트를 주도했다. Mellon 재단의 7년 지원을 받아 'Dance Studies in/and the Humanities' 이니셔티브의 수석연구자(PI)로 활동하며, 무용학을 인문학과 통합하는 교육과 연구 프로그램을 운영했다. 이 사업의 결실 중 하나로 앞서 언급한 《무용학의 미래》 앤솔로지가 출판되어, 무용학의 차세대 담론 지형을 제시했다. 또 다른 프로젝트로, 시카고 지역의 무용사를 발굴하는 《세 번째 해안에서 춤추다: 시카고 춤의 역사(Dancing on the Third Coast: Chicago Dance Histories)》 편집 작업을 진행하여 근대무용이 뉴욕이나 유럽 중심 서사 바깥에서 어떻게 전개되었는지 살펴보고 있다. 실천적으로는 무용 드라마투르그(dramaturge)로서 현대 안무가들과 협업해 왔는데, 대표적으로 Reggie Wilson의 작품 《Moses(es)》(2013)에 드라마투르그로 참여하여 아프리카 디아스포라 전통과 모던댄스의 연계성을 함께 연구하고 기록하는 작업을 했다. 또한 남아공 안무가 Nelisiwe Xaba의 작품 《Fremde Tänze》(2017)에 직접 무대 출연하여 무용의 재현에 관한 성찰을 얻고, 이에 관한 에세이를 편집 발간하기도 했다. 이러한 최근 동향은 매닝이 역사와 동시대 예술을 잇는 실천적 연구에도 관심을 기울이고 있음을 보여 준다. 현재는 그간 발표한 자신의 논문들을 모은 《역사의 단층위에서 춤추다(Dancing on the Fault Lines of History)》(2025 예정)를 준비하여, 지난 수십 년 간의 사유를 정리하고 미래 연구자를 위한 교훈을 제시하고 있다.

중요성 및 공헌

매닝은 근대 무용사의 국제적 권위자로서, 서구 모던댄스를 젠더와 인종, 민족주의의 맥락에서 새롭게 해석한 공로가 크다. 《엑스터시와 악령》은 마리 비그만의 무용을 통해 예술과 이데올로기의 관계를 날카롭게 분석하여, 무용사 연구에 정치·사회 역사학의 시각을 접목한 사례로 평가된다. 《모던댄스와 흑인 춤》은 무용계에서 백인과 흑인의 상호작용을 본격적으로 다룬 첫 학술서로서, 인종에 관한 무용사 논의를 촉발시켰다. 그녀의 이러한 연구는 서구 모던댄스의 '정전(canon)'을 비판적으로 재검토하게 했고, 무용사가 단일한 서사가 아니라 복수의 문화적 서사들로 이루어져 있음을 부각시켰다. 또한 매닝은 무용학을 전통 인문학의 장으로 끌어들여, 문학·연극 전공 학생들에게 무용사를 가르치는 등 학제 간 다리 역할을 함으로써 무용 연구의 저변을 넓혔다. 그 결과 무용학이 미술사나 음악사처럼 인문학의 한 분야로 인정받는 데 일조했으며, 실제로 그녀가 이끈 멜론 프로젝트나 편찬 작업들은 무용학의 제도화에 크게 기여했다. 아울러 국제학술단체 회장으로서 학계 공동체를 이끌고, 전시 큐레이터로서 아카이브를 대중과 소통시키는 등 다방면의 공헌을 통해 매닝은 무용학 발전에 지속적인 영향을 미쳤다. 매닝의 영향력은 학술 저술 외에도 다양한 방면에서 나타난다. 2004~08년 무용사학회(SDHS) 회장 재임 시절 무용학과 주류 인문학의 연계를 강화하고 젊은 연구자들을 발굴하는 노력을 기울였으며, 2013년 무용 연구에 대한 공로로 Congress on Research in Dance로부터 학술공헌상을 수상했다. 또한 미국, 유럽, 아시아 등지에서 초청 강연과 워크숍을 통해 연구를 공유하여, 그녀의 아이디어는 여러 언어로 번역되고 확산되었다. 학술지 《Dance Chronicle》과 《Modern Drama》 등에서 편집위원으로 활동하며 무용 관련 특집호를 기획하기도 했다. 매닝은 현대 안무가들과의 협업을 통해 학자와 예술가 사이의 거리를 좁힌 드문 사례로, 이러한 협업 모델은 공연예술 창작과 학술 연구의 상생 가능성을 보여 주었다. 그리하여 뛰어난 연구를 통해 무용사 담론을 풍부히 했을 뿐 아니라, 조직자·기획자·교육자로서 무용학의 사회적·학문적 입지를 굳건히 다지는 데 크게 기여하고 있다.

주요 저서 목록

Manning, S. (1993). *Ecstasy and the Demon: The Dances of Mary Wigman*. University of Minnesota Press.

Manning, S. (2004). *Modern Dance, Negro Dance: Race in Motion*. University of Minnesota Press.

Manning, S. & Ruprecht, L. (Eds.). (2012). *New German Dance Studies*. University of Illinois Press.

Manning, S., Ross, J., & Schneider, R. (Eds.). (2020). *Futures of Dance Studies*. University of Wisconsin Press.

Manning, S. (Ed.). (2025 예정). *Dancing on the Fault Lines of History*. University of Illinois Press.

7) 토마스 디프란츠(Thomas DeFrantz)

학문적 배경 및 현재 소속

토마스 디프란츠는 미국의 무용학자이자 퍼포먼스 예술가로, Duke 대학교에서 오랫동안 춤과 아프리카계 미국학 교수로 재직한 후 현재 Northwestern 대학교 공연학과 및 연극과 교수로 활동하고 있다. 그는 'SLIPPAGE: Performance|Culture|Technology'라는 연구 그룹의 감독으로서, 라이브 퍼포먼스와 신기술의 융합을 탐색하는 프로젝트들을 이끌고 있다. 학력으로는 City College of New York에서 석사, New York 대학교에서 박사 학위를 받았으며(Alvin Ailey의 안무에 관한 연구), 2017년에 미국 무용학회(DSA)로부터 Outstanding Research in Dance 상을 수상하여 학문적 공헌을 인정받았다.

주요 연구 관심사

디프란츠의 연구는 흑인 공연문화와 춤에 초점을 맞춘다. 그는 아프리카계 미국인 춤의 역사와 미학, 그리고 현대 흑인 공연예술의 담론을 구축하는 데 주력해 왔다. 힙합, 스텝, 탭, 재즈댄스 등 흑인 사회춤부터 알빈 에일리(Alvin Ailey)와 같은 콘서트 댄스까지 폭넓은 범위의 춤을 다루며, 이러한 춤들이 공동체 정체성과 미적 가치를 어떻게 표현하는지 연구한다. 또한 퀴어 이론, 페미니즘 및 테크놀로지와 교차하는 춤 연구에도 관심이 높아, 흑인 퀴어 퍼포먼스나 디지털 기술을 활용한 춤의 새로운 형태 등을 탐구한다. 한편, 디프란츠는 미국 현대무용사에도 조예가 깊어, 20세기 거장 알빈 에일리의 작품을 문화정치적 관점에서 분석한 바 있으며, 무용을 통해 인종적 경험의 체화(embodiment of racial experience)를 해석하는 이론을 발전시켰다. 요컨대 그의 연구 관심은 흑인 디아스포라 춤의 역사와 미학 그리고 정체성, 기술, 사회적 맥락 속의 춤으로 요약될 수 있다.

주요 저서 및 연구 업적

디프란츠는 아프리카계 미국인 춤에 관한 핵심 서적들을 집필 및 편집했다. 《춤추는 많은 북: 아프리카계 미국 춤의 탐색(Dancing Many Drums: Excavations in African American Dance)》(2002)은 그가 편집한 논문 선집으로, 미국 흑인 춤의 역사를 다양한 관점에서 '발굴'한 기념비적인 저작이다. 이 책은 재즈댄스, 스윙, 힙합, 종교춤 등 여러 장르에 걸친 학자들의 연구를 모아, 흑인 춤 전통의 풍부함과 다양성을 학술적으로 조명한 첫 사례로 평가받는다. 단독 저서 《계시의 춤: 앨빈 에일리와 아프리카계 미국 문화의 체화(Dancing Revelations: Alvin Ailey's Embodiment of African American Culture)》(2004)에서는 알빈 에일리의 작품을 분석하여, 그의 안무에 체현된 흑인 영성과 문화적 기억을 해석함으로써 콘서트 무용에 내재한 인종적 서사를 규명했다. 이 저서는 에일리의 대표작 《Revelations》 등을 심층 분석하여, 공연예술이 어떻게 공동체의 역사와 감정을 전달하는지 보여 준 연구로서 호평을 받았다. 이후 디프란츠는 아니타 곤잘레스(Anita Gonzalez)와 함께 《흑인 공연 이론(Black Performance Theory)》(2014)을 편집하여 흑인 공연예술에 대한 이론적 담론들을 집대성했고, 필리파 로스필드(Philipa Rothfield) 등과 《안무와 신체성: 움직이는 릴레이(Choreography and Corporeality: Relay in Motion)》(2016)를 공동편집하여 무용에서 신체성과 움직임의 철학을 다루는 담론을 발전시켰다. 또한 케이시 퍼킨스(Kathy Perkins) 등과 《아프리카계 미국인 연극과 공연 선집(The Routledge Companion to African American Theater and Performance)》(2018)을 공저하여 연극과 무용을 포함한 흑인 공연예술 전반의 흐름을 정리했다. 이러한 출판물들은 디프란츠가 개척한 흑인 무용 연구 분야를 탄탄히 할 뿐 아니라 춤 연구와 공연학, 흑인문화연구를 연결하는 자료로 널리 활용되고 있다.

최근 연구 동향

디프란츠는 최신 기술과 춤의 접목, 그리고 학제 간 공동체 구축에도 힘쓰고 있다. 그가 이끄는 SLIPPAGE 연구소에서는 모션캡처, 사운드 인터랙티브 시스템 등을 활용한 퍼포먼스 작품을 개발하여 춤의 새로운 표현 가능성을 탐구한다. 예를 들어 박물관 전시를 위해 디자인한 fastDANCEpast는 모션캡처를 통해 춤의 역사를 체험하게 한 작품이고, Kara Walker의 예술에 반응한 reVERSE-gesture-reVIEW(2017)는 미디어 기술을 통해 인종화된 몸짓을 재현·비평한 퍼포먼스였다. 교육 측면에서는 듀크대와 MIT 등에서 융합 프로그램을 운영하여 무용수와 공학도, 인문학도가 함께 프로젝트를 수행하도록 했다. 2014년부터는 Collegium for African Diaspora Dance라는 국제 연구자 네트워크를 공동 설립하여, 2년마다 컨퍼런스를 개최하고 흑인 디아스포라 춤 연구자 300여 명이 넘는 커뮤니티를 성장시켰다. 또한 Black Performance Theory 워킹그룹을 꾸준히 운영하며 흑인 공연이론 발전을 위한 담론의 장을 마련하고 있다. 이런 활동들은 학술 연구를 넘어서 커뮤니티 구축과 창작 실험으로 확장된 것으로, 디프란츠는 이를 통해 춤 연구의 살아 있는 생태계를 만들어 가고 있다. 최근에는 윤리와 춤, 사회 정의를 위한 예술 등의 주제로 글을 발표하며, 춤의 사회적 책임과 가능성을 모색하는 데에도 목소리를 내고 있다.

중요성 및 공헌

디프란츠의 공헌은 흑인 무용학의 정립과 확산으로 대표된다. 그는 앞선 세대에서 상대적으로 간과되었던 흑인 춤의 역사와 미학을 학문적 담론의 중심으로 가져와 체계화했다. 이를 통해 춤 연구에서 인종과 문화적 정체성의 문제를 본격적으로 다룰 수 있는 토대를 마련했으며, 오늘날 흑인 춤에 관한 수많은 연구가 그의 영향을 받아 진행되고 있다. 또한 디프란츠는 무용과 기술, 무용과 젠더·섹슈얼리티 연구를 선도하여 춤 연구의 경계를 넓혔다. 예컨대 그의 퍼포먼스 작품들은 기술을 통해 춤의 새로운 의미망을 탐색함으로써 실천적 연구의 한 모델을 제시했고, 퀴어 이론과 흑인 춤을 접목한 논의는 흑인 공연예술 담론에 다양성을 더했다. 아울러 무용 연구자 공동체를 구축한 것도 큰 공헌중 하나인데, 콜로키엄 같은 플랫폼은 젊은 학자들과 예술가들이 교류하며 지식과 창작을 공명시키는 공간으로 성장했다. 이처럼 디프란츠는 연구, 창작, 공동체 조직을 아우르는 활동으로 춤에 대한 이해를 심화시키고, 춤을 통한 사회적 대화를 활성화한 학자로 평가된다.

디프란츠는 국제 무용학계와 예술계에서 다방면으로 영향력을 미치고 있다. 학회 차원에서는 2011~2014년 무용사학회(SDHS) 회장을 역임하며 매닝의 뒤를 이어 공동학회 통합 등에 기여했고, 2017년에는 통합 후의 무용학회(DSA)로부터 최고 연구상을 받았다. 또한 스미스소니언 아프리카계 미국 역사문화박물관 자문위원으로 참여하여, 해당 박물관에 흑인 사회춤을 소개하는 상설 전시를 기획하고 내레이션을 맡는 등 대중문화 교육에도 공헌했다. 교육자로서는 MIT에서 여성·젠더학 프로그램과 '신체적 상상력(Physical Imagination)' 트랙을 이끌고, 듀크대 아프리카 및 아프리카계 미국학과 학과장을 지내는 등 학내에서도 혁신적인 커리큘럼을 추진했다. 공연현장에서는 Dance/USA, 미국예술기금 등의 단체와 협업하며 예술정책 자문을 했고, 전세계 워크숍과 강연(예: 오스트리아 ImPulsTanz 페스티벌 등)을 통해 춤 예술가들과 직접 소통했다. 이러한 활동들은 디프란츠가 학자, 교육자, 예술가, 조직자의 역할을 모두 수행하며 광범위한 영향력을 발휘하고 있음을 보여준다. 그의 노력으로 흑인 춤 커뮤니티가 학계와 예술계에서 힘을 얻었고, 오늘날 춤담론은 더욱 포괄적이고 기술 친화적으로 진화하는 추세를 보이고 있다.

주요 저서 목록

DeFrantz, T. F. (2002). *Dancing Many Drums: Excavations in African American Dance.* University of Wisconsin Press.

DeFrantz, T. F. (2004). *Dancing Revelations: Alvin Ailey's Embodiment of African American Culture.* Oxford University Press.

DeFrantz, T. F. & Gonzalez, A. (Eds.). (2014). *Black Performance Theory.* Duke University Press.

DeFrantz, T. F. & Rothfield, P. (Eds.). (2016). *Choreography and Corporeality: Relay in Motion.* Palgrave Macmillan.

DeFrantz, T. F. & Perkins, K. (Eds.). (2018). *The Routledge Companion to African American Theater and Performance.* Routledge.

8) 샐리 베인즈(Sally Banes)

학문적 배경 및 경력

샐리 베인즈는 현대 무용비평과 무용사 연구의 개척자로 널리 알려진 미국 학자이다. Chicago 대학교에서 1972년 학사 학위(비평, 예술, 연극 분야 학제 간 전공)를 취득한 후, 1970년대에 시카고와 뉴욕에서 언더그라운드 예술 현장에 참여하며 무용비평가로 경력을 시작했다. 1980년 New York 대학교 대학원 연극학과(현 퍼포먼스학과)에서 박사 학위를 받았으며, 박사논문은 1960년대 Judson Dance Theater에 관한 연구로 이후 저서로 발전되었다. 베인즈는 1991년 Wisconsin-Madison 대학교의 무용/연극과 교수로 임용되어 무용프로그램 디렉터(1992~96)와 인문학 연구소장(2001~02)을 역임했고, 그 이전에도 Florida 주립대, SUNY Purchase, Cornell 대학교 등에서 가르쳤다. 그는 2000년대에 병으로 인해 활동이 줄어들기 전까지 무용비평과 학계를 넘나들며 활발히 활동했으며, 위스콘신 대학교 명예교수로서 2020년 별세했다.

주요 연구 관심사

베인즈의 연구와 비평은 포스트모던 무용과 전위 예술 퍼포먼스에 초점을 맞추었다. 1960~70년대 뉴욕의 아방가르드 예술운동(재즈, 영화, 연극, 시각예술 등) 속에서 등장한 포스트모던댄스의 미학과 사회적 의미를 개척적으로 분석한 것이 그녀의 가장 큰 기여이다. 또한 무용의 사회사에 관심을 가져, 춤을 사회현상의 하나로 바라보는 문화기술지적 접근을 활용했다. 예를 들어 1980년대 초 브레이크댄스 현상을 관찰하여 《Village Voice》 등에 기고하고, 이를 학술적으로 해석함으로써 스트리트 댄스를 문화적으로 조명한 선구자였다. 베인즈는 춤과 젠더, 춤과 페미니즘에도 관심이 깊어, 공연예술에서 여성의 몸이 표현되고 소비되는 방식을 비판적으로 살펴보았다. 이 같은 문제의식은 훗날 저서 《춤추는 여성: 무대 위 여성의 몸(Dancing Women: Female Bodies on Stage)》(1998)에 집약되었다. 전반적으로, 베인즈의 작업은 춤을 순수미학이 아니라 사회문화적 맥락 속 실천으로 인식하고, 무용비평에 역사와 이론을 결합하려는 노력으로 특징 지어진다.

주요 저서 및 연구 업적

베인즈는 다수의 영향력 있는 저서를 남겼다. 《스니커즈를 신은 춤의 신: 포스트모던댄스(Terpsichore in Sneakers: Post-Modern Dance)》(1980)는 포스트모던댄스에 대한 첫 종합 비평서로서, Trisha Brown, Yvonne Rainer 등 저드슨 세대 안무가들의 작업을 생생하고 분석적으로 소개하여 무용비평의 새로운 지평을 열었다. 《민주주의 몸: 저드슨 댄스 시어터, 1962-1964(Democracy's Body: Judson Dance Theater, 1962-1964)》(1983, 1993 재출간)는 베인즈의 박사논문을 발전시킨 저작으로, 60년대 저드슨 댄스 시어터의 실험을 민주주의적인 예술 혁명으로 해석했다. 이 책은 포스트모던 춤을 민주적 공동창작의 산물로 조명하여 이후 무용사에서 저드슨 운동의 위상을 높이는 계기가 되었다. 《포스트모더니즘 시대의 춤 쓰기(Writing Dancing in the Age of Postmodernism)》(1994)는 베인즈가 1970~80년대에 쓴 주요 비평과 논문을 모은 에세이 모음집으로, 포스트모던 안무가들뿐만 아니라 발레리뷰, 브레이크댄스 관찰기 등 폭넓은 주제를 다루며 그 시기 무용 담론의 지형을 잘 보여 준다. 《그리니치 빌리지 1963: 아방가르드 퍼포먼스와 역동적 신체(Greenwich Village 1963: Avant-Garde Performance and the Effervescent Body)》(1993)는 1963년 뉴욕 그리니치빌리지의 다원예술 현장을 연구하여 재즈, 시각예술, 영화, 시 등이 어우러진 가운데 춤과 퍼포먼스의 상호작용을 기술한 책이다. 《춤추는 여성: 무대 위 여성의 몸》은 역사 속 공연예술에서 여성의 신체 이미지와 역할을 분석한 페미니즘 비평서로서, 발레의 여성상부터 모던댄스의 여성 안무가까지 아우르며 춤 속의 젠더 정치학을 탐구했다. 또한 《뒤집힌 기대: 1976~1985년 뉴욕의 공연예술과 패러시어터(Subversive Expectations: Performance Art and Paratheater in New York 1976-1985)》(1998)는 베인즈가 《Village Voice》 등에 쓴 공연 리뷰들을 엮은 책으로, 70~80년대 뉴욕 행위예술의 부상을 생생히 담아냈다. 베인즈의 마지막 저작은 《이전, 사이, 그리고 그 너머: 30년간의 춤 글쓰기(Before, Between, Beyond: Three Decades of Dance Writing)》(2007)로, 동료 안드레아 해리스(Andrea Harris)가 편집한 30년간의 글 모음집이다. 이처럼 베인즈의 출판물은 현대무용의 역사와 비평에 관한 방대한 기록이자 분석으로, 무용비평담론의 지형을 구축한 업적들이다.

중요성 및 공헌

베인즈는 무용비평의 지형을 바꾼 혁신자였다. 그녀는 춤을 단순히 미적 평가의 대상이 아니라 문화텍스트로 읽어 내는 방법론을 확립하여, 무용비평에 사회학적·역사적 상상력을 불어넣었다고 평가된다. 베인즈 이전까지 주류가 아니었던 포스트모던댄스에 주목하고 이를 '학문화'한 것은 그녀의 가장 큰 공헌으로, 《스니커즈를 신은 춤의 신》과 《민주주의의 몸》을 통해 저드슨 무용과 포스트모던 춤은 무용사 교과서의 한 장을 차지하는 중요 움직임으로 자리매김하게 되었다. 또한 그녀는 비평과 학술 연구를 가로지르는 글쓰기로 유명했는데, 생생하고 재치 있는 문체로 예술 현장을 묘사하면서도 지적인 분석을 곁들여 독자들에게 춤을 사유하게 만드는 글쓰기를 선보였다. 이러한 접근은 무용비평의 대중화와 수준 향상 모두에 기여하여, 동시대 많은 춤 작가들이 베인즈의 스타일을 본받았다. 학문적으로는 여성주의 관점에서 무용 역사를 재해석하고, 스트리트댄스 등 대중춤을 학술 담론으로 이끌어 낸 선구자였으며, 무용학을 공연학 및 문화연구와 연결시킨 공헌도 크다. 베인즈의 연구와 비평은 지금까지도 무용학자들에게 필독의 참조점으로 남아 있으며, 현대무용학의 토대를 구축한 거목으로 인정받는다. 전반적으로 베인즈는 비평 현장과 학계를 잇는 가교 역할을 하며 현대 무용 담론을 풍요롭게 만들었고, 그녀의 유산은 오늘날 무용을 학문의 언어로 말하고자 하는 모든 노력 속에 살아 있다고 해도 과언이 아니다.

주요 저서 목록

Banes, S. (1980). *Terpsichore in Sneakers: Post-Modern Dance*. Wesleyan University Press.(Banes, S. (1991). 포스트 모던 댄스(박명숙 역). 삼신각)

Banes, S. (1983). *Democracy's Body: Judson Dance Theater, 1962–1964*. Wesleyan University Press.

Banes, S. (1994). *Writing Dancing in the Age of Postmodernism*. Wesleyan University Press.

Banes, S. (1998). *Dancing Women: Female Bodies on Stage*. Routledge.(Banes, S. (2012). 춤추는 여성(김수인, 김현정 역). 성균관대학교출판부)

Banes, S. & Harris, A. (Eds.). (2007). *Before, Between, Beyond: Three Decades of Dance Writing*. Wesleyan University Press.

9) 재니스 로스(Janice Ross)

학문적 배경 및 경력

재니스 로스(Janice Ross)는 미국의 무용학자이자 교육자이며, Stanford 대학교 연극·공연학과의 교수로 재직하다가 현재는 명예교수로 활동하고 있다. 1973년 California 대학교(Berkeley)에서 미술사 전공으로 학사 학위를 받았으며, 이후 Stanford 대학교에서 무용 교육으로 석사 학위와 박사 학위를 취득했다. 특히 박사 학위를 교육학 분야에서 받았는데, 이는 무용과 교육의 접목에 대한 그녀의 관심을 반영한다. 이러한 학제적 배경 덕분에 로스는 무용예술을 역사적·사회적 맥락 속에서 조망하는 폭넓은 관점을 갖추게 되었다.

주요 연구 관심사

로스의 경력은 학계와 현장 비평을 아우르며 전개되었다. 1970년대 중반부터 《Berkeley Gazette》의 무용비평 칼럼니스트로 활동하여 경력을 시작했고, 이후 《Artweek(Oakland)》 잡지의 공연예술 비평가 겸 편집자와 《San Francisco Bay Guardian》 신문의 무용비평가를 지냈다. 이러한 현장 경험을 바탕으로 1980년대에는 《Oakland Tribune》에서 10년간 전속 무용비평가로 일하면서 무용계 소식을 전했고, 《Dance Magazine》에도 20년에 걸쳐 편집위원 및 기고가로 참여했다. 그녀의 무용 관련 글은 《The New York Times》와 《Los Angeles Times》 등의 유력 일간지에도 실릴 정도로 영향력이 있었다. 이처럼 언론 현장에서 활약한 로스는 무용을 대중에게 알리고 비평 담론을 형성하는 데 기여했다. 1989년부터 Stanford 대학교에서 강의하기 시작한 로스는 1990년대에 해당 대학의 무용 교육 대학원 프로그램 디렉터를 역임하며 학내 무용 커리큘럼 개발에도 힘썼다. 2000년대 이후에는 Stanford 대학교 연극과 공연학과 교수로서 무용학 이론과 비평을 가르치고, 드라마학과 내 무용 부문 디렉터(2008~2013)를 맡아 학부와 대학원 무용 프로그램을 이끌었다. 또한 예술몰입 프로그램(ITALIC)의 교수 책임자(2012~2017)로 지내며 예술 교육에 혁신을 도입하기도 했다. 로스의 연구 관심사는 무용과 사회의 접점에 초점을 맞추고 있다. Stanford 재직 시 밝힌 바에 따르면, 그녀의 연구는 '사회적 이슈와 공연예술의 교차점'에 관한 주제들에 집중되어 있다. 예를 들어 무용과 시민 참여, 발레의 역사, 수감시설에서의 무용 등을 연구 관심 분야로 삼아 왔다. 실제로 무용과 사회 정의, 정치적 표현과 미학적 표현의 긴장 관계 등에 특별한 관심을 가지며, 무용이 사회적 의미와 정체성 형성에 어떻게 기여하는지를 탐구해 왔다. 이러한 관심은 무용을 단순한 예술 형태로 보는 것이 아니라, 사회문화적 맥락 속의 퍼포먼스로 확장하여 해석하려는 로스의 학문적 성향을 보여 준다. 한편, 로스는 무용을 통한 사회적 참여와 교육에도 열정을 갖고 있어, 무용을 활용한 청소년 교정 프로그램이나 지역사회 워크숍 등에 대해서도 연구하거나 자문하는 등 실천적 활동을 펼쳤다. 예컨대, 그녀는 이스라엘의 울트라 정통파 유대인 여성들 사이에서 발레가 부흥하는 현상을 조사하여, 종교적 보수주의 맥락에서 발레가 갖는 새로운 의미를 분석하기도 했다. 이는 세속적 시오니즘

문화의 상징이었던 무용이 종교 공동체에서 정체성 표현 수단으로 수용되는 역설적 현상을 조명한 연구로서, 무용과 문화·정치의 관계를 깊이 있게 탐색한 사례이다. 이처럼 로스의 연구 관심은 무용학을 넓은 인문사회과학의 지평과 연결시키며, 무용을 통한 사회적 담론 형성, 공동체 참여, 역사·정치적 맥락을 꾸준히 탐구하는 데에 있다.

주요 저서 및 연구 업적

로스의 대표적인 저서로는 미국 대학 무용교육의 태동을 다룬 《움직이는 수업: 마가렛 더블러와 미국 교육에서 무용의 시작(Moving Lessons: Margaret H'Doubler and the Beginning of Dance in American Education)》(2001)이 있다. 이 저서는 미국 위스콘신대학에서 세계 최초로 무용 과정을 개설한 마가렛 더블러(Margaret H'Doubler)의 사례를 통해 무용이 대학 교육에 도입되는 과정과 여성의 신체 및 고등교육에 대한 인식 변화를 통찰한 연구이다. 이 저서에서 로스는 20세기 초 더블러를 비롯한 선구적 무용 교육자들의 활동을 심층적으로 분석했다. 더블러는 미국 대학에 최초로 무용 과정을 개설한 인물로, 로스는 그녀의 생애와 교육 철학을 통해 무용이 체육이나 오락으로 여겨지던 수준에서 벗어나 학문적 위상을 획득하는 과정을 상세히 밝혀냈다. 비평가들은 《움직이는 수업》이 여러 학문 담론(무용사, 교육학, 여성사 등)을 지능적이고 흥미롭게 결합하여 무용 교육 역사에서 매우 큰 공백을 메워준다고 평가했으며, 20세기 미국에서 여성들이 어떻게 학계에 영향력을 행사했는지를 조명함으로써 무용사와 여성사 연구 모두에 기여했다고 보았다. 현재 로스의 《움직이는 수업》은 이러한 학계의 호평 속에 미국 무용교육사의 표준적 참고문헌으로 자리매김했다. 2007년에 로스는 두 권의 저서를 출간하면서 학자로서 더욱 주목받았다. 첫째, 《안나 할프린: 춤으로서의 경험(Anna Halprin: Experience as Dance)》(2007)은 현대무용의 개척자 중 한 명인 안나 할프린의 삶과 예술세계를 다룬 상세한 전기이다. 할프린은 실험적이고 참여적인 퍼포먼스로 잘 알려진 무용가로, 자연환경에서의 춤, 공동체 참여 무용 등 혁신적 활동을 펼친 인물이다. 로스는 이 책에서 할프린의 어린 시절부터 노년에 이르는 전 생애를 따라가며 그녀의 작품과 창작 철학을 깊이 있게 서술했다. 할프린이 어떻게 무용을 통해 인간 경험과 치유, 공동체 의식에 접근했는지를 조망한 이 전기는 정교한 연구와 서술로 호평받았으며, 출간 이듬해 미국 무용 연구회로부터 de la Torre Bueno Award 특별상(2008)을 수상하며 학술적 가치를 인정받았다. 이 저서는 무용가 개인의 예술뿐 아니라 그가 몸담은 시대의 사회문화적 맥락까지 아우르는 폭넓은 서사가 돋보인다는 평가를 받았다. 같은 해 출간된 《샌프란시스코 발레 75주년(San Francisco Ballet at 75)》(2007)도 로스의 주요 저서 중 하나이다. 이 저서는 미국에서 가장 오래된 발레단 중 하나인 San Francisco Ballet의 75주년 역사를 기념하여 집필된 것으로, 발레단의 창단부터 현대에 이르는 발전사를 풍부한 자료와 함께 담아냈다. 로스는 발레단의 예술적 성취뿐 아니라 지역사회와의 관계, 무용단 운영에 영향을 미친 사회적 변화 등을 함께 다루어 단순한 연대기 이상의 통찰을 제공했다. 이를 통해 지역 기반 예술기관인 발레단이 미국 무용계 전반에 끼

친 영향과 그 문화적 의의를 조명했다. 비평가들은 《샌프란시스코 발레 75주년》이 역동적인 사진 자료와 균형 잡힌 해설을 통해 발레단 역사서의 모범을 보여 준다고 평가했다. 이 저서는 학술연구서라기보다는 기념 출판물의 성격이 강하지만, 로스의 뛰어난 연구력과 문필력 덕분에 무용사 연구자와 애호가 모두에게 가치 있는 자료가 되었다. 2015년에 발표된 《폭탄이 터지듯: 레오니드 야콥슨과 소비에트 러시아의 저항으로서의 발레(Like A Bomb Going Off: Leonid Yakobson and Ballet as Resistance in Soviet Russia)》는 로스의 연구 성과 중 특히 학계의 주목을 받은 저작이다. 이 책은 소련 시대의 발레 안무가 야콥슨의 삶과 작품을 다룬 연구서로서, 예술이 전체주의 체제하에서 어떻게 저항과 정체성의 매개체가 될 수 있는지를 탐구하고 있다. 야콥슨은 구소련의 발레계에서 혁신적인 작품을 선보였으나, 유대인이라는 정체성과 비전향적인 예술관 때문에 소련 당국의 검열과 제약을 겪었던 인물이다. 로스는 거의 알려지지 않았던 야콥슨의 행적과 작품을 발굴하기 위해 그의 미망인 인터뷰를 비롯한 방대한 1차 자료 조사를 수행했고, 그 결과로 탄생한 이 전기는 단순한 예술가 평전을 넘어 소련의 억압적 문화정치 속에서도 꺾이지 않은 예술혼을 조명하는 사회역사적 기록으로 평가받는다. 실제로 야콥슨의 작업은 당대에 검열로 빛을 보지 못한 측면이 있었는데, 로스의 연구를 통해 그의 혁신성과 예술적 용기가 재조명되었다는 점에서 학계와 무용계의 찬사를 받았다. 이 저작으로 로스는 2015년 CORD(Congress on Research in Dance) 학술 연구상을 수상하여 그 공로를 인정받았다. 또한 《폭탄이 터지듯》은 무용사가 한정된 무대 예술의 범주를 넘어 정치사와 문화사의 일부로 논의될 수 있음을 보여준 중요한 연구로 평가된다.

로스는 최근에도 무용학 발전을 위한 연구 활동을 이어 가고 있다. 2020년에는 수잔 매닝, 레베카 슈나이더와 함께《The Futures of Dance Studies》편집을 공동으로 맡아 출간했다. 이 책은 전 세계 무용학자들의 최신 연구를 모은 논문 선집으로, 향후 무용학의 지향점과 새로운 방법론을 제시하는데 로스가 함께 기여했다. 이처럼 그녀의 연구 성과는 교육사, 무용가 전기, 발레사, 정치와 무용의 관계, 미래 무용학 담론 등 다양한 주제와 분야를 아우른다. 또한 로스는《옥스퍼드 핸드북: 컨템포러리 발레(Oxford Handbook of Contemporary Ballet)》(2020),《옥스퍼드 핸드북: 즉흥(The Oxford Handbook of Improvisation)》(2019),《춤과 노화하는 신체(The Aging Body in Dance)》(2017) 등 여러 편의 편저 챕터와 무용 관련 논문을 발표하며 학술 담론 형성에도 활발히 참여하고 있다.

최근 연구 동향

로스는 발레사, 무용과 젠더, 교육과 공연예술의 접점을 탐구하며 활발한 연구를 진행하고 있다. 또한 연구 프로젝트로 '인문학 속 무용/인문학과 무용(Dance Studies in/and the Humanities)'(2012~2018)를 공동 주관하며 무용학과 인문학의 연계를 강화했으며, 이스라엘 정통 유대인 여성들의 발레 참여 연구(2022)와 무용과 도시디자인 연구(2005) 등을 진행했다. 한편으론 무용교육과 사회적 실천을 강조하며, 무용과 교도소 재활 프로그램을 연구하여 춤의 사회적 역할을 구체화했다. 최근에는 대중 교육자이자 문화해설사로서 뉴욕 공립도서관, 컬럼비아대학교 등에서 무용 역사 강연을 진행하며 학문과 대중의 연결을 모색하고, AI와 디지털 환경에서 무용비평의 미래를 연구하는 새로운 방향도 개척하고 있다.

중요성 및 공헌

로스는 무용학계와 예술현장 모두에 영향력 있는 인물로 인정받는다. 우선, 오랜 기간 현장에서 활동한 경험을 학문과 연계하여 무용비평과 무용학의 가교 역할을 수행한 점이 높이 평가된다. 언론 매체를 통해 대중에게 무용의 가치를 전달하고 담론을 주도한 그녀의 경험은 이후 학술 연구에 현실성을 부여하고 대중과 소통하는 학자라는 이미지를 확립하는 데 기여했다. Stanford 대학교에서 수십 년간 학생들을 가르치며 무용 연구자와 예술가들을 길러 낸 것은 그녀의 중요한 공헌 중 하나이다. 특히 Stanford의 무용 프로그램을 발전시키고 커리큘럼을 설계한 리더십은 학계 내 무용 교육의 토대를 강화한 것으로 평가된다. 로스는 다양한 학술·예술 단체에서 핵심적인 역할을 맡아 무용학계의 발전을 이끌었다. 1988년부터 1992년까지 국제무용비평가협회(International Dance Critics Association) 회장을 역임하며 무용비평의 전문성 향상과 글로벌 네트워킹을 도모했고, 2008년부터 2011년까지는 미국 무용사학회(Society of Dance History Scholars)의 회장으로 재직하면서 무용사 연구자들의 학회 활동을 진작시켰다. 이 밖에도 미국 National Endowment for the Arts 무용 패널 위원으로 정책 자문을 하고, Congress on Research in Dance 이사회 임원으로 활동하는 등 예술 행정과 학술 정책 영역에서도 영향력을 행사했다. 이러한 활동들은 무용예술이 사회적으로 인정받고 지원받도록 하는 데 로스가 기여했음을 보여 준다. 요컨대 로스는 무용학의 학제적 연구 방향을 개척하고, 학술단체 지도와 교육을 통해 무용학계의 기반을 강화했으며, 비평과 저술 활동으로 사회적 담론 속에 무용의 위상을 높이는 데 기여했다. 그녀의 연구는 무용을 역사·사회적 맥락에서 고찰함으로써 무용학을 심화시키고 확장시켰으며, 이러한 공로로 현재까지 무용학계와 예술 현장 모두에서 존경받는 학자로 자리매김하고 있다.

주요 저서 목록

Ross, J. (2001). *Moving Lessons: Margaret H'Doubler and the Beginning of Dance in American Education*. University of Wisconsin Press. (2nd ed. University of Florida Press, 2020).

Ross, J. (2007). *Anna Halprin: Experience as Dance*. University of California Press.

Ross, J. (2007). *San Francisco Ballet at 75*. Chronicle Books.

Ross, J. (2015). *Like A Bomb Going Off: Leonid Yakobson and Ballet as Resistance in Soviet Russia*. Yale University Press.

Ross, J., Manning, S., & Schneider, R. (Eds.). (2020). *The Futures of Dance Studies*. University of Michigan Press.

Ross, J. (2025 예정). *The Choreography of Environments: How the Anna and Lawrence Halprin Home Transformed Contemporary Dance and Urban Design*. Oxford University Press.

2. 주요 한국어 무용 이론서 및 번역본 리스트

김수인, 김주희, 윤지현, 정옥희, 한석진(2020). 《춤추는 몸, 사회 속의 몸: 무용학의 쟁점과 동향》. 두솔.

김말복(2010). 《춤과 몸》. 이화여자대학교출판부.

노영재, 유화정, 이은선, 이지혜(2024). 《무용교육: 이론부터 실제까지》. 두솔.

댄스앤미디어연구소 편저(2021). 《예술과 산업》. LS&B.

댄스앤미디어연구소 편저(2020). 《교류와 소통의 남북 문화예술 그리고 춤》. 궁미디어.

댄스앤미디어연구소 편저(2018). 《춤과 뉴미디어: 과거, 현재, 미래를 말하다》. 궁미디어.

신상미, 김재리(2010). 《몸과 움직임 읽기》. 이화여자대학교출판부.

한석진(2022). 《디지털 퍼포먼스 미학》. 연극과 인간.

Au, S. (2018). 《발레와 현대무용》. (김채현 역). 시공아트. (원저출판 1988).

Banes, S. (2012). 《춤추는 여성》. (김수인, 김현정 역). 성균관대학교출판부. (원저출판 1998).

Desmond, J. (2015). 《문화연구, 춤의 새로운 이해》. (김수인, 김현정 역). 성균관대학교출판부. (원저출판 1997).

Dodds, S. (2016). 《Dance on Screen》. (고현정 역). 대한미디어. (원저출판 2001).

Fancher, G. (1993). 《무용의 철학》. (김말복 역). 예전사. (원저출판 1981)

Lepecki, A. (2014). 《코레오그래피란 무엇인가: 퍼포먼스와 움직임의 정치학》. (문지윤 역). 현실문화. (원저출판 2006).

Novack, C. (2014). 《접촉에 의한 즉흥무용의 이해》. (서진은 역). 금광. (원저출판 1990).

Sheets-Johnstone, M. (1994). 《무용의 현상학》. (김말복 역). 예전사. (원저출판 1966).

참고문헌

찾아보기

참고문헌

I. 미학·철학과 춤

Aristotle. (n.d.). *Poetics* (Chapter I). (Translated by S. H. Butcher). Retrieved from Monadnock Valley Press website: https://monadnock.net/aristotle/poetics-1.html.

Baima, N. R. (n.d.). Plato: The Laws. In Internet Encyclopedia of Philosophy. Retrieved from https://iep.utm.edu/pla-laws/.

Ballet Arizona. (2021, March 11). Ballet 101: Romantic Ballet [Blog post]. Retrieved from https://balletaz.org/ballet-101-romantic-ballet/.

Banes, S. (1987). *Terpsichore in Sneakers: Post-Modern Dance*. Middletown, CT: Wesleyan University Press.

Bannerman, H. (2014). Is Dance a Language? Movement, Meaning and

Communication. *Dance Research*, 32(1), 65–80.

Benthaus, E. (2015). Hovering on Screen: The WOW-Affect and Fan Communities of Affective Spectatorship on So You Think You Can Dance. *The International Journal of Screendance*, 5.

Bieszczad, L. (2021). The "Body in Motion" as the Substance of Dance Improvisation (Based on Motifs from Maurice Merleau-Ponty's Phenomenology of Perception). *Contemporary Aesthetics*, 9.

Britannica, T. Editors of Encyclopaedia. (n.d.). Jean-Georges Noverre. Encyclopedia Britannica. Retrieved February 27, 2025, from https://www.britannica.com/biography/Jean-Georges-Noverre.

Foster, S. L. (2011). *Choreographing Empathy: Kinesthesia in Performance*. London: Routledge.

Fraleigh, S. H. (1996). *Dance and the Lived Body: A Descriptive Aesthetics*. Pittsburgh, PA: University of Pittsburgh Press.

Gautier, T. (1841). Giselle [Ballet scenario]. (Co-written with Vernoy de Saint-Georges; Choreography by J. Perrot & J. Coralli). Premiered at Paris Opera, June 28, 1841.

Kennedy Center Education. (n.d.). Martha Graham & Appalachian Spring. Retrieved from https://www.kennedy-center.org/education/resources-for-educators/.

Leprince-Ringuet, D. (2018, December 17). Google's latest experiment teaches AI to dance like a human. *WIRED*.

Massumi, B. (2002). *Parables for the Virtual: Movement, Affect, Sensation*. Durham, NC: Duke University Press.

Merce Cunningham + BIPED. (n.d.). Kennedy Center Education Digital Resources.

Merleau-Ponty, M. (1962). *Phenomenology of Perception* (C. Smith, Trans.). London: Routledge. (Original work published 1945).

Opera-Comique. (2012). Ballets de Noverre (Program note). Paris: Opéra Comique.

Popa Blanariu, N. (2018). Semiotic and Rhetorical Patterns in Dance and Gestural Languages. *Southern Semiotic Review, 10*, 37-58.

Pressbooks. (n.d.). Ballet in the Romantic Period – Storytelling. In Storytelling (Arts and Humanities Open Educational Resource). Retrieved from https://pressbooks.pub/storytelling/chapter/romantic-ballet/.

Rainer, Y. (2016). Interview with Yvonne Rainer. In In Terms of Performance (online project by Pew Center & Arts Research Center). Retrieved from http://intermsofperformance.site/interviews/yvonne-rainer.

Rainer, Y. (1965). No Manifesto [PDF document]. Retrieved from http://www.ktufsd.org (Original work published 1965).

Reason, M., & Reynolds, D. (2010). Kinesthesia, Empathy, and Related Pleasures: An Inquiry into Audience Experiences of Watching

Dance. *Dance Research Journal*, *42*(2), 49–75.

Sheets–Johnstone, M. (1966). *The Phenomenology of Dance*. Madison, WI: University of Wisconsin Press (2015 ed. with new preface).

Sheets–Johnstone, M. (2011). *The Primacy of Movement* (Expanded 2nd ed.). Amsterdam: John Benjamins.

Sheets–Johnstone, M. (2012). From Movement to Dance. *Phenomenology and the Cognitive Sciences*, *11*(1), 39–57.

Sklar, D. (1994). Can Bodylore Be Brought to Its Senses? In *The Journal of American Folklore*, *107*(423), 9–22 (as cited in Smith & Roche, 2019).

Sparshott, F. (1995). *A Measured Pace: Toward a Philosophical Understanding of the Arts of Dance*. Toronto: University of Toronto Press.

Stanford Encyclopedia of Philosophy. (2015/2019). The Philosophy of Dance.

Strutt, D. (2022). A Simple Tool for Remote Real–Time Dance Interaction in Virtual Spaces, Or "Dancing in the Metaverse". *Critical Stages/Scènes critiques*, (25).

University of Washington Dance Program. (n.d.). Isadora Duncan (Biography). Retrieved from https://dance.washington.edu/people/isadora-duncan.

Zhu, M. (2018). Contemporary Chinese Dance: The Interweaving of Tradition and Modernity. *Critical Stages/Scènes critiques*, (18).

II. 비평과 춤

Banes, S. (1998). *Dancing Women: Female Bodies on Stage*. New York, NY: Routledge.

Brannigan, E. (2019). Whatever happened to dance criticism? In H. Thomas & S. Prickett (Eds.), *The Routledge Companion to Dance Studies*(pp. 207–220). London: Routledge.

Britannica. (n.d.-a). Art criticism (D. Kuspit, Author). In Encyclopædia Britannica.

Britannica. (n.d.-b). Dance criticism (C. Hardy, Author). In Encyclopædia Britannica.

Brooks, L. M. (2012, August 8). Critical Moments: Four Centuries of Dance Journalism. *thINKingDANCE*.

Croft, C. (2014). Feminist Dance Criticism and Ballet. *Dance Chronicle, 37*(2), 195–217.

Dodds, S. (2001). *Dance on screen: Genres and media from Hollywood to experimental art*. New York: Palgrave Macmillan.

Fraleigh, S. (1991). A Vulnerable Glance: Seeing Dance through Phenomenology. *Dance Research Journal, 23*(1), 11–16.

Harss, M. (2021, November 1). The reality of dance journalism today. *Dance Magazine*.

Kearney, D. (2024). Dancing with AI: Unveiling the potentials and pitfalls of ChatGPT for a new wave of dance critics and criticism. *Critical Stages/Scènes critiques*, (29).

Li, H., & Huang, X. (2024). Intelligent dance motion evaluation: An evaluation method based on keyframe acquisition according to musical beat features. *Sensors, 24*(8), 2543.

Orzechowicz, D. (2007, November 1). Dance Criticism: The Relationship Between Critics and Artists. In Dance (Dancers' Group).

"Maria". (2013, December 16). What is dance criticism? [Web post]. Contemporary-Dance.org.

Mattingly, K. (2019). Digital dance criticism: Screens as choreographic apparatus. *International Journal of Screendance, 10*, 148–173.

Megyeri, L. (2023, April 29). I am a dance critic. I am a member of an endangered species. *Dance Context Webzine*.

Szporer, P. (2014). Criticism as a contested concept. *Dance Chronicle, 37*(2), 189–194.

Van Camp, J. (c.1980). *The Humanities and Dance Criticism*. [Online article].

III. 인류학과 춤

Boas, F. (1955). *Primitive Art*. New York: Dover Publication (Originally published in 1927).

Hanna, J. L. (1979). *To dance is human: A theory of nonverbal communication*.

Austin: University of Texas Press.

Kaeppler, A. L. (1978). Dance in anthropological perspective. *Annual Review of Anthropology, 7*, 31-49.

Kealiinohomoku, J. W. (1970). An anthropologist looks at ballet as a form of ethnic dance. *Impulse, 18*, 24-33.

Ness, S. A. (1992). *Body, movement, and culture: Kinesthetic and visual symbolism in a Philippine community*. Philadelphia: University of Pennsylvania Press.

Novack, C. J. (1990). *Sharing the dance: Contact improvisation and American culture*. Madison: University of Wisconsin Press.

Royce, A. P. (1977). *The anthropology of dance*. Bloomington, IN: Indiana University Press.

Spencer, P. (2010). Dance anthropology: A historical perspective. *Encyclopedia of Life Support Systems (EOLSS)*.

Sklar, D. (1991). Five premises for a culturally sensitive approach to dance. *Dance Critics Association News*, Summer 1991.

Ⅳ. 문화연구와 춤

Bhabha, H. K. (1994). *The location of culture*. Routledge.

Butler, J. (1990). *Gender trouble: Feminism and the subversion of identity*. Routledge.

Desmond, J. C. (Ed.). (1997). *Meaning in motion: New cultural studies of dance*. Duke University Press.

Foster, S. L. (1996). *Choreographing history*. Indiana University Press.

Goffman, E. (1959). *The presentation of self in everyday life*. Anchor Books.

Hall, S. (1980). Encoding/decoding. In S. Hall, D. Hobson, A. Lowe, & P. Willis (Eds.), *Culture, media, language*(pp. 128-138). Routledge.

Hall, S. (1996). Who needs identity? In S. Hall & P. du Gay (Eds.), *Questions of cultural identity*(pp. 1-17). SAGE Publications.

hooks, b. (1992). *Black looks: Race and representation*. South End Press.

Lepecki, A. (2006). *Exhausting dance: Performance and the politics of movement*. Routledge.

Phelan, P. (1993). *Unmarked: The politics of performance*. Routledge.

Schechner, R. (2013). *Performance studies: An introduction* (3rd ed.). Routledge.

Siegel, M. B. (1991). *The shapes of change: Images of American dance*. University of Illinois Press.

Spatz, B. (2015). *What a body can do: Technique as knowledge, practice as research*. Routledge.

Williams, R. (1977). *Marxism and literature*. Oxford University Press.

Williams, R. (1983). *Keywords: A vocabulary of culture and society*. Oxford University Press.

V. 소매틱과 춤

Alexander, F. M. (1932). *The Use of the Self*. London: Gollancz.

Bailey, R., & Pickard, A. (2010). Body learning: Examining the processes of skill learning in dance. *Sport, Education and Society, 15*(3), 367–382.

Basso, J. C., Satyal, M. K., & Rugh, R. (2021). Dance on the Brain: Enhancing Intra- and Inter-Brain Synchrony. *Frontiers in Human Neuroscience, 14*, 584312.

Batson, G., & IADMS Dance Educators' Committee. (2009). *Somatics Studies and Dance* (Resource Paper for Dancers and Teachers). International Association for Dance Medicine & Science.

Batson, G., & IADMS Dance Educators' Committee. (2018). Proprioception (Resource Paper). International Association for Dance Medicine & Science.

Bieszczad, L. (2021). The "Body in Motion" as the substance of dance improvisation: Based on motifs from Maurice Merleau-Ponty's Phenomenology of Perception. Contemporary Aesthetics, *Special Volume 9*.

Buchanan, P. A., & Ulrich, B. D. (2001). The Feldenkrais Method: A dynamic approach to changing motor behavior. *Research Quarterly for Exercise and Sport, 72*(4), 315–323.

Cohen, B. B. (1993). *Sensing, Feeling, and Action: The Experiential Anatomy of Body-Mind Centering*. Northampton, MA: Contact Editions.

Feldenkrais, M. (1949). *Body and Mature Behavior: A Study of Anxiety, Sex, Gravitation and Learning*. New York: International Universities Press.

Feldenkrais, M. (1981). *The Elusive Obvious*. Cupertino, CA: Meta Publications.

Green, J. (2002). Somatic knowledge: The body as content and methodology in dance education. *Journal of Dance Education*, 2(4), 114–118.

Hall, J. M. (2018). Philosophy of dance and disability. *Philosophy Compass*, 13(10), e12551. DOI: 10.1111/phc3.12551.

Hanna, T. (1970). *Bodies in Revolt: A Primer in Somatic Thinking*. New York: Holt, Rinehart & Winston.

Hanna, T. (1976). The field of somatics. *Somatics: Magazine-Journal of the Bodily Arts and Sciences*, 1(1), 30–34.

Hanna, T. (1986). What is somatics? *Somatics: Magazine-Journal of the Bodily Arts and Sciences*, 5(2), 56–64.

Hanna, T. (1988). *Somatics: Reawakening the Mind's Control of Movement, Flexibility, and Health*. Reading, MA: Addison-Wesley.

Hornthal, E. (2023, January 17). Every Body Dance Now: The Power of Dance/Movement Therapy for Healing Trauma. Trauma Research Foundation Blog.

Ilich, H. (n.d.). Somatics & Dance-Movement Therapy. Movement Continuum Studio. Retrieved from https://www.movementcontinuum.studio/movement-therapy-info.

Lowen, A. (1975). *Bioenergetics: The Revolutionary Therapy That Uses the Language of the Body to Heal the Problems of the Mind*. New York: Coward, McCann &

Geoghegan.

Martin, L. (2014). Dancing with Disability: A Look at the Infinity Dance Theater. *American Artscape, 2014*(3). National Endowment for the Arts.

Merleau-Ponty, M. (1962). *Phenomenology of Perception*(C. Smith, Trans.). London: Routledge & Kegan Paul. (Original work published 1945).

Perron, W. (2017, June 25). Aging Dancers: An Alternate Vision. WendyPerron.com.

Pines, R., & Giles, H. (2020). Dancing while Aging: A Study on Benefits of Ballet for Older Women. *Anthropology & Aging, 41*(1), 66–78. DOI: 10.5195/aa.2020.209.

Reich, W. (1949). *Character Analysis*(3rd ed.). New York: Farrar, Straus & Giroux. (Original work published 1933).

Rolf, I. P. (1977). Rolfing: The Integration of Human Structures. New York: Harper & Row.

Sakaguchi, K. (2019). Creating Dance with Elders, and How to See It: Company of Elders in the World Gold Theatre Festival. *Critical Stages/Scènes critiques, 20*(Special Topics).

Shusterman, R. (2008). *Body Consciousness: A Philosophy of Mindfulness and Somaesthetics.* Cambridge: Cambridge University Press.

Shusterman, R. (2012). *Thinking Through the Body: Essays in Somaesthetics.* Cambridge University Press.

Todd, M. E. (1937). *The Thinking Body*. New York: Paul B. Hoeber.

Väättäinen, H. (2023). Ableism in Dance and Disabled Dancers. In *Multiplicity of Contemporary Dance*(79 Theatre Academy's publication series).

Ⅵ. 포스트휴머니즘과 춤

Alaimo, S. (2012). States of Suspension: Trans-corporeality at Sea. *ISLE: Interdisciplinary Studies in Literature and Environment, 19*(3), 476-493.

Baker, G. A. (2015). "Daughter, There Will Be No Home: A Choreographic Exploration of Ecofeminism." *Dance Research Aotearoa, 3*(1), 53-81.

Beck, T. (2012, August 2). Deep glow: Bioluminescence is star of Science Center show. *Harvard Gazette*.

Bergen, H. (2022). Dancing Media: The Contagious Movement of Posthuman Bodies(Doctoral dissertation, Concordia University).

Braidotti, R. (2013). *The Posthuman*. Cambridge: Polity.

Creative Capital. (n.d.). Bird Brain (Jennifer Monson) - Project Description Retrieved from https://creative-capital.org.

d'Eaubonne, F. (1974). *Le Féminisme ou la Mort*. Paris: Pierre Horay.

Emard, J. (2017). Co(AI)xistence [Video installation project description]. Itaú Cultural(Consciência Cibernética exhibition).

Fitzgerald-Allsopp, F. (2020). "Becoming-With: Performance, Ecology, and Posthumanism." *Journal of Performance Studies, 22*(3), 40–52.

Foster, S. (1996). *Choreographing History.* Indiana University Press.

Gaard, G. (1993). *Ecofeminism: Women, Culture, Nature.* Indiana University Press.

Gaard, G., & Warren, K. (2012). "Bringing Ecofeminism into the Dance Studio." *Dance Education Journal, 28*(2), 21–35.

Graham, M. (1991). *Blood Memory: An Autobiography.* Doubleday.

Halprin, A. (1995). *Moving Toward Life: Five Decades of Transformational Dance.* Wesleyan University Press.

Haraway, D. J. (1985). A Cyborg Manifesto: Science, Technology, and Socialist-Feminism in the Late Twentieth Century. *In Simians, Cyborgs and Women: The Reinvention of Nature*(1991). New York: Routledge.

Haraway, D. (2016). *Staying with the Trouble: Making Kin in the Chthulucene.* Duke University Press.

Hodges, L. (2023, April 12). Fusing Art and Science to Save the Seas. *Oregon Quarterly.*

Jensen, R. (2022). Deep Sea Dances. *Choreographic Practices, 13*(1), 97–115.

Jonas, J. (2020). Moving Off the Land II [Performance & Exhibition]. TBA21-Academy. (Performance description retrieved from TBA21).

Jue, M. (2020). *Wild Blue Media: Thinking Through Seawater.* Duke University

Press.

Leprince-Ringuet, D. (2018, Dec 17). Google's latest experiment teaches AI to dance like a human. *WIRED*.

Mendieta, A. (1983). *Silueta Works in Mexico*. University of Iowa Press.

Mentz, S. (2018). Blue Humanities. In R. Braidotti & M. Hlavajova (Eds.), *Posthuman Glossary* (pp. 69–71). Bloomsbury Academic.

Mies, M., & Shiva, V. (1993). *Ecofeminism*. Zed Books.

Merchant, C. (1980). *The Death of Nature: Women, Ecology, and the Scientific Revolution*. HarperOne.

Orlofske, M. (2010). "Ecofeminism and Performance Art: Body, Land, and Ritual." *Performance Research*, 15(2), 45–59.

Plumwood, V. (1993). *Feminism and the Mastery of Nature*. Routledge.

Plumwood, V. (2002). *Environmental Culture: The Ecological Crisis of Reason*. Routledge.

Psarras, B. (2024). Drifting poetries, floating gestures: Performing with/upon the sea in contemporary media arts. *Technoetic Arts*, 22(Issue: Into/Across the Sea), 237–251.

Robotics UMD (2019, Sept 25). Visionary choreographer Huang Yi performs at Maryland... Maryland Robotics. *Center News*.

Skybetter, S. (2020, July 15). Could Augmented Reality Change How We Watch Dance? *Dance Magazine*.

Sperling, J. (2018). *Dancing on Thin Ice: Choreographing Climate Change Awareness*.

Harvard University Press.

Starhawk. (1979). *The Spiral Dance: A Rebirth of the Ancient Religion of the Great Goddess*. Harper & Row.

Stewart, N. (2010). "Dancing the Face of Place: Environmental Dance and Eco-Phenomenology." *Performance Research*, *15*(4), 32–47.

Swissnex China (2019, May 8). VR_I: A Contemporary Dance Piece in Immersive Virtual Reality. Swissnex event archive.

TBA21-Academy. (2019). Joan Jonas: Moving Off the Land II – Exhibition text. Retrieved from https://tba21.org.

Warren, K. J. (1997). "Ecofeminism: Women, Culture, Nature." *Hypatia*, *12*(1), 3–20.

Wolfe, C. (2010). *What Is Posthumanism?* Minneapolis: University of Minnesota Press.

찾아보기

ㄱ

가상현실(VR) 60, 61, 125, 157, 158, 222, 229, 230, 232

고유수용감각 187, 188, 189

공연학 31, 32, 153, 247, 266, 286, 293, 300

구조주의 90, 146, 148

권력 60, 90, 91, 93, 95~97, 109, 110, 123, 139, 141, 145, 146, 148, 149, 154~156, 160, 218, 243, 266, 269, 272, 276, 279

기의 46, 89

기표 46, 89

기호학 43~50, 55, 57, 81, 83, 89~91, 109

ㄴ

낭만주의 21, 22, 23, 24, 25, 33, 78, 139

노년기 209, 212

노화 209~211, 306

ㄷ

다문화 66, 150, 155, 156

대중문화 146, 147, 149, 150, 156, 160, 295

댄스 신드롬 207

도나 해러웨이 219, 255

디지털 32, 58~62, 77, 100, 103, 104, 108, 109, 124, 125, 157~160, 228~232, 292, 307

딥러닝 227

ㄹ

〈라 실피드〉 23, 24

라이브니스 62

라이프 폼스 59

라칼라카 125, 128
램지 버트 264, 276
레오니드 야콥슨 305
레이먼드 윌리엄스 145
로봇 221, 225, 226~228, 233, 254
로지 브라이도티 218, 255
롤랑 바르트 48
루스 세인트 데니스 80
리처드 쉐크너 122, 152
리처드 슈스터만 55, 166, 196~199
리처드 호가트 145, 146

ㅁ

마가렛 더블러 303, 304
마르크스주의 146, 148
마리 비그만 28, 286, 287, 289
마사 그레이엄 27, 28, 47, 49, 80, 85, 244, 272
마크 프랑코 270
맥신 쉬츠-존스톤 34, 38~41, 195
머스 커닝햄 29, 30, 47, 49, 58~60, 224
모던댄스 4, 44, 58, 63, 155, 271, 272, 277, 286~289, 297~299
모리스 메를로-퐁티 34, 35, 40, 41, 48, 54, 88, 166, 171, 195, 197~199, 213, 247
모션캡처 59, 60, 158, 224, 229, 231, 293, 294
몸-마음 센터링(BMC) 176, 191
무용/동작 치료 201~203
무용미학 17, 20, 25, 26, 31, 33, 54, 58, 66, 130, 151, 278
무용인류학 115~127, 130~134, 136~141
무용철학 34, 45, 57
무형문화유산 125, 128
문화기술지 122, 297
문화비평 95~98, 279
문화연구 83, 125, 145~161, 235,

279, 300
문화인류학 115, 116, 120, 129, 266
문화적 전유 150, 154, 155
문화적 틈새 65
문화주의 146, 148, 149
미디어 32, 58, 60, 61, 124, 149, 150, 161, 294
민족무용 27, 63, 119, 121, 126, 138
민족지 116, 118, 119, 121, 123, 124, 129, 130, 132, 134, 136

ㅂ

〈BIPED〉(바이페드) 59, 60, 224
Blue Humanities(블루휴머니티) 234~238, 250, 253, 256, 257
바르테니에프 185, 191
반려종 219
백인 150, 154, 286, 287, 289

버밍엄 학파 146
벨 훅스 150, 155
분석적 비평 83~85
브레이크댄스 123, 297, 298
브렌다 딕슨 갓차일드 97
비인간 7, 67, 217~210, 222, 224, 228, 234, 246, 249, 250~257
비판이론 148, 279
빌 티 존스 62

ㅅ

사교댄스 211
사용자 생성 콘텐츠 100
사이보그 219, 221
샐리 베인즈 94, 267, 296
샐리 앤 네스 134
생리학 168, 172, 176
생태계 237, 239, 241, 243, 255~257, 294
생태 예술 249
생태정의 249

생태철학 246, 255, 257
세계화 65, 67, 155, 156, 267
섹슈얼리티 148, 276, 277, 281, 294
셀마 진 코헨 82
소마 165, 170, 172
소매틱 165~174, 176~182 184~186, 190~194, 197, 200, 201, 203, 204
소매틱 경험 요법 201, 204
소셜미디어 100~103, 106, 158, 159
솜에스테틱스 55
수잔 리 포스터 43, 155, 261
수잔 매닝 285, 306
수행성 33, 81, 149, 151, 153
스튜어트 홀 145~147
스트리트댄스 116, 123, 300
스티브 멘츠 235
스펙터클 30, 277
식민성 156
신경가소성 175

신경과학 40, 168, 173, 185, 187, 188, 189
신시아 노박 129, 130
신체 담론 123, 139
신체 기억 36
신체 주관성 196
신체화된 주체 35
실존주의 166, 171
심리치료 169, 170, 177, 178, 181, 183~185, 200, 201~204
심리학 40, 41, 51, 53, 168, 169, 170, 173, 174, 185, 201
심해 60, 235, 237, 238, 256, 257

ㅇ
아리스토텔레스 19~21, 33
아바타 59, 60, 61, 158, 222, 229, 231, 232, 233
아방가르드 26~33, 66, 286, 297, 298
아상블라주 221
아이다 롤프 169, 182

아크람 칸 65, 156
안나 할프린 304, 243
안드레 레페키 155, 266
안드로이드 225, 227
안무적 신체 243
안야 피터스 로이스 120, 121, 132, 134
알고리즘 61, 105, 107, 158, 223~225
알렉산더 테크닉 178~181
알린 크로체 87
애드리엔 케플러 120, 127~129, 136
앤 쿠퍼 알브라이트 280~284
에밀 자크-달크로즈 167
에코페미니즘 234, 238~242, 244~240, 257
역동적 지성 39
역사적 비평 83~85
영상 아카이브 61, 124
예술비평 73, 74, 91, 92, 104, 107

오스카 슐레머 58
오픈포즈 105
온라인 158, 159, 231, 283
웨인 맥그리거 61, 62, 223, 225
유네스코 125, 128, 140
유동성 235~238, 253, 257
이디오키네시스 182, 191
이본느 레이너 30, 31, 212
이사도라 덩컨 26, 27, 80, 85
인공지능(AI) 61, 104, 108, 157, 158, 222, 223
인류학 115~127, 130, 132, 133, 138, 146, 158, 261
인종 96, 97, 147, 148, 150, 151, 154, 155, 276~279, 281, 286, 287, 289, 292~294
인지과학 34, 41~43, 57
인터랙티브 54, 60, 61, 158, 229, 232, 293
인터스피시즈 퍼포먼스 251
인피니티 무용단 206
일회성 56, 57

333

ㅈ

자넷 애드셰드 90

자크 데리다 91

장 조르주 노베르 21, 22, 24, 78

장소특정적 춤 243, 251

장애 175, 180, 204~209, 281

장애 미학 209

장애인 205~208

재니스 로스 301

저드슨 댄스 시어터 30, 277, 298

접촉즉흥 129, 130, 192, 281~283

정동 50, 52, 55, 57

정신분석 148, 169, 183

정체성 56, 64~67, 79, 94, 95, 117, 119, 131, 133, 134, 136, 139, 141, 148~156, 160, 208, 210~212, 219, 231, 242, 248, 257, 272, 274, 281, 286, 292, 294, 302, 303, 305

정치성 49, 153, 241~243, 262, 266, 271, 276, 278, 284

정화 19, 50

제인 데스몬드 151

젠더 32, 83, 93~95, 102, 147~155, 250, 262, 276~279, 281, 286, 289, 294, 295, 297, 299, 307

조안 케일리노호모쿠 120

존 마틴 80

종합예술 21, 25

주디스 버틀러 149, 153, 154

주디스 해나 120~122, 136

즉흥 31, 39, 62, 81, 129, 189, 192~194, 199, 224, 227, 255, 256, 262, 282

즉흥춤 89, 189, 190, 192, 193, 199, 252, 253

지각 34~41, 43, 50, 53, 54, 57, 84, 88, 166, 174, 189, 195, 197, 198, 213, 262

지금-여기 89, 183

〈지젤〉 23, 24, 129

ㅊ

ChatGPT(챗지피티) 104, 105
참여관찰 116
참여적 지식 138
체화 32, 43, 123, 132, 177, 195, 199, 208, 210, 218, 229, 242, 243, 253, 283, 292
체화된 지식 43, 283
체화된 연구 132
치유 124, 174, 177, 181, 184~186, 200~203, 249, 284, 304
칩코 운동 240

ㅋ

카를로 블라시스 25
칸도코 무용단 205
캐리 울프 219
캐서린 던햄 119, 286
커뮤니티 댄스 211
컨템퍼러리 댄스 49
쿠르트 요스 28

퀴어 95, 148, 154, 274, 279, 283, 284, 292, 295

ㅌ

탄츠테아터 31, 32, 49
탈식민주의 63, 64, 67, 83, 95, 96, 97, 109, 155, 268, 279
탱고 136, 283
테드 숀 27
테오필 고티에 23, 24, 78
토마스 디프란츠 291
토마스 한나 165, 169, 171, 173
트리샤 브라운 30, 193

ㅍ

펄 프리무스 120, 136
페미니즘 41, 83, 93~95, 109, 148, 149, 218, 234, 238~250, 257, 281, 284, 292 297, 299
펠든크라이스 168, 173~176, 181
포스트모던댄스 4, 29, 32, 44,

47~49, 81, 297, 298, 299
포스트식민주의 148, 155
포스트휴머니즘 217~257
표현예술치료 201, 203, 204
프란츠 보아즈 118
프랑수아 델사르트 167
플라톤 17~21, 33
플래시몹 159
피나 바우쉬 31, 49
필로볼러스 무용단 230

199, 247, 284
현지조사 115, 119, 138
형식주의 26, 86, 87, 109
호미 바바 64, 149
혼종성 64~68, 149, 156
환경무용 247, 253
환경예술 248
후기구조주의 148, 149
훌라 126, 128, 131, 136
힙합 123, 139, 154, 156, 292

ㅎ

해설적 비평 83, 84
해체 26, 29, 30, 32, 33, 63, 67,
　　 84, 91~93, 95, 109, 148,
　　 160, 217, 218
해체론 91~93, 109
해체비평 83, 92
현대문화 연구센터 146
현상학 34~38, 40~43, 50, 53,
　　 55, 57, 83, 88, 89, 109,
　　 166, 171, 195, 196, 198,